Economic Management

经管学术文库

会计人员能力框架问题研究

许 萍／著

厦门大学出版社 XIAMEN UNIVERSITY PRESS
国家一级出版社
全国百佳图书出版单位

序

纵观历史，每一跨越式进程无一不是重要历史人物所推动的。放眼现实，科学技术和教育文化的进步、社会和经济的发展，也都主要得益于人才。千军易得，一将难求。人才对于事业的成功具有决定意义。人才的培养、选拔、使用和评价有其特有的规律，会计人才亦然。

由于会计直接服务于会计主体及其利益关系人，在当今开放的会计人才市场环境下，系统地探索会计人才发展规律，对于会计教育、会计学科和会计职业都具有十分重要的意义。而会计人员能力框架研究则处于会计人才发展规律探索的顶层，是一个涉及会计人才建设的全局性领域。

许萍博士的专著《会计人员能力框架问题研究》是在她的博士学位论文的基础上完成的。她的博士学位论文是财政部重点会计科研课题的主体成果，该课题的结项报告通过了严格的评审程序，得到评审专家的一致好评并获得优秀成绩。文如其人。许萍博士为人诚恳、心态平和、功底扎实、思路开阔、做事认真。许萍博士六年来一直继续其在会计人员能力框架问题方面的研究。现在呈现在读者面前的这部专著，是这一领域迄今为止鲜有的高质量研究成果，体现了理论上的系统梳理和创新、方法上的探索与尝试、数据上的国内外相互对照和验证，特别是基于实证检验和精细分析的中肯结论。

许萍博士关于会计人员能力框架的研究成果，对会计教育改革、职业准入制度的完善及职业后续教育的规范与发展都具有一定的参考价值。作为她的导师，相信此书可以为会计人才的发展提供有益的启发和借鉴。是为序。

曲晓辉

2010.11.30 于厦门大学敬贤楼

内容摘要

人力资源是21世纪最重要的战略资源，人力资源的丰裕程度是综合国力的重要决定因素。随着资本和信息在国际范围内流量的增加和流速的加快，以及国际技术与经济合作的深入发展和竞争在全球范围内的日益加剧，国家经济实力和竞争优势的创造、保持和发展越来越需要以人的知识和能力作为支撑。人力资源的能力建设正在引起国际社会的广泛关注，我国政府也多次强调把人才的能力建设作为实施强国战略的基本要求。会计人才是我国人才队伍的重要组成部分，是维护市场经济秩序、推动科学发展、促进社会和谐的重要力量。

2010年6月6日，《国家中长期人才发展规划纲要(2010—2020年)》发布，这是我国第一个中长期人才发展规划。《国家中长期人才发展规划纲要(2010—2020)》指出，人才是我国经济社会发展的第一资源。2010年10月11日，为贯彻落实《国家中长期人才规划纲要(2010—2020年)》，财政部正式对外发布了《会计行业中长期人才发展规划(2010—2020年)》，这是新中国成立以来我国制定的首个中长期会计人才发展规划。加强会计人才队伍建设，着力培养高层次会计人才，并以此引导和带动我国会计人才队伍发展，不仅关系到提高会计行业核心竞争力、确保会计工作促进经济社会发展的职能作用有效发挥，而且关系到全国实施人才战略、建设创新型国家的大局。会计人员的整体能力关系到资本市场的有序运作和国民经济的健康发展。对我国会计人员能力框架问题进行系统研究适应了上述国内外环境的要求。

我国社会经济和资本市场的发展以及会计国际化程度的不断提高，对我国会计人员的能力框架提出了新的、更高的要求。能力框架的研究是专业人员能力培养的基础。本书运用规范与实证相结合的方法研究分层次会计人员能力框架的构建问题。分层次会计人员能力框架的研究将为会计教育由知识型向能力型转变提供理论指导;为不同层次会计人员的资格认证(准入标准)提供指南;分层次的能力框架和相应的评价体系将为从业者的业绩评价提供基准。

本书共分六章,具体结构安排如下:

导论。阐明选题背景及动机,介绍主要内容、研究方法、研究目标与结构安排。

第一章,国内外研究综述。本章对国内外有关会计人员能力框架的研究现状进行简要梳理,并分析了现有研究的不足,提出本研究拟解决的主要问题和本研究的特色和意义。

第二章,能力框架的理论基础和研究背景。本章首先介绍了本书涉及的能力、能力框架、知识等基本概念,进而阐述了本书的理论基础——胜任能力理论,并对本书所研究的能力进行界定,对本研究所指的会计人员进行定位。在上述基础上,分析会计人员能力框架研究的经济环境、信息技术和教育背景。

第三章,会计职业准入标准国际比较。本章通过对各国企业会计人员的职业准入标准、各国公共会计师资格认定标准、各国国家审计人员任职资格进行比较,辨析我国会计人员准入标准与发达国家的差异,为我国会计人员能力调查的问卷设计和会计人员能力框架的构建奠定基础。

第四章,我国会计人员能力框架现状分析。本章主要从社会实际需求角度探讨我国各级会计人员的能力组成。首先通过对前后五年国内外用人单位招聘意向的动态比较分析,获取我国各级会计人员能力现状的代表性实际资料与数据,从社会实际需求角度探讨我国各级会计人员的能力组成。在此基础上,结合第三章的研究结果,设计出高、中、初级会计人员能力调查问卷,并对回收的有效问卷进行实证分析,从而推定中国各层次会计人员的能力要素。

第五章,会计人员能力框架的构成设计。本章在对我国各级会计人员能力现状调查分析的基础上,综合考虑我国各级会计人员的主要工作任务的变化,借鉴国际先进经验,采用以能力要素法为主、结合应用功能分析法的分析框架,构建出了涵盖职业知识、职业技能、职业价值观三大模块的高级、中级及初级层次会计人员能力框架。探讨了职业知识、职业技能和职业价值观并重的能力评价体系,进而构建出评价指标体系,并对该指标体系的运用进行了说明。

第六章，我国会计人员能力框架的实施。能力框架的有效性取决于实施效果。本章从改革会计教育、完善职业准入制度、加强后续教育等途径探讨分级会计人员能力框架的实施，以达到提高我国会计人员能力的目的。提出了以能力为导向改革会计本科教育；加快发展会计硕士专业学位教育，建议推行会计硕士专业学位与职业资格（如 CPA）学分互认制度；配合财政部高级会计人才培养工程，提出与境外高校合作培养 DBA 的模式，落实财政部应用型高级会计学科建设工程；提出修订会计从业资格的准入要求，限制在校大中专学生的报考，抬高免试门槛；探讨正高级会计师的评定条例制定问题，提出了推行注册管理会计师考试与注册制度；在后续教育改革中，提出了以分层题能力框架为指导，制定会计人员继续教育指南，让不同层次的会计人员接受不同的后续教育。

目　录

导 论

"为政之道，要在得人"、"得人者强，失人者亡"，这些世代相传、不胜枚举的格言警句，讲的其实就一个道理，即一个国家、一个行业、一个单位，能否不断培养、吸引大量的优秀人才，这在很大程度上决定着这个国家、这个行业、这个单位的兴衰成败。

一、选题背景及动机

人力资源是21世纪最重要的战略资源，是第一资源。联合国开发计划署《1996年度人力资源开发报告》指出，一个国家国民生产总值的3/4是靠人力资源，1/4是靠资本资源。人力资源的能力是综合国力最主要的决定因素，人力资源的能力建设正引起国内外的广泛关注。本部分主要从国际与国内竞争环境的变化、企业未来可持续竞争优势的保持、知识经济的能力本位价值观及我国市场经济的发展对会计人员能力的影响等角度探讨我国会计人员能力框架问题研究的背景及写作动机。

(一)国际与国内竞争环境的变化

人力资源的能力建设是一项具有基础性、战略性、决定性意义的任务，正在引起国际社会的广泛关注。国际形势正在发生深刻变化，高新技术的发展提高了人力资源在生产中的地位，经济全球化使人才全球化趋势进一步增强。资本和信息在国际范围内流动，经济实力的创造越来越依赖于掌握特殊知识与能力的人。

21世纪是一个竞争激烈的世纪，全世界将更加广泛地开展政治、经济、文化、信息、军事等全方位的竞争，综合国力的竞争更加倚重于科技进步和人才开发。国与国之间的差距，最根本的是科技实力和人才素质的差距。科技和人才是衡量一个国家实力的重要标志，是实施可持续发展战略的必要条件。世界范围内经济、科技以及综合国力的竞争日益加剧，由此必然引发大规模的国际化人才竞争和智力竞争，人才的能力变得日益重要。香港能成为世界的金融、贸易中心，除了优越的地理位置和自由经济政策之外，一个不可否认的事实就是这里云集了世界上大量的优秀人才。丹麦、瑞士、日本所获得的成功都证明了一个基本观点：人的能力是一国经济发展的内在动力。全球范围内的经济结构调整对人才素质提出了更高要求，各国政府都十分清楚，在未来的竞争中，谁拥有高素质人才，并能合理地使用人才，谁就有可能在竞争中立于不败之地。为了吸引高级人才，世界各国竞相采取措施争夺高技术人才。发达国家政府一方面加紧开发高级人才，另一方面制定政策从其他国家输入高级专门人才，而限制输出高级人才。

人才是指具有一定的专业知识或专门技能，进行创造性劳动并对社会作出贡献的人，是人力资源中能力和素质较高的劳动者。人才是我国经济社会发展的第一资源。在人类社会发展进程中，人才是社会文明进步、人民富裕幸福、国家繁荣昌盛的重要推动力量。当今世界正处在大发展、大变革、大调整时期。世界多极化、经济全球化深入发展，科技进步日新月异，知识经济方兴未艾，加快人才发展是在激烈的国际竞争中赢得主动的重大战略选择。①

我国正处于经济和社会发展的重要时期，做好加入世界贸易组织后的各项应对工作，增强我国综合国力和国际竞争力，人才是关键。发达国家正在利用各种手段吸引我国人才，致使我国面临的人才竞争日益激烈。1998 年，美国英特尔公司斥资 5 000 万美元成立了“英特尔中国研究中心”，美国微软公司也投资 8 000 万美元在中国成立了“微软中国研究院”，世界高技术人才争夺战正在把重心向中国转移。加入 WTO 后，我国面临的人才问题更加突出，许多外国公司已开始对我国高新技术企业优秀人才的“收购行动”。我国要想在激烈的国际竞争中立于不败之地，就必须从根本上加强人力资源的能力建设，提高国际竞争力。

人才是我们最重要的资产。我国政府也高度重视人才的能力建设问题，多次强调把人才的能力建设作为实施强国战略的基本要求。我国政府的

---

① 引自《国家中长期人才发展规划纲要(2010—2020 年)》序言。

《2002—2005 年全国人才队伍建设规划纲要》指出，要努力建设高素质、社会化的专业技术人才队伍，要重点培养一批急需的金融、财会、外贸、法律及信息、生物等高新技术方面的专门人才，并要求以人才资源能力建设为主题。2003 年 12 月 26 日，中共中央、国务院发布了《中共中央、国务院关于进一步加强人才工作的决定》，强调以能力建设为核心，大力加强人才培养工作，提出要建立以能力和业绩为导向、科学的社会化的人才评价机制。《中共中央关于制定国民经济和社会发展第十一个五年规划的建议》[①]（以下简称《建议》）指出要加快推进人才强国战略，树立人才资源是第一资源的观念，加强人力资源能力建设。根据《建议》编制的《中国国民经济和社会发展“十一五”规划纲要》[②]再次提出了实施科教兴国战略和人才强国战略。2010 年 6 月，中共中央、国务院印发了《国家中长期人才发展规划纲要（2010—2020 年）》（以下简称《人才规划纲要》），提出了“以高层次人才、高技能人才为重点统筹推进各类人才队伍建设”的指导方针，《人才规划纲要》强调“大力开发经济社会发展重点领域急需紧缺专门人才”是我国人才队伍建设主要任务之一，所提到的“急需紧缺专门人才”包括了金融财会人才。

2010 年 10 月，为了落实中共中央、国务院《人才规划纲要》的总体要求，财政部颁布了《会计行业中长期人才发展规划（2010—2020 年）》（以下简称《会计人才规划》）。《会计人才规划》明确指出“会计人才是我国人才队伍的重要组成部分，是维护市场经济秩序、推动科学发展、促进社会和谐的重要力量”。当今世界，经济全球化深入发展，企业跨国经营、资本跨境流动日益频繁，科技进步日新月异，知识经济方兴未艾，会计人才在经济社会发展中的基础性、战略性、关键性作用更加凸显，会计人才的竞争已经成为国家、地区和单位间竞争的焦点之一。未来十几年，是我国基本建成创新型国家、全面实现小康社会建设目标的重要时期，也是我国会计行业发展的重大机遇期。《会计人才规划》指出，到 2020 年，我国会计人才发展的战略目标是：培养和造就一支规模宏大、结构优化、素质较高、富于创新、乐于奉献的会计人才队伍，确立我国会计人才竞争优势，建设国际一流的会计人才队伍，为在本世纪中叶基本实

---

① 2005 年 10 月 11 日中国共产党第十六届中央委员会第五次全体会议通过。

② 十届全国人大四次会议 2006 年 3 月 14 日表决通过了关于国民经济和社会发展第十一个五年规划纲要的决议，决定批准这个规划纲要。

现社会主义现代化奠定会计人才基础。

对我国会计人员能力框架问题进行系统研究适应了上述国内外环境的迫切要求。

(二)人力资源的能力是企业未来的可持续竞争优势

人是一切社会关系的总和,是生产力各要素中最活跃最积极的因素。人力资本是现在经济增长的主要驱动力之一①。在企业的资本集合体中,有物力资本、货币资本和人力资本三种主要资本。人力资本理论可以追溯到18世纪,现代经济学的创始人亚当·斯密(Adam Smith)在他的代表作《国民财富的性质和原因的研究》(1776)中提出,一个国家全体国民的所有后天获得的有用能力是资本的组成部分,他认为个人通过学习所获得的已成为个人能力一部分的知识、技能,也是社会财富的一部分,是社会固定资产的组成部分。19世纪末,英国经济学家马歇尔认识到,人力资本是最重要的一种资本。他指出:所有的投资中,最有价值的是对人本身的投资。

到了20世纪50年代,人力资本理论正式形成。以美国的舒尔茨、贝尔等人为代表的西方经济学家提出,资本有两种形式,即物力资本和人力资本,体现在劳动者身上的资本为人力资本。一般而言,劳动者的知识、技能、体力(健康状况)等构成了人力资本。美国著名经济学家,1979年诺贝尔经济学奖获得者舒尔茨的人力资本理论认为,人力资本的投入对人类社会的进步具有决定性的作用。他指出,"有能力的人民是现代经济丰裕的关键。他们是经济增长的一个重要源泉。如果我们忽视了人的技能和知识的改善,忽视了使一个变得更有力的信心,那么经济增长的事业就会乏味而又得不到报偿"。② 他认为决定人类前途的并不是空间、土地和自然资源,而是人口的素质、技能和知识水平。人力资本的核心是人的能力。20世纪80年代以来,以罗默、卢卡斯为代表的人力资本学者提出了"新增长理论",这种理论在古典经济学生产函数中加进了人力资本要素。卢卡斯认为,"专业化的人力资本"才是促进经济增长的真正动力。

根据马克思的劳动价值论,物力资本、货币资本和人力资本三种资本的关

---

① 西方人力资本理论特别强调人力资本在现代经济增长中的作用。

② 参见李忠民.人力资本——一个理论框架及其对中国一些问题的解释.北京:经济科学出版社1999年版,第83页。

系是:人力资本统帅物力资本和货币资本。因为人力资本蕴含在劳动者身上,劳动者在劳动过程中,通过运用人力资本使物力资本和货币资本发挥作用,并得以保值增值;离开劳动者的劳动,物力资本只不过是一堆原材料,货币资本仅是保持原值的纸币和证券。劳动者拥有社会物质财富和社会财产保值增值之源——能力,而且这种能力决定着企业的发展。

人是企业中最关键的资源,高素质的人才是企业赢得市场、赢得竞争的前提与保证。在市场经济飞速前进的今天,无时无刻不存在着产品的竞争、市场的竞争、管理的竞争等,但归根到底还是人才的竞争。现代企业的竞争是人才的竞争,"人"是企业财富的"焦点"。中国古代就有"民为邦本,本固邦宁"的政治理念。我国现代组织管理主张"人是事业之本,人是组织目标能否实现的根本因素"。上述两者都体现了人在社会经济活动中的主体作用。我国著名思想家孔子在《礼记·中庸》中说到"为政在人"。同样的,对于企业来说,经营成败的关键也在于人才。人才是企业发展的动力之源,是企业最大的资产。在技术立国、重视利润的美国有这样一句简单而深刻的口号:"人是我们最重要的资产,人才就是一切。"毛泽东也曾讲过:古之做大事者都通晓"得人心者得天下"。笔者认为,这里的"人心"不单指民心,兼有得人才之心的意思。

随着技术经济和知识经济的发展,有形资产在企业发展中的重要地位已呈下降趋势。有专家曾指出[①]:"一家公司尽管丧失了它所有的设备,但凭借其拥有的技能和熟练的劳动力,它就能迅速地在商场上东山再起。相反,一家公司尽管拥有各种设备,但它若失去了劳动力,则无望起死回生。"这段文字指明了有形资本和人力资本的差异,指出了现代社会人力资源的重要性。钢铁大王卡耐基曾经说过,你可以拿走我的产品、资金和客户,但只要留下我们企业的全部组织人员,不出 4 年我依然会是钢铁大王。仅仅 22 年时间就进入世界 500 强的微软公司,在问及成功的秘诀时,总裁比尔·盖茨说:"人才+创新。微软公司的主要财产就是我本人及雇员们的集体智慧。如果挖走我的 20 名核心成员,微软将一事无成。"因为人才,联想集团的资产在十年间由 20 万变成了 20 亿,联想集团总裁柳传志曾说:"如果没有人才,用不了几年联想集团就会由 20 亿变回 20 万。"

---

① 转引自布莱恩·贝克、马克·休斯理德、迪夫·乌里奇著,郑晓明译.人力资源计分卡[M].北京:机械工业出版社 2003 年版,第 6 页。

人力资源的战略价值升高,其根本原因之一在于人力资源在现代经济中不断提升的核心地位。世界银行曾对世界各国的资本数量做过一项统计,目前全世界人力资本、土地资本和货币资本的构成比例约为 64∶20∶16,即人力资本是全球财富中最大的财富。“科技是第一生产力”,但无论怎样高精尖的科技,最终还是要由人来掌握和应用的。世界银行的研究还发现,凡是注重人力资源开发的国家,其经济增长质量比只依赖自然资源开发的国家高①。企业的生存能力、竞争优势主要来源于内部人才的能力,因为持续高绩效所要求的是灵活、创新、进入市场的速度,人力资源的能力是实施可持续发展战略的重要条件。

(三)知识经济的核心价值观——能力本位

按照国际经济合作组织《以知识为基础的经济》的报告:知识经济是指建立在知识和信息生产、分配和使用之上的经济。我国著名经济学家吴季松博士认为:知识经济是指区别于以前的以传统工业为产业支柱、以稀缺自然资源为主要依托的新型经济,它以高技术产业为第一产业支柱,以智力资源为首要依托,因此是可持续经济。实质上,知识经济就是以智力资源的占有、配置,以科学技术为主的知识生产、分配和使用(消费)为最重要因素的经济,主要依赖知识的进步以及知识的生产能力、知识的积聚能力、知识的获取能力、知识的应用能力的提高而得到发展的经济(彭坤明,1998)。知识经济在资源配置上以智力资源、无形资产为第一要素,对自然资源通过知识和智力进行科学、合理、综合和集约的配置。在知识经济中,对智力资源——人才和知识的占有尤为重要。

可以说,知识经济时代,货币资本让位于知识这一要素,推动社会发展的不再主要是货币,而是知识。知识已成为世界各国社会经济发展的支撑点。知识是人通过学习所拥有的,社会由于追求知识而真正回归到人本身,真正做到以人为本。由于追求知识而使人成为有能力并在社会中起主导作用的人,因此,以人为本进一步就是以人的能力为本。知识经济时代是真正以人为本的时代,这样的社会本质上要求确立能力本位的核心价值观。知识经济认为人类社会的发展,已从对自然资源的依赖中走出来,走向对自身智力资源的开

---

① 转引自上海国家会计学院课题组.成为胜任的CFO——中国CFO能力框架(征求意见稿)(2004)。

发和利用，智力资源成为经济增长的核心要素。知识经济的到来意味着操纵和支配社会和人的发展的力量由血统、权力、金钱转到能力上来，能力是知识经济时代支配和操纵社会和人的发展的主导力量（韩庆祥，1999）。在知识经济时代，主要是能力的力量在起作用，社会的可持续发展依赖的是人的能力。

无形的知识、智能和用知识和智能武装起来的能力是知识经济的灵魂。对知识的生产、学习和消费，即把知识转化为技能，靠的是人的能力。在寻求新的经济增长方式的努力中，人们发现只有能力全面发展的、具有高知识含量的高素质的人，才是最重要的，才是知识经济时代的希望所在。在知识经济时代，社会发展的动力是具有知识与能力的人，是具有生产、分配和使用知识能力的人。人力资源的素质和技能成为知识经济实现的先决条件（OECD，1996）。在知识经济时代，具有更多知识和能力的人可能获得更高的社会报酬。因而，人的价值观发生了变化，由过去对权力和金钱以及对物的崇拜转向对人及其拥有的知识和能力的崇拜，因而出现了能力本位的核心文化价值观。

（四）我国经济的发展对会计人员能力提出新要求

会计行业是以人为本的知识密集型行业，会计人员是一个专业群体，对社会公众、雇主和客户承担责任，这一群体的整体素质关系到资本市场的有序运作和国民经济的健康发展。随着中国社会主义市场经济的逐步完善和发展，中国经济市场化程度迅速提高。经济越发展，会计越重要。经济的发展，尤其是经济全球化和资本要素知识化，对会计人员的能力提出了更高的要求，对会计人员能力框架的认识和发展的重要性更加凸显。中国会计改革正在加紧进行，我国在制定相关法规制度和会计准则方面已经取得了巨大的进步，目前面临的挑战是如何把这些成文的法律、条例和准则切实付诸实施。制度的实施要靠人才。如何提高会计人员的能力，是我国当前会计改革的重要问题之一。

2006 年，财政部王军副部长就提出："要全面规划和推动行业人才建设，力争用五到十年的时间，大幅提升行业的整体素质与水平，要把推动中国注册会计师职业国际化与国际会计人才本土化有机结合起来，着力培养和形成能够承担国际审计业务、符合行业国际化发展要求的高层次专业人才队伍及会计师事务所管理人才队伍。"① 中国经济的持续健康和高速发展，必须坚持高端人才引领。《国家中长期人才发展规划纲要（2010—2020 年）》，将财会人员

① 2006 年，财政部王军副部长在中国注册会计师协会全国培训工作会议上的讲话。

列为经济社会发展重点领域的急需紧缺人才，行业人才培养得到前所未有的重视。

二、会计人员能力框架研究的意义

会计工作在一切社会中都是扮演着重要角色的职业。从 20 世纪 80 年代以来，国际会计组织和各国的会计职业组织纷纷开展了对职业能力和基于能力方法的研究。他们普遍认为，基于能力方法的研究对于会计职业面对 21 世纪知识经济时代的挑战是至关重要的。随着我国会计职业的发展和我国进入 WTO，我国的会计职业也同样面临着经济环境不断发展和变化的挑战，因此，研究会计人员能力框架体系对于我国会计职业的发展和与国际接轨是十分必要的。

（一）对会计教育的意义

高校所传授的知识只有与工作环境相联系才有助于未来职业发展。会计教育通过提供会计毕业生，供会计人才市场中用人单位选择使用。会计毕业生如果不符合用人单位的要求，则会计教育工作就是无效的。会计教育只有适应经济发展的需要，才能培养出高素质的、符合社会需求的人才。美国会计教育改革委员会认为，会计教育的目标应该为会计毕业生成为职业会计师做好准备。在 1996 年，IFAC 发布了国际教育规则修订版第 9 号（IEG9），指出了会计教育的目标。在 IFAC2002 年 7 月发布的征求意见稿《职业会计师国际教育标准简介》中，重申了这一目标：会计教育和实践的目的是培养出能够在职业生涯中对所在的职业和社会有积极贡献的有能力的职业会计人员。在会计人员面对不断产生变化的环境时，维持职业能力的关键在于发展和保持对于如何进行学习的正确态度。会计教育和实践应提供基础的知识、技能、职业价值观和态度，以使职业会计人员拥有进行继续学习并在职业生涯中适应各种变化的能力。

会计人员能力框架是会计人员能力培养的标准。构建会计人员能力框架的目的之一就在于将会计专业课程和实际工作需要更紧密地联系在一起。会计人员能力框架为会计教育（学校教育及后续教育）并为会计教育由知识型向能力型转型提供理论指导框架。

(二)对会计职业发展的意义

会计人员能力框架为不同层次会计人员的资格认证(准入标准)提供指南。严谨的准入标准是职业会计师承担社会责任的保障。基于胜任能力的方法能更有效地判定从业者是否具有潜在的职业素质。例如,资格考试以能力为基础更能体现工作的需求,从而更能为公众所信赖。在职业培训上,可通过对照胜任能力,发现会计人员素质方面的欠缺或表现出的一些优秀特征,据此实施培训,使培训更有针对性。在职业指导上,有助于把会计人员安排到与胜任特征相适应的岗位上,达到人岗匹配,还可以帮助员工进行职业生涯指导、规划。

(三)对从业者业绩评价的意义

会计人员能力框架既是会计人员能力培养的标准,又是会计人员能力考核的标准。能力框架为职业会计师与外界沟通、协作提供了便利,外界可据以了解职业会计师的工作范围和能力要求,对从业者的业绩评价提供基准。不同国别的职业团体之间,可以比较能力的差异而互相促进。会计职业的法规建立在诸如胜任能力等客观和透明的标准基础上,有助于推进国际会计服务的自由化进程。

由于能力框架的上述重要意义,各国的监管机构或职业团体对其甚为关注。

(四)对用人单位的意义

从企业角度来看,能力框架是推进企业核心能力的构建和进行组织变革、建立高绩效文化的有效推进器。有利于企业对会计人员进行资源盘点,明晰目前会计人员能力储备与未来要求之间的差距。能力框架建立了一套标杆参照体系,帮助企业更好地选拔、培养、激励那些能为企业核心竞争优势构建作出贡献的财务人员。在选拔会计人才上,以往凭的是经验、领导意见,现在有了一种科学的方法,对准确地选聘会计人才提供科学依据,可以更加有效地组合人才,以实现企业的经营目标,便于企业集中优势资源用于最急需或对经营影响重大的能力培训和发展上。

(五)对会计人员的意义

从会计人员角度来看,能力框架为他们指明了努力的方向。分层次的会计人员能力框架来自于对现实工作的考察,区分不同层次、不同专长,对每一项职能均有详细说明。对照能力框架,各级会计人员可以找到差距以及需要强化的领域，平衡发展知识与技能，个人能力可以得到最快速的提高。对于会计人员，能力框架是他们提升知识和技能的导向，按照不同层级的能力框架找寻职业后续发展的目标。

三、我国会计人员能力框架研究的目标

会计人员是一个专业群体，对社会公众、雇主和客户承担责任，这一群体的整体素质关系到资本市场的有序运作和国民经济的健康发展。随着中国社会主义市场经济的逐步完善和发展，中国经济市场化程度迅速提高。经济越发展，会计越重要。中国会计改革正在加紧进行，我国在制定相关规章制度和会计准则方面已经取得了巨大的进步，目前我国面临的挑战是如何把这些成文的法律、条例和准则切实付诸实施。制度的实施要靠人才。如何提高会计队伍的素质，是我国当前会计改革的重要问题之一。

经济的发展，尤其是经济全球化和资本要素知识化，对会计人员的能力素质提出了更高的要求，对会计人员能力框架的认识和发展的重要性更加凸显。我国社会经济和资本市场的发展以及会计国际化程度的不断提高，对我国会计人员的能力结构同样提出了新的更高的要求。按照《会计人才规划》的要求，建立分层级的会计人员能力框架体系来优化会计人才评价体系。

知识和能力涉及教育的本质和人才培养模式问题。按照知识结构和能力框架协调发展的要求，构建新的会计人才培养模式，是会计教育界的一个新课题。从会计改革与发展的现状和趋势来看，我国会计人才队伍现状同新形势、新任务的要求还不相适应，我国会计教育与用人单位对会计人员能力结构要求的差距越来越大，这种状况严重阻碍了会计事业的发展和会计队伍整体素质的提高。会计教育包括职业培训如何调整以适应这一变化，对于我国会计行业的健康发展至关重要，也是我国会计教育界面临的严峻挑战。对于会计教育问题，我国学者虽然已有一定研究，但对于我国会计人员需要培养哪些能力，如何实现能力培养尚缺乏系统的研究，特别是分层次研究我国会计人员能力框架，并相应地系统探讨我国会计教育改革以及职业培训思路的研究十分欠缺。

会计人员能力框架研究试图达到以下目标：(1)探讨符合中国国情的各层次会计人员的能力框架，并形成相应的评价体系，为会计教育（学校教育及后

续教育)以及会计教育由知识型向能力型转型提供理论指导框架;(2)为不同层次会计人员的资格认证(准入标准)提供指南;(3)分层次的能力框架试图提供描述不同层次会计工作特性的机制;(4)为从业者的业绩评价提供基准;(5)为会计职业界与公众交流提供手段,使公众认识到他们能够从有能力的会计师那里得到什么信息。

四、主要内容、研究方法与结构安排

本书拟分层次研究会计人员能力框架。本书运用规范与实证相结合的方法研究分层次会计人员能力框架的构建问题。本书首先对国内外研究文献进行简要梳理,分析现有研究存在的不足,借鉴人力资源管理领域较为成熟的胜任能力理论着手会计人员能力框架的研究。接着通过会计职业准入标准的国际比较,找出我国会计人员准入标准与发达国家的差异。通过对国内外用人单位招聘意向的比较分析及问卷调查,获取我国各级会计人员能力现状的代表性实际资料与数据并进行实证分析,从社会实际需求角度探讨我国各级会计人员的能力组成。在上述研究的基础上,综合考虑我国各级会计人员的主要工作任务的变化,借鉴国际先进经验,采用以能力要素法为主、结合应用功能分析法的分析框架,设计出了涵盖职业知识、职业技能、职业价值观三大模块的高级、中级与初级会计人员能力框架,并采用层次分析法(Analytic Hierarchy Process)构建了能力评价指标体系,为科学评价会计人员的能力提供标准。最后,从改革会计教育、完善职业准入制度、加强后续教育等途径探讨分级会计人员能力框架的实施。

本书的结构安排:本书共分六章,具体结构安排如下:

导论。阐明选题背景及动机,介绍了主要内容、研究方法、研究目标与结构安排。

第一章,国内外研究综述。本章对国内外有关会计人员能力框架的研究现状进行简要梳理,并分析了现有研究的不足,提出本研究拟解决的主要问题和本研究的特色和意义。

第二章,能力框架的理论基础和研究背景。本章首先介绍了本书涉及的能力、能力框架、知识等基本概念,进而阐述了本文的理论基础——胜任能力理论,并对本书所研究的能力进行界定,对本研究所指的会计人员进行定位。

在上述基础上，分析会计人员能力框架研究的经济环境、信息技术和教育背景。

第三章，会计职业准入标准国际比较。本章通过对各国企业会计人员的职业准入标准、各国公共会计师资格认定标准进行比较，辨析我国会计人员准入标准与发达国家的差异，为我国会计人员能力调查的问卷设计和会计人员能力框架的构建奠定基础。

第四章，我国会计人员能力框架现状分析。本章主要从社会实际需求角度探讨我国各级会计人员的能力组成。首先通过对国内外用人单位招聘意向的比较分析，探讨我国用人单位对会计人员能力的实际要求与我国社会经济和资本市场的发展以及会计国际化程度的不断提高的相适应程度。在此基础上，结合第三章的研究结果，设计出高、中、初级会计人员能力调查问卷，并对回收的有效问卷进行实证分析，从而推定中国各层次会计人员的能力要素。

第五章，我国会计人员能力框架的构成设计。本章在对我国各级会计人员能力现状调查分析的基础上，综合考虑我国各级会计人员的主要工作任务的变化，借鉴国际先进经验，采用以能力要素法为主、结合应用功能分析法的分析框架，构建出了涵盖职业知识、职业技能、职业价值观三大模块的各层次会计人员能力框架。在此基础上，探讨了职业知识、职业技能和职业价值观并重的能力评价体系，进而构建出评价指标体系，并对该指标体系的运用进行了说明。

第六章，我国会计人员能力框架的实施。能力框架的有效性取决于实施效果。本章从改革会计教育、完善职业准入制度、加强后续教育等途径探讨分级会计人员能力框架的实施，以达到提高我国会计人员能力的目的。

第一章
国内外研究综述

本章主要对国内外有关会计人员能力框架的研究现状进行简要梳理，并分析了现有研究的不足，提出本研究拟解决的主要问题和本研究的特色和意义。

第一节　国外会计人员能力框架研究

国外对会计人员能力框架问题的研究主要是由会计职业团体、学术团体、会计公司及政府进行的，内容涉及注册会计师、管理会计师、财务分析师、内部审计师等多个职业领域。

一、国外职业团体的研究

（一）美国注册会计师协会（AICPA）的研究

美国注册会计师协会（AICPA）在20世纪60年代就开始此类研究，并于1967年发布了《职业知识框架》，规定了注册会计师必备知识的范围。1968年，AICPA发布了《会计职业的院校教育准备》，并两次更新。AICPA于20世纪90年代中期启动远景项目（AICPA Vision Project）。该项目从影响注册会计师行业的政治、经济、社会、技术、人力资源和职业规范等因素入手，归纳出注册会计师的核心价值、核心服务及核心能力，提出注册会计师应具备包括交流与领导能力、战略与批判性思维能力、对消费者、客户和市场的关注能力、综合信息的演绎能力、技术能力等在内的5种核心能力。在此项目基础上，

AICPA 于 1998 年发布了《新财务职业的能力模式》。1999 年，AICPA 发布了《进入会计职业的核心胜任能力框架》，该框架包括了会计行业普遍适用的能力，并为会计教育由知识型向技能型转型提供了理论支持。该框架列示了包括功能性胜任能力、个人胜任能力和广泛的经营视野等 3 类核心胜任能力。功能性胜任能力包括决策模型、风险分析、计量、报告、研究、技术；个人胜任能力包括职业行为、解决问题、人际交往、领导能力、沟通、项目管理、技术；广泛的经营视野包括战略性/批判性思维、行业/分部视野、国际性/全球性视野、资源管理、法律/法规视野、市场/客户中心、技术。

AICPA 的委员会提出当前的鉴证服务需要的能力分为高机会(high opportunity)的能力和低机会(low opportunity)的能力两种，共 19 项能力。低机会的能力包括会计和审计准则、行政管理能力和管理审计风险；高机会的能力包括：分析性技能、企业咨询技能、企业知识、工作能力、沟通技能、对客户的业务流程的理解、效率、智力能力、学习和恢复活力、营销及销售、模型构建、人的发展、关系管理、回应及与时俱进、技术、验证。高机会的能力在很大程度上可以为提供新兴鉴证服务打下很好的基础，而低机会的能力在提供现时的鉴证业务时很重要，但却无法应付未来新兴鉴证服务。

(二)美国管理会计师协会(IMA)的研究

美国管理会计师协会(IMA)于 1999 年采用实地调研和问卷调查的方法，分析了管理会计领域过去发生及未来可能发生的变化，其成果反映在《哪些更重要，哪些不重要：1999 管理会计实务分析》一书中。

(三)国际内部审计师协会(IIA)的研究

国际内部审计师协会(IIA)从 20 世纪 70 年代起就开始了对内部审计人员胜任能力的探讨。1993 年，IIA 经过广泛调查，归纳出 20 项公认的必须掌握的知识(Common Body of Knowledge)：分析推理、沟通、审计理论与实务、职业道德规范、组织理论、社会学、舞弊的预防与侦察、电子计算机、财务会计、资料收集技术，管理会计、政府组织及其运作、法律、财务管理、税务、数量方法、市场营销学、统计学、经济学、国际观。1994 年，IIA 又对内部审计人员必须进行的后续教育知识进行调查，结果是：书面沟通、口头沟通、商业沟通、审计、会计信息系统、职业道德规范、计算机软件、统计抽样技术、逻辑推理、电子表格、数据库和管理系统、组织行为、风险管理、系统分析与设计、企业经营的法律环境、统计学原理、文字处理、商业政策、人事管理。上述两个调查是 IIA

第一次针对内部审计人员胜任能力所做的广泛调查，调查结论显示，内部审计人员必须熟练掌握分析推理的方法、沟通的方式和方法，具有改善人际关系的能力、管理和信息处理的能力。

内部审计人员胜任能力的历史演变反映了这样的规律：随着内部审计职业提供的服务范围从财务活动审计扩展到经营活动和内部控制的评价，内部审计人员胜任能力的要求也渐渐从局限于财务会计的知识和技能扩展为必须了解经营管理多方面的知识和技能。同时，对沟通、人际关系、分析推理等个人特质方面的要求在胜任能力的内容中逐渐得到加强。

1996年，为适应国际内部审计行业的迅猛发展态势，找出行业发展中的核心竞争能力，IIA发起了全球内部审计胜任能力框架(CFIA)的研究，其目的是让内部审计人员在处理同内部审计人员知识和能力素质方面的问题时，具备与时俱进的思维。该研究项目由 William Birkett 领导，历时三年，并从全球内部审计行业、内部审计知识、行业未来、最佳实务、胜任能力以及胜任能力评估等六个视角考察了内部审计行业。研究人员评价了当时全球商业环境的变化及其对内部审计行业的影响，指出内部审计实务受与日俱增的变化影响，其未来角色由全球及组织机构的变化决定，未来的组织机构有可能整合其所有的风险保障系统，这将影响内部审计的工作方式。内部审计行业的原则、运营以及结构的绝大多数内容都将发生变化。研究发现，内部审计价值声明阐述了内部审计如何提供服务来增加组织价值。这些服务的潜在价值可根据完成制定目标的能力素质来表现，而既定的目标将有助于增值服务的目标。换句话说，内部审计价值声明要与审计专家及专业人员的意见相符，同时要有最佳实务相配合。

CFIA 研究讨论了内部审计的工作实质，以及胜任的内部审计角色的个性特征及其实务人员，其研究成果“内部审计能力素质标准”可以作为评定内部审计业绩以及最大限度地发挥审计职能的标杆，可以发展为各组织机构的资源，框定了内部审计教育、培训的框架，并能促进全球内部审计职业界的沟通。Birkett 研究小组采用联系现实的职业任务绩效，来分析职业知识、技能和态度的综合法，分析胜任的内部审计职能及从业或实务人员。它通过划分内部审计实务领域、界定内部审计职能、描述能力素质单元、要素及绩效标准、列出个性特征以及各关键角色(内部审计新人、胜任的内部审计人员以及内部审计管理人员)的职责权限，从而相应界定出具有竞争力的六项能力素质单元

(unit)及其所属的27个要素(element)。

在运用基于职能的分析方法时,Birkett研究小组同时将三个关键角色所需的知识、技能、态度等个性特征联系起来,并将个性特征区分为认知技能与行为技能两大类,其中认知技能由技术性技能、分析/设计技能、评价技能构成;行为技能由个人技能、人际技能以及组织技能构成。

IIA于1999年发布了《内部审计能力框架》(The Competency Framework for Internal Auditing,简称CFIA),该书从全球内审职业、内审知识、职业未来、最佳实务、胜任能力及胜任能力评价等角度,分析了能力发展的要求,认为能力包括知识、经验、技能、任务、执业标准,技能又分为认知技能和行为技能。在知识技能方面包括技术、分析设计能力、鉴别能力;在行为技能方面包括个人技能、人际技能以及组织技能,IIA分别针对初级内部审计人员、有经验的内部审计人员以及内部审计部门负责人就这六种技能要求分别进行详细的规范,因而CFIA成为一个对各层次内部审计人员胜任能力作以要求的系统、详细的规范。从CFIA上还可以看出,除了对知识技能上的强调外,风险导向内部审计还强调内部审计人员行为及心理方面的能力和特征。

(四)国际会计师联合会(IFAC)的研究

国际会计师联合会(IFAC)作为全球会计师职业组织,一直致力于推动其会员团体会计职业教育的发展。为推动各会员团体会计职业教育规范的统一,提高职业会计师的胜任能力水平,IFAC长期致力于对职业会计师能力及能力框架的研究。经过多年努力,初步建立起一套注册会计师胜任能力指南体系。国际会计师联合会(IFAC)在1996年发布了国际教育指南修订版第9号(IEG9)《预备教育、专业胜任能力评价及职业会计师的实践要求》,将会计教育和实践的目标定位于使会计师能为职业界和社会作出贡献,提出会计教育应使会计师具备持续学习的能力以及对变化的适应能力,同时还将会计人员的能力划分为知识、技能和职业价值,并包含态度、行为技能、广阔的商业视角、职能技能、技术知识以及智力能力,提出宽基础的会计教育。此后,IFAC的教育委员会①于1998年发布了名为《基于胜任能力的会计师职业入门方

① IFAC下属的国际会计教育准则理事会(the International Accounting Education Standards Board,IAESB)的前身为国际教育委员会。

法》的讨论稿，讨论了“胜任能力”这一概念，介绍了基于胜任能力的方法；2001年5月，IFAC又发布了修订后的讨论稿，旨在为IFAC的会员提供指南，以运用这些方法来评估会计人员的能力。针对管理会计师的能力需求，IFAC下属的财务和管理会计委员会(FMAC)于2002年发布了第12号研究报告:《管理会计实务及管理会计师的胜任能力档案》，对能力及胜任能力进行界定，并对什么是有能力的管理会计师进行阐述。在这份300多页的研究报告中，根据管理会计职能在管理流程中的角色定位，将其分解为五胜任单元:方向设定、变革和设计、业绩计量和控制、职能管理、环境管理，进而将这五个胜任单元分解为13个胜任元素，再将13个胜任元素细化为69个流程，结合每个经营流程，针对13个胜任元素建立业绩标准，用以衡量胜任元素的执行结果。①

在总结各职业团体研究经验的基础上，IFAC 2003年的《国际教育白皮书》(IEP2)《成为胜任的会计师》指出，会计教育和培训的目标是培养有能力的职业会计师，还系统介绍了各国胜任能力框架的研究成果，分析了胜任能力研究的不同方法和实施中的一些问题，并倡导各会员团体实施胜任能力的方法。IFAC(2003)《国际教育公告框架》指出了专业能力(capabilities)与胜任能力(competence)之间的关系，明确专业能力是用来表现能力的专业知识、专业技术、专业价值、道德和需要展现能力素质的态度。专业能力是个人所掌握的能够确保完成自己职责的特质，拥有专业能力表明一个人具有完全能够在岗位上完成任务的能力；而胜任能力是指有能力工作且达到一个既定标准，而这个标准要参考真实的工作环境。它是指个人所采取的决定他们的实际表现能否达到需要标准的行动。如果一个人利用其专业能力执行任务达到了所需标准，那么可以认定其达到了胜任能力。IFAC(2003)提出，专业能力分为六类，具体见表1-1。

---

① FMAC的这种能力框架的设计是典型的功能分析法的运用，从这份能力框架中，我们可以明显看到功能法的主要缺陷，其过于庞大的体系和冗长的能力列表给理解和操作都带来困难。

表 1-1　职业会计师专业能力

类别	举例
态度 (attitudes)	职业行为和职业价值观念 (professional demeanor/values)
行为技能 (behavior skills)	领导能力 (leadership)
广阔的商业视野 (broad business perspective)	战略性思维和批判性思维 (strategic/critical thinking)
功能性技能 (functional skills)	风险分析 (risk analysis)
技术知识 (technical knowledge)	审计知识 (audit)
理性技能 (intellectual skills)	知识、理解能力、应用能力、分析能力、综合和评价能力 (knowledge understanding application analysis synthesis and evaluation)

上述六类素质可概括为知识、技能和职业态度三个方面。

1. 知识。个人在获得职业资格之前必须具备以下四个方面的知识：

(1)一般性知识。从广义上来讲，如果个人想有效地进行思考和交流，传递疑问，进行抽象的逻辑思维和批判性分析，就必须接受良好的基础教育。基础教育使得他们能够在更大的社会范围之内做出决策、行使良好的判断力和职业能力，并与不同的人群进行合作，开始职业成长的过程。

(2)组织和企业知识。组织和企业知识为会计人员的工作提供背景知识。具有关于企业、政府和非营利组织的知识，了解这些组织如何进行组织、筹措资金和管理以及他们所处的全球化环境对于职业会计人员是必不可少的。

(3)信息技术知识。信息技术已经使职业会计人员的角色发生了转变。职业会计人员不仅仅要使用和评价信息系统，还要在信息系统的设计和管理上发挥重要的作用。

(4)会计和相关知识。会计知识为职业会计人员职业生涯的成功提供了强大的技术后盾。

2. 技能。技能使得职业会计人员能够成功应用通过教育获得的知识。技能通常不是通过专门的课程来获得的，而是由教育方案的整体实施和职业经验来培养的。职业人员必须具备的技能包括：

(1)智力技能。智力技能使职业会计人员具备解决问题、做出决策、在复杂的组织中做出良好的判断的能力。构成智力技能的素质能力包括:①进行调查、研究、抽象的逻辑思维、归纳法和演绎法下的推理和批判性思维的素质能力;②在不熟悉的环境中判断和解决不规范的问题和应用解决问题技能的能力;③在有限的资源中进行选择和分配,组织工作已在规定的时间内完成任务的能力;④适应变化的能力。

(2)人际关系技能。人际关系技能使得职业会计人员能够为了组织的共同利益而与他人进行合作。这一技能的构成要素包括:①在协商过程中与他人,特别是与团队一起工作来组织和委派任务,激励和培养人员来解决矛盾并在适当的时候领导工作的能力②与各种具有不同的知识和智能的人进行合作的能力;③在职业工作中商议可接受的解决方案和达成协议的能力;④在不同的文化共存的环境中有效开展工作的能力。

(3)交流技能沟通能力。沟通能力使得职业会计人员能够接受和传递信息以形成理由充分的判断并有效进行决策。沟通能力的组成成分包括:①通过正式和非正式,书面和口头形式来提出、讨论和捍卫观点的能力;②进行有效地聆听和阅读,并且能够领会文化和语言差异的能力;③从他人、印刷品和电子资源中查找、获得、组织、报告和使用信息的能力。

3.职业价值观念。教育和实践方案要为潜在的职业会计人员提供职业价值观念的框架体系,以使其能够为了社会和职业的最大利益而做出良好的判断和履行职业道德。职业会计人员的价值观念和态度的特性为:(1)承诺客观和公正地进行工作,在应用的职业标准之下保持独立性;(2)了解职业组织要求个人具备的职业道德标准;(3)关心公众的利益,承担社会责任;(4)承诺进行终身学习。

IFAC 建议,与职业会计师相关的核心实务领域至少应包括财务会计与报告、审计与鉴证(内部和外部)、管理和成本会计、税务、财务管理、一般管理、IT 技术、公司治理与伦理。职业团体也可视具体情况向现金管理、清算与公司重整、财务分析、组织与物流、公司理财、经管责任与控制、股东报告、战略规划与决策支持等方向拓展。与核心实务相关的核心知识是胜任能力的基础,要达到既定业绩目标,职业会计师至少还需具备一些素质,如正直公正、行为技能、广阔的经营视野、职业技能、技术水平及智力等。职业团体可扩展能力需求,如分析技能、问题解决技能、人际和交流技能等。除了核心知识之外,职业会计师至少应具备法律、经济、数量方法、营销和行为科学等相关知识。IF-AC指出，知识、技能和态度分别适用不同的评价方法（考试、模拟现场、口试、自我评价、直接观察等）。

IFAC有关胜任能力的相关研究与公告的发布主要是由其下属的国际会计教育准则理事会（IAESB）进行的。IFAC注册会计师胜任能力指南体系由三种类型的公告组成：国际教育准则（IES）、国际教育指南（IEG）、国际教育研究报告（IEP）。IFAC下属的国际会计教育准则理事会2009年之前对胜任能力的研究主要形成以下成果：

国际教育准则（IES）。IES是整个体系的主体部分。它规定的是在职业会计师教育和发展中公认"良好做法"的标准，提出了教育和发展的内容和过程中的基本要素。其选择标准是以得到国际范围的认可、接受和应用为标准的。到2009年ESB共发布8个准则，其中1至7号是针对所有职业会计师的一般要求，第8号在1至7号的基础上对注册会计师提出了更进一步的要求。这8个准则分别是IES1《职业会计教育计划的准入条件》、IES2《职业会计教育计划的内容》、IES3《职业技能》、IES4《职业价值观、道德与态度》、IES5《实务经历要求》、IES6《专业素质和胜任能力的评估》、IES7《职业后续教育：终身学习和职业胜任能力后续教育项目》、IES8《审计职业人员胜任能力要求》。

国际教育指南（IEG）。IEG为国际教育准则提供解释、举例说明或者详细阐明与国际教育准则相关的事项，帮助各会员团体执行和实现国际教育准则中规定的"良好做法"。目前已经发布并仍有效的指南共5个：IEG2《职业继续教育》、IEG9《资格前教育、职业胜任能力测试和职业会计师实务经历》、IEG10《会计师职业道德：教育的挑战和实务应用》、IEG11《职业会计师的信息技术》、IEG11的修订版《会计课程和信息技术》。

国际教育研究报告（IEP）。IEP主要是推动影响职业会计师教育和发展的相关问题的讨论和辩论并展示成果，或者描述影响到会计职业教育和发展问题的相关利益情况，起到提起注意、传递相关知识和信息的作用。由于这些报告所涉及的内容可能是仍处于发展中的观点、方法和办法，因此它们很可能进一步发展成为相关的准则和指南。目前已经发布的研究报告共3个：IEP1《国际会计师联合会会员团体所提供资格前教育的确认》、IEP2《成为胜任的职业会计师》、IEP3《评估方法》。此外，IAESB还发布了3份国际教育实务公告征求意见稿，分别是：《职业会计师所应具备的信息技术》(2006 年 8 月发布)、《形成和保持职业价值观、道德与态度的方法》(2006 年 9 月发布)、《职业会计师资格前实务经历要求》(2007 年 1 月发布)。

2009 年 12 月，IFAC 下属的国际会计教育准则理事会(IAESB)发布 2010 年版《国际教育公告手册》。2010 年版手册包含 IAESB 发布的包括《职业会计师国际教育准则框架》[①](以下简称《框架》)在内的八项国际教育准则(IES)，以及三项国际教育实务声明。《框架》包括前言、教育的概念、出版物以及责任和义务。

2010 年版的《框架》中，不再区分胜任能力(competence)与专业能力(capabilities)，而只明确胜任能力(competence)的概念。胜任能力是指工作能力能够达到与工作环境相关的既定工作标准。为了证明在某一角色中具备胜任能力，职业会计师必须具备一定的专业知识(professional knowledge)，职业技能(professional skills)，以及职业价值观、道德和态度(professional values, ethics and attitudes)。2010 年版的《框架》中，将胜任能力定义为：(a)强调预计职业会计师能够执行准则的个人能力；(b)要求达到既定的胜任能力应具备必要的专业知识、职业技能、职业价值观、道德和态度。胜任能力的合理水平会随着环境的复杂性、工作的复杂性、工作的多样性、要求的专业知识、对他人工作的影响程度、对他人工作的依赖程度、工作自主水平以及要求的判断水平这些因素的不同而改变。个体需要通过学习和发展才能胜任工作的能力可以通过许多不同形式的学习和发展来取得。学习和发展的基本形式包括教育、实践经验和培训等，其他形式包括指导、联网、观察、反思，以及自我指导和非系统化的获取知识。IESs 同时强调了职业初期发展和职业后续发展。职业初期发展(IPD)是指个体初步发展胜任能力以进入会计行业的学习和发展的过程。这一阶段不仅要学习特定情况下的原则、准则、概念、事实、程序等知识，还要锻炼将专业知识、专业技能以及职业价值观、道德、态度整合的能力。只有当个体具备了这一阶段所要求的胜任能力后，他 / 她才能区分不同的观点，知道什么知识是相关的，知道如何运用知识和专业判断来正确地解决问题。此外，这一阶段需要经历常规教育、职业会计教育、实践经验以及评估等过程。常规教育是最常见的教育方式，它是满足职业会计教育和实践经验所

---

① 2010 版《框架》出台之前，IFAC 一直沿用 2003 年的《国际教育公告框架》。

需的必要技能的基础；职业会计教育是基于常规教育之上的教育和培训，主要教授专业知识、专业技能、职业价值观、道德和态度；评估则是指评价通过学习和发展形成的专业胜任能力。当个体明确表明他们具备了进入会计行业应具备的胜任能力后，IPD 才能结束，可以申请成为某个 IFAC 会员团体的会员成为职业会计师。当个体成为职业会计师后，就进入了职业后续发展阶段。职业后续发展（CPD）指通过保持和发展职业会计师的工作胜任能力的一种学习和发展的过程。这一阶段为专业知识、专业技能、职业价值观、道德和态度，以及在这一阶段获取的胜任能力提供了持续的发展。职业会计师应在职业生涯中不断改变和扩大胜任能力的适用范围，形成自己的专长，全面提升自己的胜任能力。在这一阶段获取的胜任能力应通过 CPD 持续的更新、改变或增加。

（五）加拿大注册会计师协会（CGA）的研究

为了给广大会员提供清晰的职业技能架构，便于他们更好地规划自己的职业生涯和获得更好的专业发展，加拿大注册会计师协会（CGA Canada）于 1986 年开始运用基于职业胜任能力研究的注册会计师技能框架。除职业会计师和高级财务经理必须掌握的专业知识、专业技巧和技能外，加拿大注册会计师协会把信息技术、专业价值（职业道德与诚信等）也整合到其资格认证项目中，并按照职业胜任能力框架的要求，从教育、考试和工作经验三方面对会计师进行全方位的培养和评价。加拿大注册会计师协会于 1999 年发布了《加拿大注册会计师胜任能力框架》，该框架从专业技术知识、管理技能、领导技能和职业水准四个方面列示了各领域职业会计师所需的 147 项能力，并于 2004 年进行修订。《加拿大注册会计师胜任能力框架》的职业会计师胜任能力包括：(1)专业技术知识：财务会计与报告、管理会计、鉴证、财务策划/理财、综合商务知识、信息技术、税务筹划；(2)管理技能：战略规划、资源分配和管理、业绩考量和监控、有效沟通；(3)领导技能：组织和战略领导力、团队领导和团队发展、教导和培训员工；(4)职业水准：以人为本、职业道德和诚信、综合方法、解决问题、职业发展、自我职业评估。

（六）加拿大特许会计师协会（CICA）的研究

加拿大特许会计师协会（CICA）是加拿大最大的会计师职业团体，前身是 1902 年成立的全国性的会计师协会联合体——加拿大特许会计师统管联盟（Dominion Association of Chartered Accountants）。1951 年，加拿大特许会计师统管联盟更名为加拿大特许会计师协会(CICA)。加拿大特许会计师协会(CICA)于2004年发布了《特许会计师能力图》,同年又发布了《候选特许会计师能力图:CAs职业能力的理解》,从胜任能力和胜任领域两个层面设计会计师的能力图。CICA认为特许会计师通用的胜任能力包括道德行为和职业观(如保护公众利益、正直与公正、独立、保密等)、个性特征(如自我管理、创新、适应能力等)及职业技能(生成计划和信息、检验计划和信息、交流、问题解决等)三部分,提出特许会计师的6个特殊胜任领域:组织有效性与控制和风险管理、财务、税收、鉴证、业绩评价、信息及信息技术等。

CICA采用的是以功能分析法为主的研究方法,从一张职业能力导图(competency map)出发,描述所需的各种能力及各个层次的要求。特许会计师预备人员能力导图(the CA candidates' competency map)是从特许会计师职业能力导图(the CA competency map)演化而来的,其关注的重点是入门级别的能力要求。在预备人员能力导图中清晰地列示了成为一名特许会计师所应具备的能力和在每个能力领域所应达到的能力层次。而特许会计师职业能力导图则是从整个职业的视野而言,而不是针对特许会计师个人。在我国当前的情况下,特许会计师预备人员能力导图更有参考意义。

在预备人员能力导图中,首先给出了关于能力的一系列定义:

1. 职业能力。特许会计师在履行特定的职业服务时所需具备的广泛的知识、技能、态度和可观察到的行为。

2. 胜任能力。特许会计师以规定的标准采用才能和技能完成特定工作的能力。

3. 普遍能力。特许会计师完成任何工作都应具备的能力,表现CA是“怎样”工作的。特许会计师预备人员能力导图中将普遍能力分为以下三类:

(1)道德品格和专业精神。特许会计师职业通过在所有的职业工作中的正直表现来获取委托人、雇主和公众的信任,因此人们期望CA在任何时候都能遵循最高标准的道德要求,在完成所有工作时都能拥有实质上和形式上的客观性和独立性。

(2)个人特征。人们期望CA拥有使他们做出专业表现的个人特征。

(3)专业技能。CA同时需要拥有一系列专业技能来完成职业工作。

4. 特定能力。CA职业工作的能力领域,共分为以下六类:

(1)有效地组织管理、控制和风险管理。主要指的是评估和发展一个组织加强决策能力和最大化组织行为成果——如管理、组织、政策、系统和资源的能力。

(2)财务。财务能力指的是与财务管理、财务战略和财务决策相关的能力。

(3)税务。CA应具有在不同的组织中进行税收筹划、遵守税收法律和税务报告的能力。

(4)审计。CA应具有与法定审计和常规审计相关的能力,包括进行更广泛的鉴证和审计服务所需的能力。

(5)业绩评价。CA应该可以评价、制作和解释企业的财务和非财务信息以评估和提高企业业绩的能力。

(6)信息与信息技术。CA应该能够评价企业所需的信息,并且能够开发和使用信息技术以达成企业的战略和经营目标的能力。

(七)澳大利亚与新西兰的研究

澳大利亚与新西兰的研究始于20世纪90年代初。1993年,澳大利亚特许会计师协会(ICAA)、注册会计师协会(ASCPA)与新西兰特许会计师协会联合发起了职业会计师胜任能力的研究,其最终成果为《澳大利亚和新西兰职业会计师基于胜任能力的标准》,提出了职业会计师的人际技能、组织技能、分析与构造技能以及理解技能。此后,ICAA与ASCPA专门针对注册会计师的能力进行了深入研究,并于1999年发布了《注册公司审计师能力标准》的征求意见稿。

(八)英国特许会计师协会(ACCA)的研究

ACCA在其制定的职业发展手册中提出了一个技能框架,以帮助会员针对特定的能力分析培训需要。依据会员所承担的角色不同,会员可以根据各自的需要增加或删减特定的能力。该能力框架将能力分为以下四大类:人员管理及领导才能、个人更有效的工作、商务管理和技术。以上每一种能力都可以按照从1到3的水平来进行评估。其中1代表基础,2代表中级,3代表高级。

(九)联合国贸易与发展会议的研究

联合国贸易与发展会议1999年12月发布了《职业会计师资格要求国际指南》。该指南旨在为各国制定注册会计师资格要求和教学大纲提供一套国际标准。该指南说明了对于想获取职业会计师资格的人士在教育、胜任能力、实践经验以及职业道德方面的要求。指南中包括的《职业会计师教育的国际教学大纲》对职业会计师应接受的基础教育及职业教育进行了规范,包括三大类,具体见表 1-2。

表 1-2 《职业会计师教育的国际教学大纲》

类别	具体内容
组织和商业经营知识	经济学
	数量方法和统计
	一般经营政策和基本组织结构
	管理功能和实务、组织行为、营销功能、国际商业原则
	经营管理和战略
信息技术	经营系统中信息技术概念
	以计算机为基础的商务系统的内部控制
	商务系统的开发标准与实务
	信息技术采用、实施与运用的管理
	信息安全管理
	人工智能
	专家系统与模糊逻辑及电子商务
会计和会计相关知识	基础会计、财务报表的编制、会计职业和国际会计准则
	高级财务会计实务
	高级财务报告原则
	管理会计——基本概念
	管理会计——进行计划、决策和控制的信息
	税务
	企业法和商法
	审计基础
	审计——高级概念
	企业财务和财务管理

二、国外会计公司的研究

普华、德勤、安永等国际会计公司也都直接或间接进行会计人员能力框架的研究。1989 年，当时的“八大”联合发布了《教育的展望：会计职业成功的能力》白皮书，提出了成功的会计师应具备的能力包括技能和知识，技能指沟通技能、智力技能以及人际关系技能，应具备的知识包括一般知识、企业与组织相关知识以及会计与审计知识。白皮书对现行教育体制中培养出来的会计专业毕业生的数量和质量表示了担忧，呼吁美国会计学会成立一个委员会来解决这个问题①。这份白皮书对美国会计教育改革产生了很大影响。

近年来，各大会计公司都十分关注 CFO 的发展趋势，如普华永道 1997 年发表的《CFO：公司未来的设计师》指出，由于环境的变化，传统的 CFO 已无法适应全球化经营和跨国竞争的要求，未来的 CFO 应具备的能力包括基本技能和操作能力，基本技能主要与专业知识、技术和控制有关，这是 CFO 的最低要求，操作能力包括战略思考、创新、企业风险管理和变革、团队精神、训练能力和领导能力等；德勤咨询与商业周刊委托机构“研究国际”(Research International)形成的调研报告《授权 CFO》(2003 年)认为，CFO 不仅扮演管家角色，而且是战略伙伴。各会计公司从不同的角度对未来成功的 CFO 的能力做出分析。

三、国外学术团体的研究

美国会计学会(AAA)回顾了美国 1925 年到 1985 的会计教育和会计实务，于 1986 年形成了贝德福德报告(The Bedford Report)——《未来会计教育：为日益拓展的职业做准备》。报告指出，会计教育的实质没有改变，即教师仅仅是教学生簿记和进行技术训练，而没有教他们如何解决问题、处理人际关系和沟通的技巧，会计专业学生不知道怎样与人沟通，怎样进行逻辑性思维以及怎样解决问题。报告指出，会计功能已超越传统领域，传统的教育方式已不

① 美国会计学会对这份白皮书进行了回应，于 1989 年成立了会计教育改革委员会(AECC)，为推动会计教育的发展而努力。

适应目前的新环境，强调大学会计教育应重视各种能力的培养。教学的过程不仅应该确保学生可以学到会计专业技术知识，而且要培养学生具备能够应用知识进行分析的能力，这种分析必须是创新性的，而且应与较高的职业道德标准相适应。报告提出两个建议：(1)把学生引向学习的过程(帮助学生成为终生学习型的人)；(2)把会计教育看成是信息发展和进行经济决策的工具。

美国会计学会的会计教育改革委员会(AECC)鼓励教师要摒弃课程式的、被动式的教学，而转向更加积极活跃式的教学，让学生成为主动的参与者，合作式的教学互动是这个新方法的关键。1990 年，AECC 发表了《会计教育的目标：立场公告第 1 号》。该公告认为，会计教育的目标应当为会计毕业生成为职业会计师做好准备，而不是使其在进入会计职业界时已经是职业会计师，会计教育要教会学生如何学习，并要终身学习。公告指出，会计教育应定位在"为日益拓展的会计职业做准备"，并对会计教育的目标所要求的知识和能力进行了阐述。公告指出，会计毕业生必须具备沟通技能、智力技能，以及人际关系技能，应具备一般知识、企业与组织相关知识以及会计与审计知识。

除了关注教学模式和强调厚基础的教育之外，AECC 还发行了一系列的会计立场公告(position statements)，如《第 1 门会计课程：立场公告第 2 号》。公告强调会计导论课程(introductory accounting course)的重要性，认为学生应当了解会计信息在经理人员、投资者、信贷者、股东和其他利益相关者之间进行经济决策时所发挥的作用，应从更广阔的视角看会计的作用，应提高分析性技能及解决不确定性问题的能力。

四、国外学者的研究

各国学者主要以各职业团体有关会计人员能力框架的研究报告为会计教育框架，研究教学内容及方法的改革。美国 20 世纪 80 年代开启了会计教育改革的新时期，而这一改革是由一系列针对会计专业毕业生能力的批评意见引起的。这些批评意见认为会计专业毕业生不具备进入会计职业所需的一系列能力。Bloom 和 Debessay(1984)认为：会计教育应该主要围绕基本原则进行，而不是试图传授所有技术领域的知识。Bloom 和 Debessay 鼓励会计教育方法的改革应从程序性和技术性的教学方法向概念性和问题式方法转变，这种新的教学方法应包括批判式的思维、人际关系以及书面和口头的交流技巧。

Carnevale、Gainer 和 Meltzer(1990)以及 Porter 和 Mckibbin(1988)的研究表明,学生缺乏雇主所要求的智力、人际交往能力和沟通能力。Whitney(1992)认为学校教给学生的知识过于陈旧,教育界应重新审视课程的设置以使学生能适应现在和未来的企业环境。

随着贝德福德(the Bedford)委员会和会计教育改革委员会的一系列报告、目标和说明书的发布,会计教育者很清楚地了解到改变和重新构架整个课程体系的必要性。教育者逐渐认同进行改革的必要性,但是会计教育者和实务者在如何改革上存在分歧。

Min(1987)指出会计教育的概念性方法和技术性方法的巨大分歧,他认为两种方法都适用,发展的趋势可能是两者的融合。Baldwin 和 Ingram(1991)认为,不管是采用哪种方法,会计基础课程都需要改革,应让学生需要掌握更多相关的和有用的会计信息。针对美国会计学生数量和质量下降的趋势,他们建议对会计基础课程的内容和方法进行彻底的更新,以吸引有着很好的推理和分析能力的学生选择会计专业。May、Windal 和 Sylvestre(1995)的调查研究表明,会计教育者在改革的必要性这一点上达成了广泛的一致,但是在改革的内容和形式上存在着明显的分歧,调查结果再次强调会计教育内容中应包括更多的交流技巧、人际关系和职业道德。Jordan 和 Clark(1995)以及 Wilson 和 Baldwin(1995)等人也在不同程度上研究了会计教育内容及模式的改革。

Albrecht 和 Sack(2000)的研究成果《会计教育:设计课程以渡过危机重重的未来》对会计教育界和职业界影响较大,他们认为传统的会计教育模式存在较大问题:会计课程内容过于狭窄,过于关注技术规则及职业考试;会计教学过于强调课堂讲授和记忆,教学过程过于依赖课本,缺乏创造性的学习。他们总结出传统的会计教育过于强调学术知识方面,而对能力的运用方面关注不够。Albrecht 和 Sack 指出:会计教育要强调基本原理/基础原则的教育和技能的培养;强调高水准、宽口径的课程,而非深入的专业教育;应教会学生如何寻找答案及如何学习。他们认为,在教学中,教师应降低对讲稿和教科书的依赖;通过案例教学培养学生处理突发事件的能力和分析能力;加强学生口头和书面沟通能力的训练;通过小组作业形式让学生加强合作,以培养其领导能力和团队精神;邀请企业界人士参与会计教育;适当安排课外活动,如实习、专业研究、在职学习等。Francisco 和 Kelly(2002)研究了会计教育中技能要素发展的重要性。

美国伊利诺大学会计系根据会计职业界对知识、技能和态度的需求而进行的有关改革是教育界实践性研究的典型代表。伊利诺大学专门开设一门有关能力的培养课程——专业发展实践(Professional Development Workshop)。将要从事会计工作的学生必须具备各种各样的技能和能力,而且有些能力是在会计专业课程中学不到的。这门课程注重对会计工作所需技能的培养,这些技能主要包括:口头和书面的表达/沟通能力;团队精神和领导能力,包括组织、谈判和解决矛盾的能力;时间的管理、承受压力的能力和面试的技巧;还涉及辨别能力、实践中碰到的其他社会问题、文化的多样性以及如何在全球化的市场环境中管理企业等问题。

经过多年的研究探讨,美国及其他一些发达国家的会计学者对多技能的会计教育重要性问题的认识已与会计职业界达成一致,他们强调应当教育学生如何成为一个会计师,而不是将学生训练成为一个会计师,会计教育界应以职业界的能力框架作为教育指导框架。

五、政府参与的研究

英国政府的国家职业标准要求建立与工作业绩相关联的能力框架。1986年,英国政府成立了国家职业资格委员会(简称 NCVQ),其成员由就业大臣任命,主要由雇主、工会工作者、教育和培训的提供者以及具有颁证实践经验的人组成。NCVQ 在产业与就业部指导下进行工作,代表政府具体负责推动全国职业资格证书制度的建设。职业标准体系是英国 NCVQ 制度的核心,是推行国家职业资格证书的关键。英国通过在每一个行业设立产业指导机构来制定各行业的国家职业标准,最后形成以能力为基础的国家职业标准体系。自 1986 年以来,英国通过采用职业功能分析法,先后在 150 个行业和专业设置了数千个职业标准,形成了一套为就业服务的核心技能标准体系。在英国国家职业资格体系中,能力标准由能力单元、能力要素和操作标准构成。一个国家资格通常由 14～25 个能力单元组成,每个能力单元由 2～5 个能力要素组成。

南非政府的"国家资格框架"要求所有资格标准必须以业绩结果为基础,所有以能力为基础的标准必须由相关部门制定。这些国家的职业团体在政府的推动下开展能力框架研究。

欧盟[①]早在1978年的欧洲经济共同体时代，就发布了349号指令，规定某些类型的企业决算审计必须由具有审计资格的人员来进行，并成立了审计相关联络委员会。1984年，欧共体理事会对年度财务报告的法定审计师(包括注册会计师和会计师事务所)准入的原则、申请注册自然人的教育要求、执业经验要求、职业道德和独立性、有关信息公开要求等作出规定。2005年9月30日，欧盟理事会发布了欧洲议会和理事会文件(CODEC811)，提出了对上述两个指令的修正案，其中第二章“认可、继续教育和互认”规定了欧盟法定审计师职业生命周期胜任能力的具体要求，包括：教育资质、专业能力考试，以及相关豁免、实务经验、继续教育、从其他成员国获得法定审计师的认可等方面的内容，系统规定了欧盟法定审计师职业生命周期胜任能力的要求。

意大利尽管没有专门的注册会计师胜任能力框架文件，但在法律中就职业准入的要求做出了具体规定。从这些规定看，充分考虑了IFAC的相关职业教育文件，以及欧盟委员会等国际组织对会计师职业胜任能力的一般要求。

法国未专门发布注册会计师胜任能力框架文件，但存在一个以欧盟指令为指导、通过法律和管理规章形成的会计职业教育和后续教育的制度体系。

六、会计人员能力框架的研究方法

较早对能力框架的研究方法进行研究的是Hager、Gonczi和Oliver(1990)，他们辨别了职业界分析胜任能力的三种主要方法：(1)按照工作角色、任务分析职业工作；(2)分析个体职业人员需要的知识、技能和态度(品质)；(3)在实际工作任务环境中分析知识、技能和态度，这种方法将品质和业绩放在一个框架中。

① 欧盟是一个集政治实体和经济实体于一身、在世界上具有重要影响的区域一体化组织。它是由欧洲共同体(European Community，又称欧洲共同市场)发展而来的，主要经历了三个阶段：荷卢比三国经济联盟、欧洲共同体、欧盟，经历了由经济到政治的合作。欧盟的宗旨是，“通过建立无内部边界的空间，加强经济、社会的协调发展和建立最终实行统一货币的经济货币联盟，促进成员国经济和社会的均衡发展”，“通过实行共同外交和安全政策，在国际舞台上弘扬联盟的个性”。基于其强烈的政治性色彩，将其归入政府的研究。

国际会计师联合会财务和管理会计委员会将第一种方法称为功能分析法或业绩结果法。第二种方法基于能力投入，国际会计师联合会称之为能力要素法。胜任能力是能力投入的结果，能力的培养对于工作的胜任起了决定作用。第三种方法是国际会计师联合会所倡导的方法。国际会计师联合会认为上述两种方法可以有机地结合起来，它建议，基于胜任能力的方法应该将会计课程设置与工作要求更紧密地联系起来。通过分析工作中的角色，职业团体可以向后推导这些角色所基于的知识和能力(IFAC,2003)。大多数监管机构或职业团体意识到采用单一方法的局限性，并逐步采用功能分析法和能力法相融合的方法。

目前对会计人员能力的研究主要采用功能分析法(也称产出法)(function analysis approach/performance outcomes approach)和能力要素法(也称投入法)(capabilities approach)。国际会计师联合会(IFAC)在其2001年5月发布的《职业会计师的预备及工作：以能力为基础的方法》(征求意见稿)中曾对这两种方法做了专门的阐述。IFAC在2003年4月发布的IEP-2《成为有能力的会计师》中再次分析了功能分析法和能力要素法。

功能分析法是以工作表现描述能力时所使用的典型方法，着眼于会计师的工作结果，它的研究起点是观察会计人员在实际工作中履行的职责和完成的任务。功能分析法通常罗列一系列特殊能力，用任务、单元和要素描绘职业领域。功能分析法认为"能力"是候选人(candidate)在进入会计职业时在既定的标准下完成这些职责和任务的才能和技巧。因此，这种方法强调的是教育和培训过程的业绩结果——会计人员能够在既定的标准下履行工作职责，完成任务。澳大利亚、新西兰、英国、加拿大等国的职业会计师能力框架以该方法为主。加拿大特许会计师协会(CICA)2003年发布的《特许会计师能力导图》(The CA Competency Map)，即是采用功能分析法进行会计人员能力研究的范例。CICA使用普遍能力、专业能力和知识来构建CA的职业能力框架。其中，普遍能力和专业能力相结合形成CA的职业能力，而专业知识作为CA在日常工作中证实职业能力的主要方面，与普遍能力一起构成能力导图的重要组成部分。

应用功能分析法进行能力研究会得到一张功能性导图，图中会列出从业的会计人员在核心的关键工作领域(通常是六个左右)、决策和功能性领域里所从事的工作，然后将这些领域逐层分解为单位和元素。这些元素中可能还包括有环境因素，如表现能力所需的情形、背景和方法等，然后再为每一个元素设计适当的表现标准。这样做的整体效果就是以层次不断提高的细节来描绘职业会计人员的工作。

使用功能分析法的优点之一在于简化了对实际工作的记录。这些记录可以帮助我们跟踪工作中的表现结果和素质能力的使用与发展。对会计人员而言，这些记录可以帮助他们追踪自己的发展轨迹。雇主也可以利用这些记录来监督雇员的成长。实际工作记录还可以作为由成员或雇主证实了的，证明某人符合进入职业组织要求的证据。

能力要素法着眼于会计人员的投入，从投入的角度列出会计人员应具备的知识、技能、职业价值等。能力要素法强调的是教育和培训过程为形成胜任能力(competency)而培养的能力(capabilities)，这些能力也可以以学习成果的形式来表达。在 IFAC 公布的《国际教育指南第 9 号》(IEG9)中就采用了这种方法。能力要素法在美国进行的一些能力研究中有所应用，这种方法通常没有功能分析法详细，但是更倾向于关注职业会计人员在不同的职业角色的卓越表现所具有的特点，并着眼于未来的需要来确定那些对长期的职业发展有价值的技能，而不是那些在特定的工作领域应具备的、容易迅速发生变化的工作要求。

能力要素法在美国进行的一些能力研究中有所应用，这种方法通常没有功能分析法详细，但是更倾向于关注职业会计人员在不同的职业角色的卓越表现所具有的特点，并着眼于未来的需要来确定那些对长期的职业发展有价值的技能，而不是那些在特定的工作领域应具备的、容易迅速发生变化的工作要求。

IFAC 认为两种方法均可采用，应视组织所处的环境而定，两种方法也可融合使用。我们对会计人员能力框架的搭建准备融合采用两种方法，主要采用能力要素法，同时结合采用功能分析法对各层次会计人员的岗位职责予以分析。

七、国外研究成果述评

综合以上各国及各团体的研究，主要成果集中于对能力的理解，对能力构成及能力评价方法的研究。

对于能力有不同的表达方法，如技能、能力、才能、潜质等，在英文文献中也有诸多表达法，如 capability、competence、competency、capacity、ability、skill 等。各国专业团体的研究主要涉及 capability（能力）、competence（胜任能力）。AICPA、CGA、FMAC 等职业团体分别对能力及胜任能力进行了界定。IFAC 的 IEP2《成为胜任的会计师》（2003）对能力的理解具有代表性。在这份文告中，IFAC 将能力定义为：能力是为了证明胜任职务所需具备的职业知识、技能和职业价值观，将胜任能力定义为：在真实的工作环境中按规定的标准承担某一工作角色的能力。综合各种定义可见，能力更注重投入，而非结果，即个人所具备的素质，而胜任能力更注重结果，即一个人的胜任能力不仅取决于是否具备一定的素质，而且取决于是否能适应环境，恰当运用其潜能。本研究将采用 IFAC2003 年对能力及胜任能力的理解。

对能力的构成，各国的研究成果不尽相同，但综合各种观点，比较一致的观点是能力包括知识、技能和职业价值观。

综合各研究团体的观点，能力评价方法主要有：笔试、参与项目、工作记录、模拟现场和直接观察等。

从现阶段看，我国会计人员能力框架与发达经济下的会计人员能力框架可能有所区别。但是，随着我国参与国际经济和国际资本市场程度的加深，从发展趋势上看，我国会计人员能力框架必将与发达经济下的会计人员能力框架趋于一致。因此，会计人员能力框架的研究趋势必将日益国际化，在理论依据、技术方法和结构层次上将逐渐趋同。西方国家会计人员能力培养的经验做法以及相关研究，对我国会计人员能力框架的构建，无疑具有十分重要的借鉴意义。

第二节　国内会计人员能力框架研究

我国对会计人员能力及能力框架的研究主要表现为会计学术界对高等会计教育的研究、政府及职业团体的有关法规规定和财政部主持的我国会计人员能力建设问题研究。

一、会计学术界的研究

2002 年之前，我国关于会计人员能力框架的研究主要散见于会计学术界对会计教育的研究以及对会计人才社会需求的研究中。此间研究成果主要集中在以下方面：我国会计教育目标的研究、会计课程体系与教学方法的改革、后续教育研究、国外会计教育改革经验介绍及会计人才社会需求的调查研究。2002 年之后，陆续有学者展开对会计人才能力培养问题的研究，主要研究内容包括：实务型高级会计人才的培养（主要是 MPAcc 教育）、会计人员能力培养、会计人员职业资格以及能力框架的初步研究。2007 年中国注册会计师协会颁发了《中国注册会计师胜任能力指南》后，学术界对职业能力的研究转向介绍或是分析并为指南执行提供建议，或者进行《指南》与高校教育、职业继续教育、资格前实务经历的相关研究，并对如何培养与提高注册会计师胜任能力展开探讨。

会计学术界关于会计人员能力框架研究的具体成果主要有：(1)我国会计教育目标取向的研究，如李心合（1998）、林炅（1998）、陈玮（1999）、王光远、陈汉文、林志毅（1999）、黄晓榕（2002）、刘永泽等（2004）。(2)新经济对会计人员知识结构、能力素质的要求以及在会计课程体系、教学方法方面改革的研究，如刘长翠（1998）、阎达五和王化成（1998）研究了新时期下会计专业课程设置的问题，张继勋（2000）研究了如何实施会计本科素质教育，以及杨有红（2000）研究了会计人员知识结构的调整和会计教育的创新，孙铮和王志伟（2002）研究了 WTO 对中国人才培养机制的影响，刘国武、陈少华等（2005）研究了批判性教学法在会计教学中的运用。(3)会计人员的后续教育问题，有关这类问题研究很多。秦荣生等人（2002）的研究最具代表性、综合性，他们指出，会计人员应具备的业务胜任能力包括：观察能力、记忆能力、思维能力、想象能力、操作能力。他们认为会计人员应具备的业务胜任能力是在掌握专业知识的过程中形成和发展的，在此基础上系统阐述了后续教育的主要环节、课程开发、模式与实现途径、监督和评价系统。(4)对国外尤其是美国会计教育改革经验的介绍，如陈德刚（1999）、吴革和张越（2003）、于增彪和赵晓东（2004）。(5)社会对会计人才需求的分析。荆新、王建英（1998）曾就用人单位对会计毕业生能力需求和现状进行调查，李曼华等（2000）、秦荣生（2003）分析了会计专业人才需求状况,张俊瑞、刘东霖(2005)分析了我国人才市场对财经类人才的需求状况。(6)对实务型高级会计人才培养问题的研究。这部分研究目前主要集中在MPAcc教育方面,如曲晓辉(2003)介绍了美国会计专业硕士教育情况,曲晓辉(2003,2005)、王海民和郑佩荣(2005)、刘玉廷(2005)等对我国会计专业硕士教育的研究。(7)对会计人员能力培养的研究,如赵秀云(2002)研究了网络环境下会计人员职业能力教育框架的构建,葛兵(1999)、乔兴旺与王志平(1999)提出会计教学应向能力本位转化,林志军、熊筱燕、刘明(2004)分析评估了会计教育中所需注重的知识和技能,李明辉(2004)研究了会计专业本科生能力的培养问题。(8)对会计人员职业资格的研究,如成放晴(2005)对设立正高级会计专业技术资格有关问题展开探讨,刘玉廷(2005)研究了我国高级会计人才职业能力与评价机制问题。(9)对会计人员能力框架问题的初步研究,如刘勇(2004)探讨了如何构建会计人员能力框架问题,陈小悦、刘霄仑(2004)分析了构建中国注册会计师职业能力框架的目的与方法,邓传洲等(2004)对我国职业会计师能力框架研究的意义、研究现状及改进加以探讨。(10)2007年之后的研究:①对指南的介绍、分析:陈毓圭(2007)介绍了《指南》的制定背景、主要内容及实施打算。方军雄(2008)根据指南将胜任能力划分为进阶能力和基本胜任能力,对注册会计师胜任能力影响因素进行了静态与动态的分析,并为该指南的执行提供了一些建议。②《指南》与高校教育、职业继续教育、资格前实务经历的相关研究:吴溪(2007)就《指南》这样一份文件的意义和潜在影响初步分析了《指南》对高校学历教育的意义。秦荣生(2007)认为注册会计师职业继续教育工作能否取得预期的效果,能否满足不同培训对象的要求,主要取决于是否根据《中国注册会计师胜任能力指南》的要求,组织实施好了解需求、课程开发、教学方法与教学手段、教学管理等环节。胡小庆(2007)指出,《中国注册会计师胜任能力指南》是行业职业管理中又一国际趋同的重大举措。从三个方面来理解资格前实务经历要求对注册会计师胜任能力培养的意义。③培养与提高胜任能力:郑倩、薛婉如(2007)提出了注册会计师专业胜任能力培养与提高的途径并分析了目前需要重点培养的专业能力。梁国基(2007)在分析注册会计师职业技能六大特征的基础上分析了培养注册会计师使其获取职业技能的过程中所需关注和解决的一些问题。胡少先(2007)研究了多元化发展与注册会计师胜任能力两者的关系。黄风仙(2008)认为注册会计师能力提升主要取决于个人努力及事务所培养两方面因素,而个人努力又是决定性的因素。

我国会计学者对会计教育及其改革问题进行了大量的研究，但是存在如下欠缺：对会计教育如何从传授知识转化为培养能力以更好适应社会对会计人才的需求尚缺乏系统性探讨以及理论支持；对当前在会计人才培养中占据主要地位的会计本科教育如何以能力为导向进行改革尚缺乏系统研究；对会计研究生教育尤其是博士研究生教育如何适应市场对高级会计人才的需求研究较少。从就业市场信息反馈看，我国会计人员总数并不少，但是我们缺乏的是高级和高素质的会计人才。当前我国会计教育界应当认真思考如何培养实务型的高级会计人才问题。而且随着我国会计专业研究生（包括硕士生、博士生）培养规模的增大，迫切需要对实务型会计研究生教育问题进行研究。

已有的涉及能力框架问题的研究，主要分析了能力框架研究的目的、意义及研究方法，并未对能力框架的内容进行深入研究，当前会计人才的培养尚缺乏有效的能力框架的支持。

二、政府及职业团体的有关法规规定

（一）政府的相关规定

虽然我国未制定出完整的企业会计师职业能力框架，但我国会计人员的从业资格审核内容和会计人员各级职称评定的条件规定与职业能力要求基本是一致的。

早在 1986 年，我国中央职称改革工作领导小组就发布了《会计专业职务试行条例》。该条例对高、中、初级会计人员的任职条件作出规定。2000 年财政部颁布了《会计从业资格管理办法》，对会计人员的从业条件及从业资格考试作出规定。2004 年 5 月财政部发布《会计从业资格管理办法（征求意见稿）》。除此以外，《会计法》、《中国注册会计师法》、《总会计师条例》、《会计人员继续教育暂行规定 》、《审计法》、《内部审计人员职业后续教育管理办法》等都在一定程度上对会计人员所需能力及其培训作出规定。国家人事部和财政部组织的会计专业资格考试及财政部组织的会计从业资格考试的科目及内容也在一定程度上反映了会计工作对各项知识与能力的需求。但有些规定由于颁布的时间较早等原因，内容已滞后于经济发展对会计人才能力的需求。

(二)中国注册会计师协会的相关规定

2005年前，中国注册会计师协会对注册会计师职业能力的要求散见于《中国注册会计师职业道德基本准则》、《中国注册会计师职业后续教育基本准则》中。1996年中国注册会计师协会发布了(会协字[1996]457号)《中国注册会计师职业道德基本准则》、《中国注册会计师职业后续教育基本准则》。《中国注册会计师职业道德基本准则》对注册会计师职业品德、职业纪律、专业胜任能力予以相应的规范，旨在规范注册会计师职业道德行为，提高注册会计师职业道德水准，维护注册会计师职业形象，而并未对“专业胜任能力”进行阐释。《中国注册会计师职业后续教育基本准则》规定了注册会计师职业后续教育的内容，主要包括准则、法规和职业知识。

2005年，中注协制定发布《中国注册会计师协会关于加强行业人才培养工作的指导意见》(会协[2005]38号)，对行业人才培养的目标、途径和措施做出了全面规划，提出要“加紧研究并分析提出我国注册会计师职业对专业知识、专业技能、专业态度和职业道德等方面的要求，建立科学的注册会计师胜任能力框架体系”，全面指导人才建设工作。

2007年10月，中国注册会计师协会颁发了《中国注册会计师胜任能力指南》。《指南》设计出了注册会计师胜任能力框架，为注册会计师个人专业能力高低提供了衡量标准，为行业培养选拔人才提供了衡量标准，也为各级政府部门招标聘请注册会计师提供了衡量标准。《指南》明确了胜任能力是指注册会计师能够在实务工作环境中按照设定的标准完成工作任务。胜任能力是以注册会计师的专业素质为基础的。《指南》指出，专业素质是指注册会计师为实现胜任能力而应当具有的专业知识、职业技能、职业价值观、道德与态度。对处于不同职业阶段的注册会计师，其专业素质的水平存在差异，且需要通过终身学习加以培养、保持和提高。专业知识，是指构成注册会计师知识主体的会计、审计、财务、税务、相关法律、组织和企业、信息技术以及其他相关知识。职业技能，是指在职业环境中合理、有效地运用专业知识、并保持职业价值观、道德与态度的各种能力，包括智力技能、技术和应用技能、个人技能、人际和沟通技能、组织和企业管理技能等。职业价值观、道德与态度，是指注册会计师作为本职业成员所特有的职业行为和特征，包括能够明显表现职业行为和特征的道德原则。至此，中国注册会计师的职业能力要求体现了国际化对执业会计师的能力要求，迈向了国际趋同的道路。

三、财政部组织的我国会计人员能力建设研究

为培养有中国特色的会计专业人才，财政部于2002年7月成立了会计人员能力框架项目研究小组，根据我国实际情况并借鉴国际成功经验，将会计人员能力框架分为会计岗位资格、会计专业技术资格和会计从业资格的能力框架。上海国家会计学院负责会计岗位资格的能力框架研究，已于2004年4月形成《成为胜任的CFO——中国CFO能力框架》(征求意见稿)。该研究从公司目标出发，确定CFO的核心职能和完成这些职能所需的核心能力，分析了构成能力的三要素：知识、技能和职业态度。北京国家会计学院目前正进行CPA能力框架的研究。

从现阶段看，鉴于我国企业组织结构、市场发育情况和经济发展水平的限制，我国会计人员能力框架与发达经济下的会计人员能力框架可能有所区别。但是，随着我国参与国际经济和国际资本市场程度的加深，从发展趋势上看，我国会计人员能力框架必将与发达经济下的会计人员能力框架趋于一致。因此，会计人员能力框架的研究趋势必将日益国际化，在理论依据、技术方法和结构层次上将逐渐趋同。西方国家会计人员能力培养的经验做法以及相关研究，对我国会计人员能力框架的构建，无疑具有十分重要的借鉴意义。

社会对会计人员的需求是有层次的，每一层次的会计人员发挥不同的作用，层次的需求决定该层次会计人员必须具备的相关能力。国内外已有的研究只是针对会计人员能力框架的总体研究，如能分层次制定出会计人员的能力框架，对我国会计教育(包括职业培训)、各层次会计资格准入标准的制定及职称与资格考试将有更大的借鉴或指导意义。本文拟分层次研究会计人员的能力框架，以各级会计人员能力框架为会计教育的指导框架，探讨以能力为导向的会计教育改革及后续培训，进一步完善会计准入制度，培养有能力的会计人员，确保资本市场的有序运作和国民经济的健康发展。

第二章 能力框架的理论基础和研究背景

能力，原本是一个心理学范畴，但却被心理学家、哲学家、教育学家、管理科学家所共同关注。不同背景的学者对能力研究的需求不同，因此关注的焦点也就不同。本书主要以管理学领域对能力的研究为理论基础，探讨会计人员能力框架构建问题。本章将主要介绍人力资源管理领域胜任能力理论，继而对本书所研究的能力进行界定。在上述基础上，分析会计人员能力框架研究的经济环境、信息技术和教育背景。

第一节　能力相关概念与理论

本书借鉴了人力资源管理领域较为成熟的胜任能力理论着手会计人员能力框架的研究。因此，有必要了解能力理论及其相关的基本概念。本节首先介绍了什么是能力及能力框架，进而阐述了胜任能力理论与方法的诞生与发展过程以及胜任能力方法在我国的应用情况。为了更好地理解和研究胜任能力框架及能力框架的实施，本节还介绍了胜任能力的类型、与“能力”密切相关的“知识”与“知识结构”等概念。在上述基础上，提出了本研究对能力的理解。在本节的最后，界定了本研究所指的会计人员。

一、能力与能力框架

能力是为顺利完成活动而在个体经常、稳固地表现出来的心理特点。心理学者章志光指出：“能力是作为顺利完成某种活动的必要条件的心理特征的总和。”(章志光,1984)这个个性心理特征总是与人所要完成的一定活动联系在一起的。能力反映了个体在某一工作中完成各种任务的可能性,是对个体能够做什么的一种现时的评估。可以从两方面来理解能力的含义:一方面是指个人到目前为止所具有的知识、技能,另一方面含有可造就性或潜力的意思(苏东水,2002)。

在当前研究能力的理论中,不同学者根据自己的研究需要从不同的角度来定义能力。从哲学角度有人这样定义能力:能力是某个社会主体(组织或个人)对客观世界可发挥的作用力。资源与财富联系在一起,能力则与作用联系在一起。从经济学角度,能力可以理解为个人或组织所具有的可将一种资源变成另一种资源,或将资源转化为社会财富的作用力。亚当·斯密(Adam Smith)在《国民财富的性质和原因的研究》中把工人技能的增强视为经济进步和经济福利增长的源泉,一个工人技能的提高,可以节约劳动时间,提高劳动效率。虽然提高工人技能要投入一定费用,但却能够创造更多的利润。

人的知觉或思维活动是在他所从事的各种工作或操作中进行的,为了顺利地、成功地完成这些活动,重要的是具备某些能力。要成功地完成一项活动,仅靠某一方面的能力是不够的,必须具有多种综合能力方能获得成功。能力是在先天素质的基础上,经过后天的培养和锻炼而形成的。人的能力在实践中会不断形成和发展。

能力是具有复杂结构的心理特征总和,是一个多维度、多层次的开放性的心理系统。研究能力的结构,分析能力的构成因素,对于深入理解能力本质,合理设计能力测量手段,以及科学地拟定能力培养的原则,都非常必要。

能力在英文文献中有诸多表达法,如 capability、competence、competency、capacity、ability、skill 等。在英文中,指人的整体能力时用得较多的单词为 competency,有时也用 competence 表示,在《当代简明牛津英文词典》中,competency 和 competence 被定义为(1)能够(做某事或完成某项任务);(2)足够的手段和方式;(3)法律能力。本研究主要涉及 competency、skill 和 capability,按照各国会计职业界对这三个词的理解,我们分别将它们译为胜任能力、技能和能力①。我们在本课题研究中主要涉及这三个相关名词,我们指

① 在国内,人力资源管理研究者多将 competency 译为素质、胜任特征,会计界则习惯将其译为“胜任能力”。

的能力框架实质上是胜任能力框架。

胜任力模型(即胜任力框架)是指构成每一项工作所必须具备的胜任力总和。一个完整的胜任力模型,通常包含了一个或多个群组,而每个群组底下又包含了若干个胜任力特征,且每个胜任力特征都有着一个描述性定义及3～5级行为描述或在工作中可以展现出这个才能的特定行为(廖泉文,1991)。

关于能力结构(即能力框架)理论,各国心理学家有不同的见解,主要有二因素理论、多因素理论、智力三维结构模式理论和智力层次结构理论。

(1)二因素理论

1927年,英国心理学家斯皮尔曼(C. Spearman)运用因素分析的方法,提出能力结构的二因素理论。他认为能力包括两个因素,即一般因素和特殊因素。一般因素是每种心智活动所共同具有的,特殊因素则是因心智活动不同而各异,它指专门领域的知识。完成任何一项作业都是以上两种因素决定的。

(2)多因素理论

美国心理学家瑟斯顿(L. Thurstone)认为智力活动都是由彼此无关的许多原始因素或原始能力构成的。他认为人的能力由计算能力、言语理解能力、词的流畅性、记忆能力、演绎推理能力、空间知觉能力和速度知觉能力组成。近年来多因素理论得到了发展。如美国心理学家史端宝(Robert Sternberg)指出,人的能力大致可以分为三大类31种。

(3)智力三维结构模式理论

美国心理学家吉尔福德(J. P. Guilford)提出智力三维结构模式理论,认为智力结构应从操作、内容、产物三个维度去考虑。吉尔福德认为,能力的第一个变项是操作,包括认知、记忆、分析思维、综合思维和评价五种能力类型。第二个变项是材料内容,包括图形、符号、语意和行为。第三个变项是产物,即能力活动的结果,包括单元、门类、关系、系统、转换和蕴含。

(4)智力层次结构理论

智力层次结构理论是美国心理学家弗农(Vernon)提出的。弗农把斯皮尔曼的一般能力因素作为最高层次;在一般能力因素层次之下的层次包含了两大因素群,即言语和教育方面的能力因素、操作和机械方面的能力因素;第三层是小因素群;第四层是特殊因素。弗农的智力层次结构理论实际上是斯皮尔曼的二因素理论的深化。

本书不拟对各种能力结构的差异做更多的分析,我们将基于多因素理论研究会计人员的能力框架。多因素论符合日益复杂的经济、法律环境对会计人员能力的要求。会计活动需要各种能力要素协调配合,形成合理的结构。

管理学界已有的应用研究表明,在不同职业、不同行业、不同文化环境中的能力结构是不同的。

二、胜任能力理论与方法的诞生与发展

较早将能力引入人力资源管理的学者是科学管理之父费雷德里克·泰勒(Frederick W. Taylor)。他通过动作分析,分析人的职业活动,识别工作对能力的要求和能力差异。现代意义上的"能力运动"开始于20世纪50年代初。当时,美国国务院感到以传统的智力因素为基础选拔外事情报官的效果不理想。许多表面上很优秀的人才,在实际工作中的表现却令人非常失望。在这种情况下,麦克里兰(McClelland)博士应邀帮助美国国务院设计一种能够有效地预测实际工作业绩的人员选拔方法。在项目过程中,麦克里兰博士应用了奠定胜任能力方法基础的一些关键性的理论和技术。例如:抛弃对人才条件的预设前提,从第一手材料出发,通过对工作表现优秀与一般的外交官的具体行为特征的比较分析,识别能够真正区分工作业绩的个人条件。

在1973年,麦克里兰博士在《美国心理学家》杂志上发表一篇题为《测量胜任力而不是智力》(Testing for Competency Rather Than Intelligence)的论文。在文章中,他用了大量篇幅分析了传统的用智力测验来判断个人能力的不合理性。并进一步说明人们主观上认为能够决定工作成绩的一些人格、智力、价值观等方面因素,在现实中并没有表现出预期的效果。因此,他强调离开被实践证明无法成立的理论假设和主观判断,回归现实,从第一手材料入手,直接发掘那些能真正影响工作业绩的个人条件和行为特征,为提高组织效率和促进个人事业成功作出实质性的贡献。他把这样发现的、直接影响工作业绩的个人条件和行为特征称为胜任能力(competency)①。他在这篇文章中从六个方面对评价胜任能力进行详细的说明。这篇文章的发表,标志着胜任能力运动的开端。

---

① 在人力资源管理中,大多数学者习惯将Competency译为"胜任素质"。会计界则更习惯译为"胜任能力"。本书为了行文一致,在以后的表述中统一用"胜任能力"一词。

其实，在1959年，美国另一位心理学家罗伯特·怀特（Robert White）在《心理学评论》（*Psychological Review*）杂志上发表了题为《再谈激励：胜任力的概念》（Motivation Reconsidered：The Concept of Competence）的文章中就已出现"Competence"一词。1963年，罗伯特在《生活探索》（*The Study of Lives*）杂志上发表了另一篇与胜任能力相关的文章《人际关系胜任力》（Sense of Interpersonal Competence），对胜任能力和社会生活之间的关系做了更深入的分析。

在1973年胜任能力体系确立不久之后，麦克里兰博士创办了自己的咨询公司——McBer公司，专门从事胜任能力体系的研究和实际运用，把Competency模型作为商业化的技术向企业、政府机关和其他专业组织公开。McBer咨询公司开始寻找确认和识别能力的方法，并根据早期的"关键事件法"开发了"行为事件访谈"（Behavioral Event Interview，简称BEI）的新方法。在随后的十几年中，许多研究都沿用该方法。在能力发展过程中，McBer公司咨询顾问Boyatzis于1981开展的"管理能力通用模型"研究很有影响力，该研究以12个组织中2 000多名管理人员为研究对象，试图寻找管理中的通用能力，也正是这一有影响力的研究，使得人力资源领域中"能力"研究和应用受到广泛关注，引起了理论界的广泛兴趣。1976年，麦克里兰博士出版了专著《职业胜任能力测评指导》（*A Guide for Job Competency Assessment*），标志着胜任能力理论和方法论向实践过程的转移和渗透。

Sundberg，Sonwden和Reynolds（1978）认为综合能力是在有意义的环境中，产生具有适应性结果的成就感的个体特征（知识、技能和态度）。Caplan（1980）认为综合能力是习得的态度和才能，表现为通过认知和社会技能来解决工作生活问题。Shanteall（1992）认为综合能力依赖于五个因素：(1)专业知识（书本知识、经验和见识）：(2)心理特征（强烈的自信，良好的沟通技能，适应新环境的能力和工作责任感）；(3)认知技能（注意力、分辨力、对规则例外的识别，在压力下有效工作的潜能）；(4)决策策略（利用动态反馈，依靠决策辅助设备分解复杂的决策问题，对于困难的情况预先考虑解决方案）；(5)任务特征。

许多研究者将管理者的工作划分成关键性的技能，这些技能是获得高绩效所必须掌握的。Yukl（1989）将管理者工作划分为三类技能或胜任力：技术、人际和概念。这种类型划分以往传播较为广泛，技术技能（technical skills）构成的知识包括：方法、程序、使用工具和操纵设备的能力；人际技能

(interpersonal skills)知识包括:有人类行为和人际过程、同情和社会敏感性、交流能力和合作能力;概念能力(conceptual skills)包括:分析能力、创造力、解决问题的有效性、认识机遇和潜在问题的能力。

1982年,理查德·鲍伊兹(Rechard Boyatzis)出版了著作《胜任的经理人》(The Competent Manager:a Model for Effective Performance),提出了胜任能力理论(competency theory)。在这一著作中,作者对胜任能力给出这样的定义:“一个人所具有的内在的、稳定的特性,它可以是动机、特质、技能、自我印象、社会角色或是此人所能够运用的某项具体知识。”①这一定义很全面,但过于宽泛,给胜任能力体系后面的研究造成一定的影响,因此也受到其他一些学者和专家的批评。1989年,霍恩比(Hornby)和托马斯(Thomas)为胜任能力给出这样的定义:“高效的经理/管理者所具备的知识、技能和品质。”1989年,德尔维兹(Dulewicz)提出:“我们在评价中心所测量和评估的各种维度都是各种行为的聚类,虽然我们所测量和评估的这些维度和鲍伊兹所给出的胜任能力模型的内容没有直接的关系,但它们现在已经被看作是胜任能力了。”在这一阶段,人们对胜任能力体系的有关问题进行了大量探讨。同时,在这一时期,胜任能力理论与体系也迅速扩展到世界许多国家和地区,出现了大量的胜任能力模型库,胜任能力体系得到很大发展。1993年,美国心理学家斯班舍(Lyle M. Spencer)在其著作《工作胜任能力》(*Competence at Work*)中给出了一个较完整的定义,即胜任能力是指“能将某一工作(或组织、文化)中卓越成就者与表现平平者区分开来的个人深层次特征,它可以是动机、特质、自我形象、态度或价值观、某领域知识、认知或行为技能,即任何可以被可靠测量或计数的并且能显著区分于一般绩效的个体的特征。”②每一个职业都有它区别于其他职业的胜任能力。斯班舍(Spencer)列出了能预测大部分行业工作成功的最常用的20个胜任能力,主要有六大类:(1)成就能力:成就欲、主动性、关注秩序和质量、信息搜集能力;(2)助人/服务能力:人际洞察力、客户服务意识;(3)影响能力:影响力、权限意识、公关能力;(4)管理能力:指挥欲望和技巧、团队协作意识、培养下属意识和技巧、团队领导;(5)认知能力:技术专长、综合分析能

① 转引自国际人力资源管理研究院(IHRI)编委会编著的《人力资源经理胜任素质模型》,p7。

② 王继承著.谁能胜任[M].北京:中国财政经济出版社,2004,p18。

力、判断推理能力;(6)个人效能特征:自信、自我控制、灵活性、组织观念。

1994 年麦克里兰和斯班舍合作出版了《胜任能力评估方法》(*Competency Assessment Methods*)一书,又一次对胜任能力加以定义:胜任能力可以是动机、特质、自我概念、态度或价值观、具体知识、认知或行为技能——也就是可以被准确测量或计算的某些个体特征,这些特征能够明确地区别出优秀绩效执行者和一般绩效执行者,或者说能够明确地区别出高效率的绩效执行者或低效率的绩效执行者。在此书中,麦克里兰和斯班舍对胜任能力体系的发展和创新进行了总结,分析了胜任能力理念与研究成果在人力资源管理各领域内的运用和未来的胜任能力研究。在应用方面,主要介绍了人职匹配、招聘/甄选、继任者规划/晋升、培训开发和职业生涯、绩效评估和基于胜任能力的薪酬管理问题。本书同时指出了一些他们认为在未来将会起到更加重要作用的具体胜任能力。至此,胜任能力体系进入一个比较稳定的发展和实用阶段。

国际人力资源管理研究院(IHRI)编委会(2005)综合各家观点,认为胜任能力[①]定义应该是:个体所具备的、能够以之在某个或某些具体职位上取得优秀绩效表现的内在的稳定特征或特点,可以包括技能、知识和态度;思考方式和思维定式;内驱动力、社会动机和意识等具体结合。从这个综合的定义可以看出,这些组合的要素已经被归结为四个层次,可用图 2-1 表示。

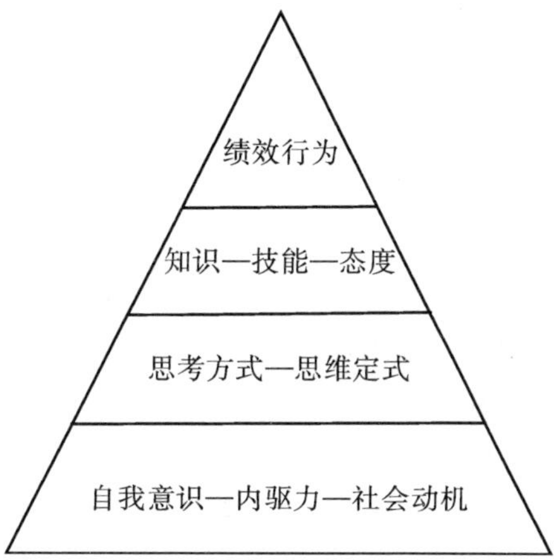

图 2-1　胜任能力梯形图

① 原书中为胜任素质,为确保行文的一致性而写为胜任能力。

二战以后，有 3 个主要“能力”研究和实践的学派主导着能力的研究：差异心理学方法、教育和行为心理学方法、管理科学方法。[①] 每一学派都有自己的哲学结构和自己的语言与应用。

1. 差异心理学法。这一方法将重点放在人的差异上，尤其是在难以培养的能力上。这一学派的学者们强调智力、认知和体格能力、价值观、个性特质、动机、兴趣和情感品质。也就是说，他们注重的是人的内隐能力和内在驱动力，而不是知识，他们也注重研究能够将业绩出众者和普通业绩者区别开来的品质。

2. 教育和行为心理学法。这一研究思路的侧重点在于如何去塑造和发展人，从而使人成功。研究重点在于改变或塑造个体的行为，目的是促进个体在工作和生活中有成功表现。致力于这一研究领域的人员一般都有教育学训练背景，他们承认个体差异也会影响职业成功，但是却更加强调教育对成功的重要影响。他们重视环境的作用，认为环境比遗传特征对行为所起的影响作用更大。

差异心理学的倡导者也关注成功，但不是重点。教育和行为心理学的倡导者往往具有教育学背景，他们的模型和菜单包括主旨(subject matter)、知识、过程和存在差异的情感领域。他们的模型通常也包括所有对突出业绩至关重要的能力，而不管它们能否区分高业绩者和普通业绩者。这一方法的倡导者往往注重业绩环境，相信环境对人的行为比基因和遗传更具有决定性。

3. 管理科学。这一学派主要是进行工作描述和工作评价，目的在于确定正确的工作方法，通常花大量时间在工作分析、任务分析和文档化上。产生的模型包括任务清单、活动清单和对有效业绩完成过程与工具的描述。完成工作所需要的知识、技能和态度是工作描述的一部分，但处在第二位。工作评估顾问、人力资源开发管理者和薪酬专家、再造和全面质量管理专家、任务分析专家是这一方法的主要倡导者。

人力资源管理者们从技术和政治两个方面考察组织层面的宏观问题，能力被用于设计组织的人力资源系统。

---

① 参见 Mclagan, P. A ., Competencies: the next generation, Twining & Development, May1 997, pp. 46.

三、在人力资源管理中引入能力方法的目的和作用

上世纪90年代后，企业面临的环境发生了巨大的变化：工作性质的变化、全球化的竞争、组织的变化和组织结构的扁平化等。在这样的背景下，培育自己的核心能力，增强组织对环境的适应能力和灵活性，是企业获取竞争优势的必要条件。构建高素质的员工队伍成为一个长时期的挑战。在以前的人力资源和组织行为研究中，"工作"一直作为组织的基本构件，认为组织是由许多不同性质和内容的工作组成，人力资源管理领域中的很多技术就是根植于个人拥有特定工作的思想之上，如"人职匹配式"的人员选拔和培训方式。而以"工作"作为基本管理构件适用于处于稳定环境中的组织，无法满足动荡环境下组织对灵活性的要求，无法满足新环境下员工发展和实现任务与员工技能匹配的目标与要求。因此，越来越多的企业采用基于"能力"的组织方式，将管理的中心从"工作"转移到个人和他们的"能力"上，这也同现代战略性人力资源和"资源观"的人力资源理论的发展方向一致。基于能力的人力资源管理方法被认为是克服传统人力资源管理缺陷的一种新方法、新途径。

从基于"工作"的组织转向基于"能力"的组织的转变是管理方法和手段上的根本变化，基于能力的人力资源管理正在逐渐成为一种新的人力资源管理范式，其所倡导的管理思想和理念正在被越来越多的企业所接受。企业从基于"工作"的组织向基于"能力"的组织转变的一个根本原因是改进企业绩效和创造竞争优势的需要。

在人力资源管理中引入能力框架有其特定的目的和作用。① 企业人力资源管理者认为引入能力框架体系的主要原因是：(1)构建高素质的员工队伍成为一个长时期的挑战。传统人力资源管理实践中"工作描述"的方法，无法满足新环境下员工发展和实现任务与员工技能匹配的目标与要求。基于能力的人力资源管理方法被认为是克服传统人力资源管理缺陷的一种新方法、新途径。另外，企业越来越要求员工具有灵活性和跨部门乃至组织的可转移性，基于能力的人力资源管理方法能够很好地开发员工的多种能力，增强员工的柔

---

① 转引自王勇.基于能力的人力资源管理理论研究——知识工作者有效工作能力的研究、评价与发展.浙江大学博士学位论文，2003.4.

性。(2)改进评价和业绩管理手段成为能力分析方法应用的一个重要推动因素。寻求更加客观的业绩评价方法是组织从未间断的努力,能力方法被认为是能够使组织确定用于判断管理者有效性和任职合适性标准的有效方法。(3)建立培训与工作绩效之间更清晰的成本—收益联系的需要,使组织考虑用能力作为明确管理者有效行为的工具。(4)能力能够作为共同的词汇沟通组织期望和员工需要,营造良好的沟通环境。(5)战略层次上,能力框架被看成是设计一个更加一体化 HRM 系统的方法。

"能力"的发展和形成是一个相当复杂的系统过程,"能力"问题研究的兴起一开始就受到宏观和微观各方面的重视,波及面相当广泛,如教育、培训和职业发展等领域,因此有人将其称为"能力运动"。"能力运动(competence movement)"指在有关职业和工作情境中如何组织教育、培训和发展活动的一系列理念和实践(Burgoyne,1993),这一运动的出发点是为了使教育、培训和发展活动同工作具有更大的相关性。

经过几十年的发展,管理学家们已经建立了较为完善的胜任能力模型,在人员招聘、甄选、培训、开发以及绩效评估中发挥了重大作用。

四、胜任能力方法在我国的应用

胜任能力方法在 20 世纪 90 年代在我国开始应用。20 世纪 90 年代初期,国家人事部选取我国通信业管理干部为测试对象。王继承、时勘运用行为事件访谈方法,对我国通信业管理干部的胜任特征进行了实证研究。研究结果表明,我国通信业管理干部的胜任特征模型包括十项胜任特征:影响力、社会责任感、调研能力、成就欲、领导驾驭能力、人际洞察能力、主动性、市场意识、自信、识人用人能力。通信业管理干部在这十项胜任特征上显示出优秀组与普通组有显著差异。这一研究得到了与西方管理人员大致相符的胜任特征模型,在我国首次验证了胜任特征评价更能全面区分出优秀管理干部与普通管理干部。之后,人力资源管理领域对胜任能力展开了较多的研究。仲理峰、时勘(2002)通过对 18 名家族企业高层管理者的行为事件访谈,建立了我国家族企业高层管理者胜任特征模型,包括威权导向、主动性、捕捉机遇、信息寻求、组织意识、指挥、仁慈关怀、自我控制、自信、自主学习、影响他人等 11 项胜任特征。而威权导向、仁慈关怀是我国家族企业高层管理者独有的胜任特征。

彭剑峰(2003)提出了管理类等职业的通用胜任能力模型。吴孟捷(2004)也对职业营销经理的胜任能力特征进行了实证研究。另外,国际人力资源管理研究院(IHRI)编委会(2005)何志工、李辉等人提出了人力资源经理胜任素质模型。

五、胜任能力的类型[①]

个体所具备的胜任能力的类型是胜任能力理论体系中的一个重要概念,对于理解和研究胜任能力框架有着重要的意义。在人力资源领域,胜任能力有如下几种分类方法:

(一)表面胜任能力和中心胜任能力

这种分类方法基于对胜任能力定义的理解。如果按图 2-1 直观地来理解,表面胜任能力就是最上层的,主要是“知识”、“技能”和“态度”。表面胜任能力易于观察,同时还比较容易开发与培养。诸如专业知识或专业技能等,通过正规的学校教育或专业培训可以掌握。相比之下,中心胜任能力就是处在梯形图的最下端的,所包括的因素往往是个体内隐的核心特征或特点,一方面难以确定,另一方面也难以准确测量。诸如自我意识、内驱力、社会动机等,此类能力难以或根本不可能在短期内培养和开发出来。

这种分类方法有利于我们加深对胜任能力的认识,但对于具体应用胜任能力理论和方法论来说却不够。大多数情况下,职位对候选人胜任能力状态的要求是独特的。胜任能力理论体系的内涵要求人们在研究胜任能力体系应用时,不能做任何的主观假设。有时,某些职位的高效产出和候选人所具备的某些中心胜任能力的程度并没有太大的相关性,候选人所具备的中心胜任能力的状况和程度对既定职位的绩效达成来说未必是最关键的胜任能力。因此,有必要引入其他的分类方法,以便能够更好、更有效地将胜任能力运用到具体的人力资源管理实践中去。

(二)门槛类胜任能力、区辨类胜任能力和转化类胜任能力

这种分类方法是针对每个具体的职位或工作任务而言的,因而对于具体一胜任能力的属性不能一概而论,必须结合到具体的岗位中去。门槛类胜任

① 本部分观点主要参考国际人力资源管理研究院(IHRI)编委会编著的《人力资源经理胜任素质模型》(机械工业出版社,2005)中第一章的第二节。

能力(threshold competencies)仅指为保证工作取得成功而界定出的一些最低标准要求。按照胜任能力的定义,在既定的情况下,胜任能力概念中所包括的各种因素都可能成为门槛类胜任能力,特别是技能、专业知识等因素。在对胜任能力体系的实际运用中,以英国为代表的派别就是以门槛类胜任能力为基础进行实际运用的,他们在进行基于胜任能力的招聘与甄选中,往往是以那些门槛类胜任能力为基础的。

区辨类胜任能力(differentiating competencies)是那些最有可能将同一职位上的优秀绩效者与一般绩效者区别开来的胜任能力。这类胜任能力也是整个胜任能力体系研究和运用的基础。常见的这类胜任能力有“主动性”、“影响力”和“结果导向”等。这类能力不像中心胜任能力那样难以培养和开发,往往可以通过特定的方法加以影响和改善。在对胜任能力体系的研究和实际运用中,以美国为代表的派别就是以区辨类胜任能力为基础展开的。他们认为,不包括区辨类胜任能力的胜任能力体系并不完整。现在越来越多的人认为,胜任能力模型的构成应该包括区辨类胜任能力和门槛类胜任能力两大类。本书对会计人员能力框架的研究也将主要基于此观点。

转化类胜任能力(transformational competencies)是指管理人员和员工普遍都缺乏的那些胜任能力,一旦他们在这种胜任能力上得到提高和改善,将会大大提高他们的工作绩效。如“开发他人”等胜任能力就为大多数人所缺乏。这类能力在当前大部分研究中没有得到太大的重视。

六、胜任能力的评价方法

对胜任能力进行定量评价方法主要有以下几种:

(一)学校型评分系统

所谓的学校型评分系统,是指经常在学校见到的那种类型的评分方式,也就是将每一胜任能力粗略地分为 A、B、C、D、E 五个等级,用 1 到 5 这五个具体数字来代替,数字越大表明具备的胜任能力程度越高:

(1)A=5,表示在某项胜任能力之上表现出来的水平是非常优秀的;

(2)B=4,表示在某项胜任能力之上表现出来的水平是超过基本预期的;

(3)C=3,表示在某项胜任能力之上表现出来的水平达到基本期望水平;

(4)D=2,表示在某项胜任能力之上表现出来的水平低于期望水平;

(5)E=1,表示在某项胜任能力之上表现出来的水平远低于期望水平。

学校型评分系统在社会生活的各个方面得到了广泛的运用,最典型的用途当然还是在学校中对学生成绩进行评定。在人力资源管理实务中,这种方法也常被使用在绩效评估中。这种方法容易操作、易于理解。但这种方法在对职工的胜任能力进行测量时,即使通过这种测量方式准确地确定出了每个员工的胜任能力等级状况,也无法根据这些结果来改进员工的绩效行为,进而提升绩效。这种方法所关注的是个体当前已具备的状态,它没法明确地说明在各个不同的评分层级上的具体胜任能力要求,因此这种方法对于正规地测量胜任能力来说,其作用有限。

(二)矩阵法

所谓的矩阵法,是指用一个排列比较复杂的表格来评测胜任能力。在胜任能力矩阵中,列出了一系列的胜任能力,而且针对每个胜任能力都给出了期望的具备程度和等级。在给出了几个既定的职位之后,胜任能力矩阵中针对每一个职位列出一组行为要求,也就是在这个职位级别上的任职者应该达到的行为表现水平。比如,分别以首席执行官、高级经理、经理、高级会计、会计来代替学校型评分系统中的A、B、C、D、E或5、4、3、2、1。在给出了几个既定职位后,胜任能力矩阵中针对每一个职位都列出一组行为要求,也就是在这个职位级别上的任职者应该达到的行为水平。

通过与学校型评分系统相比,可以明显地看出胜任能力矩阵法的优点:其一,这种测量体系有助于员工了解在每一个职位层级中对每一项胜任能力的期望程度;其二,使员工知道,为了获得晋升或者取得所在层级上的工作成功需要展示出的工作行为。但这种方法也有应注意的地方,某些高职级上的员工在测量过程可能会出现或者仅仅表现出较低职级上的胜任能力所要求的行为表现。

(三)行为锚定等级评价法

行为锚定等级评价法也称行为定位法,是由美国学者史密斯(P. C. Smith)和肯德尔(L. Kendall)于20世纪60年代提出。行为锚定等级评价法是一种将同一职务工作可能发生的各种典型行为进行评分度量,建立一个锚定评分表,以此为依据,对员工工作中的实际行为进行测评分级的考评办法。

行为锚定等级评价法有以下三个十分重要的优点:绩效指标之间的独立性较高。在设计过程中,设计人员将众多的工作行为归纳为5~8种绩效指标,使得各绩效指标之间的相对独立性较强。对工作绩效的考评更加精准。

从设计的过程上看，由于是由那些对工作及其要求最为熟悉的人来编制锚定物，因而能够更加准确地找出最适合的评分标准；另外，从考评尺度上看，量表上的这些典型行为锚定点有利于考评者在评分时能更加准确地把握各个绩效等级的含义，从而减少各类主观心理偏差的发生，特别是减少考评者先给出总分然后再给每个指标打分的情况发生。因此，不论是从设计的过程还是从所使用的尺度类型来说，行为锚定等级评价法相对其他绩效标准体系的设计方法来说更为精准。行为锚定等级评价法最大的优点是为员工的绩效改进建立了一个明确的行为标准。行为锚定等级评价是一种以发展而不是以考评为主要目的的方法，这些代表着从最劣到最优典型绩效的、有具体行为描述的锚定说明词，使被考评者不但能较深刻而信服地了解自身的现状，还能找到具体的改进目标，有助于实现绩效考评的行为导向功能，具有良好的反馈作用。

（四）层次分析法（analytic hierarchy process，简称 AHP）

AHP 法是一种定性与定量相结合的决策分析法，是一种将复杂系统的决策思维过程模型化、数量化的过程。该方法是美国运筹学家匹茨堡大学教授萨蒂（T. L. Saaty）于上世纪 70 年代初，在为美国国防部研究“根据各个工业部门对国家福利的贡献大小而进行电力分配”课题时，应用网络系统理论和多目标综合评价方法，提出的一种层次权重决策分析方法。该法将与决策总是有关的元素分解成目标、准则、方案等层次，在此基础之上进行定性和定量分析的决策方法。这种方法的特点是在对复杂的决策问题的本质、影响因素及其内在关系等进行深入分析的基础上，利用较少的定量信息使决策的思维过程数学化，从而为多目标、多准则或无结构特性的复杂决策问题提供简便的决策方法。运用 AHP 法进行决策分析，可使决策者的思维过程条理化、数量化，便于采纳社会不同方面有识之士的观点，该方法所需的定量化数据较少，但对问题的本质、问题涉及的因素及其内在的关系分析得比较透彻、清楚，可以为决策者提供思路清晰、较能反映实际情况的决策依据。这种方法目前在国内外都得到了较为广泛的应用。层次分析的具体步骤如下：(1)建立问题的层次结构，一般可分为三层：目标层、指标体系层和对象层；(2)在每层内，运用配对比较法对各相关要素进行两两比较评分，得到若干两两比较判断矩阵；(3)计算各判断矩阵权重排列并作一致性检验；(4)进行综合运算和层次总排序。

1. 构造判断矩阵

层次分析法的一个重要特点就是用两两重要性程度之比的形式表示出两

个方案的相应重要性程度等级。如对某一准则，对其下的各方案进行两两对比，并按其重要性程度评定等级，记为第几和第几因素的重要性之比，表 2-1 列出 Saaty 给出的 9 个重要性等级及其赋值。按两两比较结果构成的矩阵称作判断矩阵。判断矩阵具有如下性质：为正互逆矩阵。

表 2-1　判断矩阵标度及其含义

标度	含　　义
1	表示两个因素相比，具有同样的重要性
3	表示两个因素相比，一个因素比另一个稍微重要
5	表示两个因素相比，一个因素比另一个明显重要
7	表示两个因素相比，一个因素比另一个重要一些
9	表示两个因素相比，一个因素比另一个明显重要
2，4	表示两个因素相比，一个因素比另一个强烈重要
6，8	表示两个因素相比，一个因素比另一个极端重要
倒数	相应两因素交换次序比较的重要性

2. 计算权重向量

定义：判断矩阵 **A** 的所有元素满足 $a_{ij} \cdot a_{jk} = a_{ik}$，则称 **A** 满足一致性，并称 **A** 为一致性矩阵。

为了从判断矩阵中提炼出有用信息，达到对事物的规律性的认识，为决策提供科学依据，就需要计算判断矩阵的权重向量。

一致性矩阵 **A** 具有下列简单性质：

(1)**A** 存在唯一的非零特征值 $\lambda_{\max}$，其对应的特征向量归一化后记为 $\boldsymbol{W}=(w_1, w_2, \cdots, w_n)^T$，叫做权重向量，且 $\lambda_{\max}=n$；

(2)**A** 的列向量之和经归一化后的向量，就是权重向量；

(3)**A** 的任一列向量经归一化后的向量，就是权重向量；

(4)对 **A** 的全部列向量求每一分量的几何平均，再归一化后的向量，就是权重向量。

该判断矩阵须通过一致性检验，否则就不具有满意一致性。其中，随机一致性指标 RI 和判断矩阵的阶数有关，一般情况下，矩阵阶数越大，则出现一致性随机偏离的可能性也越大。其对应关系如下表：

n	1	2	3	4	5	6	7	8	9
RI	0	0	0.58	0.89	1.12	1.24	1.32	1.41	1.45

彭正龙(2000)、向小东(2002)等曾运用层次分析法和模糊数学等工具对胜任能力进行评价,他们所运用的方法本身并无太大区别,区别仅在于指标体系的不同。

本书对会计人员能力评价的研究,也将主要运用层次分析法。

七、与能力相关的概念

(一)知识与知识结构

与能力紧密相关的另一个概念是知识。培根提出"知识就是力量"的著名思想,意思是人如果没有知识,就什么都不能做,人所做的,就是他在事实上或思想上所了解的;不知道原因,就不能产生结果,要有能力改变自然就先须认识自然。也就是说,知识是形成能力的前提和基础。

《现代汉语词典》对知识的解释为:"知识是人们在改造世界的实践中所获得的认识和经验的总和。"在《辞海》中把知识定义为:"人们在实践中积累起来的经验,从本质上说,知识属认识范畴。"关于知识的定义、分类,哲学、心理学及教育心理学等相关学科分别予以界定和阐明,但各自存在着不同偏向或在观点上所依据的理论各有所别。因为知识历来是哲学认识论研究的对象,故我们常见的有关知识的定义是从哲学的角度提出的。从哲学认识论的角度看,知识乃是人脑对客观规律的反映,是人类认识自然界、认识社会和人的精神产物,是人类在经验基础上的系统概括。著名认知心理学家皮亚杰认为:"知识是主体与环境或思维与客体相互交换而导致的知觉建构,知识不是客体的副本,也不是主体决定的先验意识。"我国著名心理学家皮连生将知识定义为:"知识是个体通过与环境的相互作用后获得的信息及其组织。贮存于个体内的是个体知识,贮存于个体之外的,乃是人类知识。"在此,笔者无意于对知识的定义进行过多讨论。对于本研究而言,引入"知识"这一概念,主要是因为知识是影响人的胜任能力的重要因素。

研究知识的分类对知识的获取有较大的现实意义。认知心理学(又称信息加工心理学)把广义的知识分为两大类:一类为陈述性知识(declarative knowledge),另一类为程序性知识(procedural knowledge)。前者用于回答"是什么"、"为什么"的问题,包括各种事实、概念、原则和理论等。而后者用于回答"怎么做"的问题,包括如何从事并完成各种活动的技能。从认知心理学的观点看，目前我国流行的与技能相对的“知识”概念，是一个狭义的知识概念，实际上是与陈述性知识概念相吻合的，而“技能”概念，是与程序性知识概念相吻合的。现代认知心理学关于知识的分类及其之间的关系可表示如下：

- 知识
  - 陈述性知识（狭义的知识）
  - 程序性知识
    - 用于处理外部事物的程序性知识（智慧技能）
    - 用于调控自身认知过程的程序性知识（策略性知识）

随着计算机技术日益发展，人们对知识的分类又有新的角度。为了便于对知识进行分析，人们通常根据其已被表达的程度（即编码程度，指能够被语言文字或计算机语言表达的程度）将知识分为可编码知识（codified knowledge）和意会知识（tacit knowledge）（OECD，1996）[①]。可编码知识是社会上通用语言文字符号表述的知识，它可以通过读书、听讲、传授和查阅数据库来获得，一般通过正式交流渠道进行转移和扩散，这种知识有时也称其为显性知识（explicit knowledge）。意会知识，就是不显露的、难于用语言表述的知识，它是不脱离认知主体的。有时也称意会知识为隐性知识。意会知识的获得，主要靠“实践”。师傅带徒弟，就是学习意会知识的典型事例。一般说来，技巧、诀窍、个人经验、技能，主要是靠“亲身体验”、“身教”取得的。

知识可以通过学校教育、正式培训和实践获得。教育是获得知识的重要手段，研究知识与知识的分类对教育的内容、目标、方式方法有一定的影响。第六章会计人员能力框架实施途径部分的研究将从认知心理学的知识观出发探讨会计教育的有关问题。

每个人的知识都不是单一的，而是复合的，是由多种知识构成的。所谓知识结构，就是人类知识在个人头脑中的内化状况，其模型呈立体式，包括各种知识的比例，相互联系、相互作用以及由此形成的一定的整体功能。也就是由一个人掌握的知识所形成的互相协调、具有一定层次的知识系统。各种知识的组合系统便形成了知识结构。知识不在于多，而在于合理。知识结构不同，能力也不同。

---

① 根据 OECD 在 1996 年发表的《以知识为基础的经济》报告中对知识的分类。

(二)知识与能力的关系

知识是影响能力的重要因素,个体后天获得的能力是在获得的知识的基础上形成的。个体在获取知识的过程中就获得了认知能力和其他各种能力,知识的积累是形成能力的基础。能力的培养和不断地吸收新知识、新经验密不可分。知识为能力的发展提供基础。一个知识渊博的人,往往见解深刻,思考问题比较周密,处理同样的事情比一个没有知识或知识面狭窄的人快得多,成功的把握大得多。知识是人类在认识和改造主客观世界的实践中获得的认识经验的概括和总结。正是由于已掌握的知识的广泛迁移,个体才形成系统化、概括化的心理结构,从而形成某种能力。凡不以知识为基础的能力充其量只能是一种低级的技能,甚至是本能。在某个领域内没有知识,在该领域内也必定是无能的。良好的能力建立在丰富的知识基础上。

但知识不等于能力,如果获取的知识是陈旧的、死的知识,或者获取知识方法只是呆读死记现存的知识,则不可能发展认知能力、创造能力和其他能力。知识是属于表层的,但它是基础,能力是在掌握一定知识的基础上经过培养训练和实践锻炼而形成的,属于里层。知识越丰富越有利于能力的形成,反过来,能力的提高又有利于知识的进一步获取。

能力成长原理表明:个体的知识总量越多,其能力就越高,没有知识,就没有能力;个体的知识增长越快,其能力成长也就越快。个体积累的有关业务工作的知识总量越多,那么他的能力将会越强,这些能够广泛运用和迁移的知识和技能可以转化为能力,因此构成了个人能力的基础(冯忠良,1992)。

知识不是能力,但他决定着个体能力的高低,能力是对知识的运用。知识结构与能力结构(即能力框架)是不可能脱离对方而独立存在的,良好的知识结构有利于形成良好的能力结构。

知识不是能力,但他决定着个体能力的高低,能力是对知识的运用。个人的知识与技能一方面是从学校教育中获取,另一方面则来源于“干中学”的自我总结和从外部环境中吸取,因此学校教育、工作经验和后续教育是决定和影响个人能力的重要因素。

知识和能力涉及教育的本质和人才培养模式问题。按照知识结构和能力结构协调发展的要求,构建新的会计人才培养模式,是会计教育界的一个新课题。

(三)现有研究基础对本书研究思路和方向的启示

综上关于胜任能力的理论分析,我们可以得出这样的结论:

首先,胜任能力是职业的准入条件,因此胜任能力的具体内容是由该职业对从业人员的知识、技能、个性等多方面能力的需求所决定的,胜任能力是因职业而异的,不同职业有不同的需求,对其从业人员胜任能力要求也各有差异。

其次,胜任能力并非固定不变的,胜任能力的发展和变化取决于该职业的需求。任何职业要持续发展并且保持社会公认的地位,必须符合社会对其的需求,因此职业的服务范围、服务对象、服务目的等都在不断调整过程中,而其从业人员的胜任能力要求也在变化中。

最后,胜任能力包含的要素不仅包括与执业过程直接相关的知识和技能,还包括个人行为、态度以及与该职业相关的其他行业的知识。

八、本研究对能力的理解

本书的研究对象是会计人员,鉴于会计工作的复杂性,以及本书研究能力的目的在于提高和发展个体的能力,所以本书对能力的界定从输入角度着眼,同时结合考虑组织战略能力和组织能力,定义为:

个体能力为在特定组织中,服务于组织能力和战略能力的,同卓越绩效具有内在联系的个体特征和品质,这些特征和品质包括个人所具有的知识、技能、现有与能力相关的人力资源理论是本书研究的理论基础,这些理论成果也是本书研究的起点。

本书将能力分为三类:价值观、知识、技能。

本研究认为,胜任能力的构成应该包括区辨类胜任能力和门槛类胜任能力两大类。本书对会计人员能力框架的研究也将主要基于此观点。

对于能力有不同的表达方法,如技能、能力、才能、潜质等。能力在英文文献中也有诸多表达法,如 capability、competence、competency、capacity、ability、skill 等。在英文中,指人的整体能力时用得较多的单词为 competency,有时也用 competence 表示。本书主要涉及 competency(或 competence)、capability 和 skill,按照各国会计职业界对这三个词的理解,我们分别将它们译为胜任能力、能力和技能。

在《当代简明牛津英文词典》中，能力(capability)被定义为：(1)能做某事的素质；(2)可以致用、尚未发挥的天资或潜质。胜任能力(competency)被定义为(1)能够做某事或完成某项任务；(2)足够的手段和方式；(3)法律能力。胜任能力实际上就是称职的能力。

各国会计专业团体对能力框架的研究主要涉及 capability(能力)、competency(胜任能力)。AICPA、CGA、IFAC、FMAC 等职业团体分别对能力及胜任能力进行了界定。

IFAC(2003)将能力定义为：用来表现胜任能力的专业知识、专业技术和专业价值、道德及态度。IFAC 下属的 FMAC 将能力定义为：在其他环境下成功完成类似工作的潜质，包括相同或不同技能及相关知识的恰当运用。

AICPA 认为，胜任能力是以一种可能的、有效率的和恰当的方式完成高质量工作的才能。

CGA 认为：胜任能力是指能够有效履行特定职业角色而必须具备的丰富的知识、技能、态度和行为的总和。

IFAC(2003)将胜任能力定义为：在真实的工作环境中按规定的标准承担某一工作角色的能力。IFAC 在《国际教育公告》(2003)中也给出类似的定义。IFAC 对能力及胜任能力的理解具有代表性。本书的研究将参考 IFAC 2003年对能力及胜任能力的理解。

综合各种定义可见，能力更注重投入，而非结果，即个人所具备的素质，而胜任能力更注重结果，即一个人的胜任能力不仅取决于是否具备一定的素质，而且取决于是否能适应环境，恰当运用其潜能。

参照各国职业界的定义，笔者认为能力是指会计人员高质量地履行工作职责所需的职业知识、职业技能和职业价值观；胜任能力是指会计人员在真实的工作环境中，按照既定的标准，合理运用职业知识、职业能力和职业价值观履行工作职责的能力。

能力是个人所具有的能够使他们做好工作的特质；而胜任能力指的是个人所采取的决定他们的实际表现能否达到需要标准的行动，即是指工作表现的实际证明。能力包括满意的专业知识、专业技能以及专业价值、道德和态度。如果一个人利用其能力执行任务达到了所需标准，那么可以认定其达到了胜任能力(即个人是专业胜任的)。

本研究所指的能力框架是胜任能力框架。

九、本研究对会计人员的界定

广义的会计人员包括很多，有企业会计人员、管理会计师、注册会计师、审计师、内部审计师、财务分析师、政府及非营利组织会计人员等。本书的研究主要是针对企业会计人员而开展的。我们将企业会计人员按专业技术资格分为高级、中级和初级会计人员，对各级会计人员的界定综合会计专业技术资格和会计职称的分级标准。高级会计人员主要是指高级会计师及大中型企业的总会计师、财务总监(CFO)、财务经理、财务副经理等财会负责人；中级会计人员主要是指会计师以及大中型企业主办会计等；初级会计人员主要是指助理会计师、一般会计人员及出纳等。

第二节　能力框架研究背景

会计具有明显的专业技术特性和独立的职业背景，是经济、社会运行中一支不可或缺的专业技术人员队伍。随着我国社会主义市场经济的发展，不论在国民经济的宏观调控、优化社会资源配置方面，还是在加强企事业单位管理、维护市场经济正常秩序方面，会计都扮演着愈来愈重要的角色。会计是一个社会系统，因而它必须适应环境、随环境变化而变化。本节主要分析了影响会计人员能力框架研究的经济环境、信息技术及教育支持等环境背景。

一、经济环境

办经济离不开会计，经济越发展，会计越重要。随着我国改革开放的深入和经济的快速发展，会计工作日渐成为经济工作的重点，会计人员的地位越来越高，在经济管理中的作用也越来越大。会计人才能力及其发展主要决定于社会经济环境的变化。飞速发展的社会经济环境，不断对会计人才的能力提出新的要求，以致会计人才的成长必须以适应社会经济环境变化为基本前提。拥有高素质的为数众多的会计人才将是推动未来经济发展的一股强大动力。未来经济的发展对会计人才的需求将在质和量两个方面提出更高的要求。

"迅速变化"已成为会计人员职业环境的主要特征。企业与其他组织的交易与事项越来越复杂，信息技术飞速发展，贸易与商业国际化程度越来越高，社会变得越来越好诉讼，社会对环境的关注提高了。随着这些发展变化趋势，社会对会计人员责任的需求增大，会计人员的能力满足社会需求的程度决定了其社会价值。

在经济全球化过程中集中体现出来的社会生产总过程中的生产、分配、交换、消费的全球化，客观上已将一国之内的经济运行机制扩展到全球范围，这既是经济全球化最本质的特征，也是会计环境变化最集中的表现。因此，在树立全球化经济观念的同时，应相应确立现代会计发展的国际化观念。一方面，经济全球化发展的这一趋势，使国际经济日趋复杂，市场竞争日益加剧，企业合并浪潮加大，跨国公司进一步发展，大型、超大型集团公司不断涌现，出现了许多新的组织形式、经济业务类型、估价、支付和结算方式，对会计理论和实务提出了新的更高的要求，培养跨国的会计人才日益受到关注。另一方面，随着我国各项改革的不断深化，在经济发展和市场开放的同时，中国会计行业也将发生深刻的变化，对会计人员提出更高的要求。在企业内部，会计人员不仅要精通财务会计报告编制，更需要具备参与企业经营管理及决策控制的能力。

我国加入 WTO 以后，会计作为公认的"国际通用商业语言"，对会计人员的要求日趋高标准和国际化。入世后高质量人才的需求是多层次的、全方位的，而不仅局限于少量熟悉、掌握 WTO 谈判规则的人才，高素质人才资源的竞争压力将进一步增大。如何更有效地开发和培养人的创新能力和综合运用信息的能力、如何扩大知识资本，已经成为对教育的重大挑战。未来人才需要具备多种能力，劳动力资源也需在国内外市场上重新配置。国内外劳动力市场需要的是复合型人才，是有国际交往能力和能够熟练运用国际准则的人才。加入 WTO 后，企业面临的外部环境发生了很大变化，市场的约束力越来越明显。知识范围不断扩展、信息流动逐渐增强、消费者需求不断增长，由此构成了更大的竞争压力。在这种背景下，会计不仅仅局限于某种传统定位，而是变得越来越综合化。我国会计人员亟须更新知识，以应对飞速变化的商业挑战。

当今世界正处于大发展大变革大调整时期。世界多极化和经济全球化深入发展，后金融危机时代国际政治经济格局深刻变化，国际金融监管体制改革积极推进。2009 年，我国 GDP 总量达到 33.5 万亿元，已经成为世界第三大经济体，当年对世界经济增长的贡献率达到 50%。经过多年的发展，尤其是最近30年的改革开放，我国已经融入世界经济体系并成为其中的一支重要力量。2010年4月2日，财政部发布了《中国企业会计准则与国际财务报告准则持续趋同路线图》(以下简称路线图)。积极推动我国企业会计准则与国际财务报告准则持续趋同，是我国紧紧把握当前经济社会发展的重要契机的重要举措，是我国主动承担国际责任、积极参与国际金融监管体制改革、切实维护全球经济金融体系稳定的具体表现。会计准则国际趋同对我国会计人员的知识结构、职业素质、工作技能提出了更高的要求。未来的国际会计准则将越来越倾向原则基础，以原则为基础的会计准则通常提供较少指南，对企业管理当局及会计人员的职业判断要求很高，国际化会计人才的培养已成为众多高校会计人才培养的重要目标。

二、信息技术

近几年，基于网络的信息技术在组织中的运用越来越广泛，如ERP、自动办公系统、Internet、远程沟通工具等，这些技术的应用，使得信息在组织中的传递更加快捷、高效，对传统的工作方式带来了巨大的冲击，加速了工作性质的变化。这些变化，对会计行业和会计人员提出了挑战。

美国AAA早在1966年于《基本会计理论》中就指出："随着管理技术、信息处理能力的发展，各种信息职能之间的统一，使信息职能与决策职能之间的界限趋于模糊。"随着当前计算机网络技术的发展及其在企业中的深入应用，这种模糊化局面已在大量企业中出现。因为企业内部信息网络只要把会计、统计部门等信息机构与决策部门联结起来，共享企业的信息资源，任何一级的管理人员就可方便地通过网络获取或加工所需的信息。《基本会计理论》中还指出："重要的是应该认识到，会计人员不参与处理组织体内的全部信息，而只对一组财务信息负责的做法将会遇到困难。"信息新技术向会计人员提出了挑战，也同时为会计人员提供了机遇。因为会计电算化使会计人员得以从繁琐的账务工作中摆脱出来，从而把更多的精力投入到信息分析和利用、预测决策等创造性的工作中来，扩展了其工作内涵，也扩大了其工作范围。作为专业信息分析员，会计人员不仅要利用会计知识来分析、提供和利用各种财务信息，还要扩展会计工作的范围，使可利用的信息更为丰富；会计人员还必须积极参与规划企业整个信息系统的设计和实施，才能确保其在企业中传统的重要地位。所以，在信息新技术环境下，会计人员除了必须具备会计知识外，不仅要掌握计算机操作知识和技能、网络系统的使用与管理知识，而且还应具备预测、决策知识，数据分析能力和较强的信息沟通能力。只有这样，会计人员才能面对新技术的挑战。会计专业毕业生不仅需要系统掌握本专业知识，具备从事本专业工作的能力，更重要的是要有适应未来复杂多变的会计环境的能力；不仅需要掌握专业知识，而且必须掌握信息技术知识，即必须掌握计算机操作技能，计算机网络信息系统的设计、使用、维护等技能，利用计算机软件建立各种分析模型进行预测、决策、分析等技能。

三、教育支持

早在100多年前，马克思就指出：教育会“改变一般人的本性，使他获得一定劳动部门的技能和技巧，成为发达的和专门的劳动力就要有一定的教育和训练”①。教育是人力资源形成的重要途径，也是经济增长的重要源泉。教育是培养现代化社会需要的人才的主要途径，由教育所形成的人力资本在现代经济增长过程中、在整个社会生产过程中发挥着十分重要的作用。教育对人的能力发展的作用远比其他环境的作用大。人是社会的产物，人的语言、智力、思维和才能等不是仅靠先天素质就能决定的，而是在先天素质的基础上经后天教育的结果。教育是知识传播、创新和应用的基础。

自第二次世界大战以来，重视教育已成为世界潮流。发达国家和发展中国家的巨大差距，很大程度上是第二次世界大战以来在教育上的差距。美国人说：“美国是建立在美国人尊重教育的基础上的。”日本人说：“只有教育才是日本的原动力，除教育之外别无选择。”法国人说：“教育能够应付国际竞争和技术发展的挑战，成为国家现代化的尖刀。”这些国家对教育地位和作用的评价，正是全世界重视教育、大力发展教育的高度概括。当今世界，国力竞争日趋激烈。教育事业更加与国家的安危、民族的兴衰息息相关。国家综合实力越来越体现在国民素质的高低和创新人才的数量和质量上，越来越体现在一个国家的创新能力上。因此，谁掌握了面向21世纪的教育，谁就能在激烈的

---

① 参见陆根尧著.经济增长中的人力资本效应[M].北京：中国计划出版社，2004，p146。

国际竞争中处于战略主动地位。

教育之所以在现代经济条件下会成为整个经济增长的重要源泉，在人力资本理论看来，主要是由于教育等所形成的人力资本（用现代科学技术武装起来的劳动力资源）在生产诸要素之间发挥着越来越重要的作用，即现代经济的增长与发展越来越需要引入更多的智力因素来取代原来的简单劳动力生产要素。科技是第一生产力，科技的发展要靠人类知识的积累，而人类知识的产生和积累又主要依靠教育的传递和发展。这一点，可以从发达国家与不发达国家的经济增长因素分析中得到证明。比如，在不发达国家，主要由教育所形成的人力资本对生产和收入的提高即由于技术革新与技术革命来说明的部分只能占很少的部分；而在发达国家，人力资本对生产和收入提高则占较大的比重。国际贸易理论中有一个著名的理论“列昂惕夫之谜”，该理论的作者列昂惕夫是美国的经济学家①。他用投入—产出法对美国的对外贸易进出口产品结构进行分析得出，美国出口商品具有劳动密集型特征，而进口替代商品更具有资本密集型特征。也就是说美国在对外贸易中获取比较利益主要是依靠劳动密集型产品。美国并非劳动力丰富的国家，这一结论使西方经济学界大惑不解。究其原因，就是美国人的劳动比其他国民劳动质量要高，而劳动质量高的关键在于美国政府对其国内的劳动者进行了大量的人力投资，这种人力投资来源于美国一流的教育体制和教育投资。换句话说，美国人在国际贸易中所获比较利益的优势在于美国人受教育的程度高于别国，美国人的知识、技能高于别国。舒尔茨也认为“资本充足的国家出口的却是知识技术密集型产品，原因在于投入这些商品中的劳动需要大量的人力资本。”②这表明，“由于经济的不断增长，人力资本在各种要素间相比较，其作用已变得越来越重要。”③而人力资本的核心是人的能力。

人的能力绝大部分是后天形成的，而后天形成的最主要途径就是教育。教育是掌握知识和技能的具体途径和方法④。

---

① 因该理论的提出，列昂惕夫于1973年荣获诺贝尔经济学奖。

② （美）舒尔茨著，吴珠华等译．论人力资本投资[M]．北京：北京经济学院出版社，1990，p92。

③ （美）舒尔茨著，吴珠华等译．论人力资本投资[M]．北京：北京经济学院出版社，1990，p120。

④ 参见苏东水．管理心理学[M]．上海：复旦大学出版社，2002，p107。

第三章 会计职业准入标准国际比较

职业准入是市场秩序的起点和重要组成部分，能否建立健康有序的市场秩序，在很大程度上取决于良好的职业准入制度的建立。职业准入是指政府或权威机构所进行的以职业能力为导向、以工作业绩为重点、兼顾职业道德和职业知识水平的对劳动力的一种资格认证、职业准入制度与政策体系，其内容包括建立标准、进行职业能力与职业资格认证、工作业绩评价等一系列过程。职业资格制度是以法律为依据，对从业人员具备的执业资格的一种权利的许可制度，要求对自然人的执业资格依照法律进行管理①。随着我国人才评价制度逐渐与国际接轨，我国职业准入制度已初步确立，职业资格证书成为人们择业的"通行证"。推行职业资格制度选拔和培养了大批市场经济需要的专业人才，提高了从业人员的业务素质、职业道德水平和参与市场竞争的能力，促进了有关行业管理体制的改革，规范了市场经济秩序，也推动了我国人才管理制度与国际接轨。

会计是一个专业性极强的职业，不但有统一的执业标准，而且有严格的行业准入规则(曲晓辉，2003)。严格的职业准入标准是会计人员承担社会责任的保障，也是会计人员恰当发挥作用的前提。职业准入标准一方面通过国家发布的法规予以规范，另一方面借助于各种职业资格考试加以实施。强有力的职业会计师队伍对一个国家经济健康运行及社会和政治的发展起着至关重要的作用。由于会计工作的特殊性，各国政府对会计从业人员的资格一直有着严格要求。本部分研究主要选择美国、加拿大和中国等国家的企业会

① 参见"人事制度改革：我国将扩大执业资格制度实施范围"，http://www.mop.gov.cn/search。

计人员、注册会计师的职业准入标准进行对比分析，同时结合考虑国际会计师联合会(IFAC)对会计职业资格认可的建议，讨论我国的会计准入标准的改革与发展。在我国，全国统一的注册会计师执业资格考试和会计专业技术资格考试是职业资格认定和职业准入的前提，它不仅是对考生接受职业教育和专业知识水平的考核，还是对会计发展趋势和职业技术要求的导向。因此，这一准入制度不但是确认会计人才的门槛，也是高校会计教育的方向和内容。

国际会计师联合会提出了评价会计职业资格承认的三个因素：(1)教育——准入标准/知识结构；(2)考试——职业胜任能力测试；(3)经验——与职业有关的经验。在以下的分析中，我们将主要从这几个方面对各国会计人员准入标准进行比较分析。

第一节 职业准入标准的国际比较——企业会计人员

会计工作的重要性，使得各国政府对企业会计人员的从业资格一直有着严格的要求。本部分选择美国、加拿大等国的企业会计人员准入标准与中国会计人员从业资格标准及会计专业技术资格的获取标准进行比较。

一、美国[①]

按照美国劳动统计局的职业分类标准，会计人员被分为四类：公共会计师(Public Accountants)、管理会计师(Management Accountants)、政府会计师(Government Accountants)及内部审计师(Internal Auditors)。公共会计师主要从事审计和税务服务。政府会计师主要在各级政府部门从事资金管理和分配的分析和监管工作。管理会计师也称个人会计师(Private Accountants)，又称工业会计师(Industrial Accountants)或公司会计师(Corporate

① 资料来源于 http://www.bls.gov/soc/, Standard Occupational Classification (SOC)

Accountants)[①],他们主要为管理人员分析财务信息,为股东、债权人、监管机构、税收等部门编制财务报告。企业会计师的工作主要包括预算、财务分析、业绩评价、成本管理及资产管理等。会计师还可以是管理层的成员,参与企业战略计划及新产品开发等。初级企业会计人员通常从事成本会计、初级内部审计,或在其他会计岗位实习。他们将来可能会成为会计经理(accounting manager)、总成本会计师(chief cost accountant)、预算主管(budget director)或内部审计负责人(manager of internal auditing)。有些企业会计人员会被提升为主计长(controllers)、财务主管(treasurers)、财务副总(financial vice presidents)、首席财务官(chief financial officers)或公司总裁(corporation presidents)。但一般情况下,企业会计师不能从事公共会计工作。

企业会计人员有不同的等级,按照美国劳动统计局的职业描述,会计师分为6个等级,分别从会计师1到会计师6,会计师1是初级会计师,会计师6为最高级,会计师应具有学士学位。但是,从事初级会计工作的会计人员,如助理会计(accounting assistant)、簿记员(bookkeeper)及管理培训生(management trainee),仅要求具备副学士学位(an Associate's degree),即要求在大学修满本专业两年课程。而登记收支,登记应收、应付款等涉及现金收支业务的会计人员则只需具备中学毕业文凭。学位越高,就业的机会就越多,而且薪金也越高。作为企业会计人员,如果通过CMA考试,成为注册管理会计师(Certified Management Accountant)则被提升为主计长、财务主管、财务副总、首席财务官等高级职务的可能性就更大。

二、加拿大

加拿大联邦政府人力资源发展部(Human Resources Development of Canada)制定的加拿大职业分类定义中,按技能水平等级,会计人员分为四级:A、B、C、D。A级为审计师与会计师(Financial Auditors and Accountants)、B级为财务主管(Finance Supervisors)、簿记员(Bookkeepers);C级为会计员(Accounting and Related Clerks);D级为出纳(cashiers)。A级会计

① 资料来源于 National Association of Colleges and Employers 的 JobWeb. com—Career development and job-search advice for new college graduates.

人员通常要有大学学历,B级会计人员通常需要有大学学历或经过岗位训练;C级会计人员通常要求中学毕业或经特殊技能培训;D级会计人员通常需要经过职业在职培训。要成为高层经理(Senior Managers),比如CFO,必须取得企业管理或商业学士学位,要有几年的财务工作经验,同时还应具有职业会计师资格,如成为特许会计师(CA)、注册会计师(CGA)或注册管理会计师(CMA)等。中层财务经理,必须要有企业管理、经济学、商业或相关领域的学士学位,还需要有多年的会计、审计、预算、财务计划和分析及其他财务工作经验。同时中层财务经理最好能获得硕士学位、具有职业会计师资格,如成为CA、CMA或CGA。

三、中国

我国企业会计人员按会计专业职务名称分为:高级会计师、会计师、助理会计师、会计员。各级会计人员所应具备的学历及资格证书各不相同。

(一)会计从业资格的获取

我国《会计法》规定,从事会计工作的人员,必须取得会计从业资格证书。这里所指的从业资格证书即财政部门颁发的会计证,未取得会计证的人员,不得从事会计工作。我国从事一般财会工作的会计资格证书、电算会计证书和专门从事中介服务的注册会计师资格,一直都是通过严格的资格考试来认定。1996年,我国就发布了《会计证管理办法》(财政部财会字〔1996〕18号)[①],2000年又颁布了《会计从业资格管理办法》[②],并于2005年进行修订,对会计人员从业资格的条件、考试科目、从业资格的注册与登记、检查与管理等有关内容作出了全面规定。2009年10月26日,财政部印发了《会计从业资格考试大纲(修订)》(财办会[2009]10号),自2010年1月1日起施行。

根据2005年的《会计从业资格管理办法》(财政部2005年26号令),申请参加会计从业资格考试的人员,应当符合下列基本条件:(1)遵守会计和其他财经法律、法规;(2)具备良好的道德品质;(3)具备会计专业基础知识和技能。

---

① 已于2003年1月30日废止。

② 2005年1月22日颁发的《会计从业资格管理办法》是对2000年的《会计从业资格管理办法》的修订。

会计从业资格考试科目为:财经法规与会计职业道德、会计基础、初级会计电算化(或者珠算五级)。根据财政部规定:凡在两年内参加三门考试成绩合格者,考试结束3个月后可领取《会计从业资格证书》,单科合格成绩可保留一年。如果具备教育部门认可的中专(含中专)以上会计类专业(主要包括会计学或各类会计专业,另外还包括会计电算化、注册会计师专门化、财务管理和审计专业)学历且具备上述申请基本条件的人员,自毕业之日起2年内(含2年)可以直接申请取得会计从业资格,只需要考职业道德,其他科目可以不考。

(二)会计专业技术资格的获取

我国国家人事部、财政部决定从1992年8月1日起,除高级会计师仍实行评审制度外,对初、中级会计专业技术资格实行全国统一考试制度,不再进行相应会计专业职务的评审工作,并对考试的种类、科目设置、报考要求等作出了具体规定。1995年、1997年、2000年、2004年,财政部、人事部又多次联合发文对会计专业技术资格考试的有关政策进行调整。初、中级会计专业技术资格实行全国统一考试后,不再进行相应会计专业职务任职资格的评审工作。通过全国统一考试获得会计专业技术资格的会计人员,表明其已具备相应会计专业职务的水平和能力。用人单位可根据工作需要和德才兼备的原则,从获得会计专业技术资格的会计人员中择优聘任,即实行评聘分离的“双轨制”。2003年,财政部、人事部决定对高级会计师资格实行考试与评审相结合制度,申请参加高级会计师评审的人员,需考试合格后,方可参加评审。2003年高级会计师资格考试分别在浙江、湖北两省试行,2004年试行范围扩大到16个省区。除个别有困难的地区外,2005年扩大到29个省、区、市进行试点。2006年试点扩大到全国各省、自治区和直辖市,并延伸到中央单位。2007年起不再试点,高级会计师考评结合制度在全国全面推行。

截至2010年5月,初、中级会计专业技术资格已成功举办了18次全国性的大规模考试(1995年因考试政策调整,停考一年);全国累计报考人数达2 571万人,年均报考数为143万人,通过全国统一考试取得会计专业技术资格人数达399万人,其中初级资格为268万人,中级资格为131万人。截至2010年9月,高级会计师共举办了8次考试,全国有26.1万人报名参加考试，有5.9万人通过国家合格标准取得评审资格。[①] 实行会计专业技术资格考试和考评结合制度，有利于建立科学、合理、公正的会计人才评价和选拔机制，在调动广大会计人员学习专业知识的积极性、提高会计人员素质、加强会计工作等方面都发挥了积极的促进作用。

1. 考生资格

我国对会计专业技术资格的认定，实行全国统一考试制度。资格考试按会计专业职务的设置分为：会计员、助理会计师、会计师、高级会计师资格考试。参加各级会计资格证书考试，必须具备会计从业资格，持有会计从业资格证书（会计证）。

报名参加会计专业技术初级资格考试的会计人员，必须具备下列条件之一：①高中毕业，从事会计工作满二年；②中等专业学校非财经专业毕业，从事会计工作满二年；③中等专业学校财经专业毕业，从事会计工作满一年；④大学专科以上学历非财经专业毕业，从事会计工作满一年；⑤大学专科以上学历财经专业毕业。

报名参加会计专业技术中级资格考试的会计人员，必须具备下列条件之一：①取得大学专科学历，从事会计工作满五年；②取得大学本科学历，从事会计工作满四年；③取得双学士学位或研究生班毕业，从事会计工作满二年；④取得硕士学位，从事会计工作满一年；⑤取得博士学位。对通过全国统一的考试，取得经济、统计、审计专业技术中、初级资格人员，也可报名参加相应级别的会计专业技术资格考试。

报名参加会计专业技术职务高级会计师资格考试的会计人员必须具备下列条件之一：①取得博士学位，并担任会计师职务二至三年；②取得硕士学位、第二学士学位或研究生班结业证书，或大学本科毕业并担任会计师职务五年以上。

2. 考试内容[②]

初级资格考试科目为初级会计实务、经济法基础。中级资格考试科目为

---

① 数据来源于2010年财政部会计司的《会计行业中长期人才发展规划》系列解读之六：深化会计职称制度改革完善会计人才评价体系。

② 2009年，财政部对初级、中级和高级会计专业技术资格考试大纲按照会计人员知识结构和能力层次的要求进行了修订。

中级会计实务、财务管理、经济法 3 个项目[①]。参加初级资格考试人员须在一个考试年度内通过全部科目考试方可获得证书。参加会计专业技术中级资格考试人员，在连续的两个考试年度内，全部科目考试均合格者，才能获得会计专业技术中级资格证书。高级会计师考试科目为《会计实务与法规》，主要考核应试者运用会计、财务、税收等相关的理论知识、政策法规，对所提供的有关背景资料进行分析、判断和处理业务的综合能力。

3.资格认定

我国《会计专业职务试行条例》([1986]职改字第 56 号)对会计专业职务的任职条件规定如下：

(1)助理会计师的基本条件：①掌握一般的财务会计基础理论和专业知识。②熟悉并能正确执行有关的财经方针、政策和财务会计法规、制度。③能担负一个方面或某个重要岗位的财务会计工作。④取得硕士学位，或取得第二学士学位或研究生班结业证书，具备履行助理会计师职责的能力；大学本科毕业，在财务会计工作岗位上见习一年期满；大学专科毕业并担任会计员职务二年以上；或中等专业学校毕业并担任会计员职务四年以上。

(2)会计师的基本条件：①较系统地掌握财务会计基础理论和专业知识。②掌握并能正确贯彻执行有关的财经方针、政策和财务会计法规、制度。③具有一定的财务会计工作经验，能担负一个单位或管理一个地区、一个部门、一个系统某个方面的财务会计工作。④取得博士学位，并具有履行会计师职责的能力；取得硕士学位并担任助理会计师职务二年左右；取得第二学士学位或研究生班结业证书，并担任助理会计师职务二至三年；大学本科或大学专科毕业并担任助理会计师职务四年以上。⑤掌握一门外语。

(3)高级会计师的基本条件：①较系统地掌握经济、财务会计理论和专业知识。②具有较高的政策水平和丰富的财务会计工作经验，能担负一个地区、一个部门或一个系统的财务会计管理工作。③取得博士学位，并担任会计师职务二至三年；取得硕士学位、第二学士学位或研究生班结业证书，或大学本科毕业并担任会计师职务五年以上。④较熟练地掌握一门外语。

我国 1990 年发布的《总会计师条例》只简单提到总会计师必须具备本行业的基本业务知识，熟悉行业情况，有较强的组织领导能力。该条例对总会计

---

① 这是财政部、人事部于 2004 年对考试科目进行调整后的内容。

师的职责也主要涉及财务核算责任。在2002年举行的中国总会计师协会第三次会员代表大会上，我国总会计师的英文缩写已经由CIGA改为CFO。这次会议还指出：中国企业的总会计师(CFO)将突出在以财务管理为核心的现代企业管理体制中的重点作用，并围绕着“财务核心”，明确他们在企业经营管理中的核心地位。

(三)正高级会计师评审

目前，我国会计人员技术等级仍为1986年4月《会计专业职务试行条例》确定的职务等级，即高级会计师、会计师、助理会计师、会计员。其中，高级会计师为高级职务，会计师为中级职务，助理会计师、会计员为初级职务。由于高级会计师在评审条件上只相当于相关系列专业技术资格的副高级，因而高级会计师实质上仍是副高级专业技术资格，与我国经济社会发展对高端会计人才需求、会计事业本身的蓬勃发展以及中国会计国际地位的稳步提升不相协调，迫切需要以建立正高级会计专业技术资格为主要内容，改革和完善现行会计职称体系。

目前，全国已有部分省区经本省人事、财政部门协商一致，组织开展了正高级会计师评审试点，评审方式各不相同，评审标准差别很大，其他很多省份也正在积极研究，打算开展本地区正高级会计师评审工作。2003年深圳在全国首家成功试点正高级会计师评审，得到财政部、省人事厅认可。深圳正高级会计师资格评审采取考评结合的方式，考试科目《高级会计实务》为国家统一命题，2005年开始在全省铺开。现在，河南、河北、湖北、江苏、辽宁等其他几个省份也相继展开试点。试点省份都有自己的“正高级会计师资格条件”(试行)，基本上都从学历与资历要求、专业技术资历、业绩与成果要求、继续教育要求、论文与著作要求等方面对资格条件进行约束，大多实行答辩与评审结合的评价制度，但各省具体评审条件差别较大。如对论文发表的数量及刊物级别，有的省份要求6篇，有的5篇，有的省份只要求4篇；出版专著的数量和出版社级别，有的省份要求出版专著要2部，有的省份1部，有的省份要求20万字以上，有的省份只要求10万字以上；获奖的级别等规定差别较大，有的省份要获省(部)级研究成果奖一等奖获奖项目的主要完成人，有的省份只要二、三等奖的主要完成人。再者，对参评人员的实务工作的要求，各省要求也各具特色。

四、比较分析

通过各国会计人员准入标准的比较分析，我们得知：各国对企业会计人员等级的分类标准及级数并不一样，与公共会计师的资格认定标准相比，各国企业会计的准入门槛相对较低。各国都对不同层次的会计人员的从业资格有不同的要求，经比较发现：

1. 各国对企业会计从业资格要求较低

各国对企业会计人员准入主要是以所受的教育程度为标准。各国基本都只要求一般会计人员具备中学以上学历，如美国的现金收支业务会计、加拿大的C级与D级会计人员。相比而言，我国对会计人员准入规定较为严格，要求所有会计人员必须取得“会计证”，没有会计知识与经验的申请者必须参加会计从业资格考试，考试内容涉及会计基础知识、财经法规、职业道德及初级会计电算化。

从业资格是从事某一专业所学知识、技术和能力的起点标准。会计从业资格是指从事会计工作的人员应当具备的专业水平、职业道德和政策法规最低要求，是从事会计工作的“入门证”。持有会计从业资格证书的人员从事会计工作，尚处于“学徒”阶段，属于各单位最基本、最基层的会计实务辅助操作人员，一般从事基础性的会计工作，掌握必要的会计基础知识和基本财经法律法规，遵守会计职业道德，具有基本的会计电算化操作技能等已经能够胜任这一层次的工作。所以，笔者认为，我国对会计从业资格的要求比较恰当。

2. 我国中、高级会计人才准入门槛相对其他国家较低

美国1～6级会计师均要求有学士学位，而且如能持有CMA证书，则成为主计长、财务主管、财务副总、首席财务官的机会就多。加拿大中层财务经理也都要求具有学士学位，要成为高层经理，除必须取得企业管理或商业学士学位，同时还应具有职业会计资格（成为CA、CGA或CMA）。而我国会计师的任职基本条件只要求专科以上学历，高级会计师任职基本条件要求本科以上学历。根据华夏大地教育网讯，2009年度会计专业技术资格考试共有136.62万人报名，实际参考为86.32万人，考试合格18.05万人。其中，不同学历考生通过率不同。中级资格的通过率随着学历的提升由低到高呈递增分布，基本符合人才评价的内在规律。初、中级资格通过率基本上按年龄段由青

年到中年依次递减排列。其中40岁以上考生的通过率比40岁以下考生明显要低得多。[①]准入门槛太低，直接影响到通过率，影响到会计师的工作质量。

我国《总会计师条例》也只简单提到总会计师必须具备本行业的基本业务知识，熟悉行业情况，有较强的组织领导能力。该条例对总会计师的职责主要涉及财务核算责任。社会经济环境的变化，不断对高级会计人才的能力提出新的要求。在我国尚无CMA的概念，我们是否可以考虑在总会计师研究会的基础上加以改进，形成类似IMA这样的机构，推行注册管理会计师制度，通过资格认证等形式提高企业高级会计人才的能力。

3.我国会计从业资格考试及会计专业技术资格考试存在一定的缺陷

(1)从目前的考试科目及内容看，各级考试都过于关注会计实务与法规的考核。在企业内部，虽然会计人员仍然需要精通财务报告方面的知识，但公司更需要具备经营计划和控制系统的设计、问题诊断及相应管理知识的综合型人才。高级会计师、会计师考试应适当调整考试科目与内容。

(2)从各级考试考纲及题型看，各级考试过于偏重对知识的考核，而忽视对能力的考核。除高级会计师考试主要衡量高级会计人员的综合素质和分析、判断、解决复杂会计、经济问题的能力外，其他各层次会计人员考试都偏重对知识的考核。专业基础知识只是会计人才能力的一个方面。因此，我们应加强考察会计人员的综合能力，尤其是加强中级会计人员的能力的考核。会计师在我国会计专业职务中占据重要地位，每一独立核算单位都应有一名或数名会计师作为财会部门的负责人或业务骨干，主持企业的财务或某一方面的工作。对会计师本身素质的要求应较高，除基础会计、财经知识之外，对会计师的品质与能力的要求更严格。因而，对会计师资格的认定也可采用考试与考评相结合，对能力的考核可通过答辩与面试的方式，对会计人员的综合能力由企业组织答辩委员会进行考核，评委由企业领导和总会计师及人事部门人员组成。总会计师主要对其专业性强的问题进行评定，企业领导考核其整体素质、能力，汇总之后进行综合评价。

---

① http://content.edu-edu.com.cn/。

第二节　职业准入标准的国际比较
——公共会计师

对于公共会计师，各国的名称不尽相同。在中国，我们统一称为注册会计师。在美国，一般称其为注册会计师（Certified Public Accountant，简称为AICPA）或公共会计师（Public Accountant）。加拿大公共会计师主要有加拿大特许会计师（Chartered Accountants，简称 CA）、加拿大注册会计师（Certified General Accountants，简称 CGA）、英国的特许公认会计师（Chartered Certified Accountants，简称 CCA）、澳大利亚的注册会计师（Certified Practising Accountant，简称 CPA）等。各国公共会计师主要提供的服务包括鉴证服务、税务代理、管理咨询、资产评估及会计服务，触及社会经济生活的各个方面。各国资格认定标准的比较将为我国高级会计人员能力框架的建立提供借鉴。

各国对公共会计师资格的认定标准不同，但都要通过考试。由于各国的社会历史文化背景及经济发达程度的差异，考试形式、内容及考试制度等各具特色。以下，我们选择美国、加拿大等公共会计职业发展比较早且比较完善的几个国家，分别从考试主体的资格、考试内容及方式、资格认定等几方面对公共会计师的准入标准予以比较。

一、美国

（一）考生资格

在美国，CPA 资格是由各个州自行认定的，但应通过统一的考试才能成为美国注册会计师协会的合格成员。这些成员在参加考试之前应接受一定的教育。各州自定考生资格，但都要求考生具有会计、商法、经济法等学科的学分。在 150 学分要求公布之前，参加考试的成员必须要经过会计本科教育，并至少要修满 120 学分，具体要求根据各州法律的规定，并且考生要有一定的实践经验。为了提高雇员的质量，满足职业界对公共会计师的能力需求，美国会计职业界提出了 150 学分教育的要求。从 2003 年起，应 AICPA 的要求，美国

42个州及哥伦比亚地区要求参加考试的成员必须经过会计本科或研究生教育，而且至少要接受过150学分的教育。另外五个州——亚利桑那州、明尼苏达州、新墨西哥州、纽约和弗吉尼亚州——也将在2004年到2009年期间分别开始执行150学分的规定[①]。实际上美国已把考生的学历资格提高到硕士研究生水平，具体要求根据各州法律的规定。

（二）考试

美国统一的CPA考试用来测试CPA执业所需的知识和技能。美国在1994年以前考试科目是：会计实务I、会计实务II、商法、审计学和会计理论，1994年以后进行了大幅度的调整，考试科目定为：(1)财务会计和报告——营利企业(Financial Accounting & Reporting：Business Enterprises)；(2)会计核算与报告——税务、管理、政府部门和非营利机构(Accounting & Reporting：Taxation，Managerial，Governmental and Non-for-profit Organization)；(3)审计学(Auditing)；(4)商法和职业责任(Business Law & Professional Responsibilities)。2004年5月起执行新的CPA考试规定，考试科目包括：审计和鉴证(Auditing & Attestation)、财务会计和报告(Financial Accounting & Reporting)、法规(Regulation)、企业环境和观念(Business Environment & Concepts)。通过全科CPA考试者可申请在54个州执业。从美国CPA考试科目的变化发现，美国CPA考试的内容不断在扩大，非会计审计知识和技能的要求逐渐增加。

CPA考试每年举办两次，一般于5月和11月进行。每科的通过标准为该科总分数的75%。四科一次全部通过即可获得注册会计师资格，如果有两科通过，另两科在50分以上可以保留已通过成绩，今后在未来的六次考试中通过该两科考试，也可获得注册会计师资格。

（三）资格认定

美国各州对于CPA执业的具体要求各不相同。大多数州都有教育、考试、经验方面的要求，也有些州还有道德方面的要求。若想跨州执业，必须遵守所到州颁布的法律法规。

---

① 目前仅剩科罗拉多州、特拉华州、新罕布什尔州和佛蒙特州尚未有150学分教育的要求。

如纽约州[①]，任何使用“公共会计师”(Public Accountant)和“注册会计师”(Certified Public Accountant)称号的人都要取得资格证书。取得资格证书必须满足以下要求：(1)有良好的道德品质；(2)不小于21岁；(3)满足一定的教育、考试和经验要求。

纽约州对教育的要求有三种方案可供选择：方案一，取得学士或更高学位，完成120学分教育，但对120学分教育的课程有严格规定，主要涉及会计、审计、财务、税收、经济统计等方面；方案二，取得学士或更高学位，完成150学分教育，对150学分教育提供备选课程，但没有严格限制，内容涉及会计、审计、财务、税收、经济、数学、人文、社会科学等方面；方案三，有15年的可被州公共会计委员会(State Board for Public Accountancy)所接受的公共会计执业经验，而这些经验能代替统一考试对教育的要求。纽约州对考试的要求是通过CPA 4门课程考试。纽约州对经验的要求是要有两年的实务工作经验。

在纽约州，如果申请人在符合条件的会计项目中从事高级研究，则可以申请减少一年的实务经历。实践工作经验中至少要有75%的时间是从事审计服务，或财务报表编制，其中从事审计服务要达到一半。全职雇员每周要工作5天，每周工作35～40小时，兼职雇员每周至少要工作20小时，每工作两周按一周计算。要取得资格证，申请者必须要有2年的工作经验，而且必须提供能为美国注册会计师协会所接受的证明工作经验的证据。

按照美国《统一会计法》(*The Uniform Accountancy Act*)(2002年修订版)，获得CPA资格证书必须满足以下教育、经验和考试要求：

1.没有不良行为或犯罪历史。

2.申请参加CPA考试的申请人应接受的教育要求：(1)取得大学会计方面学士学位或其他相关专业的学士学位；(2)至少150学分的会计或相关内容的大学教育。

3.需要通过CPA考试。

4.申请CPA资格证书的申请人必须有一年会计、鉴证、编辑、管理咨询、理财咨询、税收咨询等方面的工作经验。

---

① 资料来源于 http://www.op.nysed.gov/。

二、英国

(一)ACCA:英国特许公认会计师

成立于1904年的英国特许公认会计师公会(The Association of Chartered Certified Accountants,简称ACCA),是目前全球最具规模的国际专业会计师组织,世界上领先的专业会计团体,具有真正的国际性。

1.考生资格

要参加ACCA的考试,必须首先注册成为ACCA的学员。具有教育部承认的大专以上学历或教育部认可的高等院校在校生(顺利通过第一年所有课程的考试)即有注册资格。注册报名随时都可以进行,但注册时间的早晚,决定了第一次参加考试的时间。具体为:每年7月31日前注册,有资格参加同年12月份的考试;12月15日前注册,有资格参加第二年6月份的考试。学员注册后,会在适当时候收到ACCA总部寄来的考试报名表,学员应根据自己的计划填写后,寄往ACCA代表处或ACCA总部。考试报名时间具体为:参加6月份的考试,3月份和4月初报名(ACCA总部收到考试报名表的截止日期为4月15日);参加12月的考试,要在9月份和10月初报名(ACCA总部收到考试报名表的截止日期为10月15日)。ACCA考试是向全世界所有有志于从事财会事业的年轻人敞开大门的。

对中国学员来讲,报名的学员可分为三类:①凡具有教育部承认的大专以上学历,即可报名成为ACCA的正式学员。②教育部认可的高等院校在校生,顺利通过第一年所有课程的考试,即可报名成为ACCA的正式学员。③未符合以上报名资格的申请者,而年龄在21岁以上,可循成年考生途径(MSER)申请入会。该途径允许学员作为ACCA校外进修生,在四次连续考试中通过F1和F3两门课程,便能以正式学员的身份继续考其他科目。

以上各类学员只要填写ACCA注册报名表、提供相应的证明文件、并缴纳注册报名费即可申请成为ACCA学员,然后在适当时候参加ACCA的考试。

2.考试

ACCA的专业资格考试大纲以国际会计准则委员会(IASB)颁布的国际会计准则国际会计师联合会(IFAC)颁布的国际审计准则为依据设计考试内

容，以充分适应国际一体化的需要。鉴于中国会计准则与国际会计准则接轨的现状，ACCA 专业资格对面向世界、面向未来的中国财务管理人员尤为适用。

ACCA 的课程能使学员透彻地了解和掌握基本的会计原理、财务信息的作用和管理领域的主要问题。ACCA 还全面地向学员介绍商务运作的法律环境，并着重于企业战略管理框架，培养学生以专业知识对信息进行评估，在专业伦理框架内提出合理的经营建议。并在课程内融入专业道德和行为规范的内容。课程全面深刻，帮助学员成为适应现代商务的通用型人才，并促使他们职业生涯更加广阔。

ACCA 专业资格考试全世界统一标准，教材、试卷、答题全用英语，ACCA 大概四五年换一次大纲，每次大纲转变后有些课可能会被取消，然后有些新的课程会加进去。ACCA 教材是每年换一次的，一般 7～8 月份出。但只要大纲不换，每年的教材内容变化不大。配套练习册是半年换一次，2～3 月和 7～8 月出版，与考试同步，每次的变化就是加入上一次考试的试题，并且删除一些以前的试题，总的收录试题数差不多。

ACCA 考试课程共 16 门，F 层次的 9 门，P 层次 7 门。第一部分为基础阶段，主要分为知识课程（Fundamentals-Knowledge）和技能课程（Fundamentals-Skills）两个部分。知识课程主要涉及财务会计和管理会计方面的核心知识，也为接下去进行技能阶段的详细学习搭建了一个平台。技能课程共有六门课程，广泛地涵盖了一名会计师所涉及的知识领域及必须掌握的技能。第二部分为专业阶段，主要分为核心课程（Professional-Essentials）和选修（Professional-Options）（四选二）课程。该阶段的课程相当于硕士阶段的课程难度，是对第一部分课程的引申和发展。该阶段课程引入了作为未来的高级会计师所必须掌握的更高级的职业技能和知识技能。选修课程为从事高级管理咨询或顾问职业的学员，设计了解决更高级和更复杂的问题的技能。具体课程见表 3-1。

表 3-1　ACCA 考试科目

<table>
<tr><th></th><th></th><th>课程名称</th><th>课程中文名称</th></tr>
<tr><td rowspan="9">基础阶段</td><td rowspan="3">知识课程</td><td>F1 Accountant in Business</td><td>会计师与企业</td></tr>
<tr><td>F2 Management Accounting</td><td>管理会计</td></tr>
<tr><td>F3 Financial Accounting</td><td>财务会计</td></tr>
<tr><td rowspan="6">技能课程</td><td>F4 Corporate and Business Law</td><td>公司法与商法</td></tr>
<tr><td>F5 Performance Management</td><td>绩效管理</td></tr>
<tr><td>F6 Taxation</td><td>税务</td></tr>
<tr><td>F7 Financial Reporting</td><td>财务报告</td></tr>
<tr><td>F8 Audit and Assurance</td><td>审计与鉴证业务</td></tr>
<tr><td>F9 Financial Management</td><td>财务管理</td></tr>
<tr><td rowspan="7">专业阶段</td><td rowspan="3">核心课程</td><td>P1 Professional Accountant</td><td>专业会计师</td></tr>
<tr><td>P2 Corporate Reporting</td><td>公司报告</td></tr>
<tr><td>P3 Business Analysis</td><td>商务分析</td></tr>
<tr><td rowspan="4">选修课程</td><td>P4 Advanced Financial Management</td><td>高级财务管理</td></tr>
<tr><td>P5 Advanced Performance Management</td><td>高级绩效管理</td></tr>
<tr><td>P6 Advanced Taxation</td><td>高级税务</td></tr>
<tr><td>P7 Advanced Audit and Assurance</td><td>高级审计与鉴证</td></tr>
</table>

3. 资格认定

作为国际上最权威的会计师组织，ACCA 一直被誉为“财务界的 MBA”，被称为“会计师界的金饭碗”。[①] ACCA 会员资格在国际上得到广泛认可，尤其得到欧盟立法以及许多国家公司法的承认。英国立法许可 ACCA 会员从事审计、投资顾问和破产执行的工作。取得 ACCA 资格之后，会员有资格直接在欧盟国家执业。随着世界经济的国际化发展和中国加入 WTO，越来越多的跨国企业开始把 ACCA 会员资格作为选择财务管理人员的一个优先考虑因素，这也是 ACCA 在中国持续快速发展的一个因素。

全部通过 F1 到 P7 课程，在任何一个国家都没有会计报告签字权，如果

① 引自 ACCA 广州代表处宣传材料。

想获得英国会计报告签字权,就要在英国境内工作一年以上;想获得新加坡会计报告签字权,需要在新加坡境内工作一年以上;想获得香港会计报告的签字权,需要获得香港当地工作一年的经历;想获得澳大利亚的会计报告签字权,需要有澳大利亚一年的工作经历,同时要加考澳大利亚税法、公司法。

(二)AIA:国际会计师公会

国际会计师公会英文全称是 The Association of International Accountants,简称英国 AIA。作为一个国际性会计职业考试机构,从建立初期到现在已经超过 80 年(创立于 1928 年)。英国 AIA 专业资格证书因其受到英国政府的官方认可,成为当今世界最高标准的会计考试,并且是会计行业中炙手可热的专业资格证书。英国 AIA 是英国 1989 年颁布的公司法规定的职业审计师合法认可机构之一,是英国会计团体可获得最高认证之一,是世界最大的经济体——欧盟特约的审计组织,并持有法律认可,采用 IFAC 的职业会计道德标准。本着"国际会计"的理念致力于开创一个覆盖全球 85 个国家的国际化会计师体系。目前,英国 AIA 已在世界许多国家拥有分支机构并得到法定认可,其会员遍布全球,并于各大跨国企业、中小型企业、私人执业及公营机构担任要职。

1. 考生资格

AIA 对报考者没有特殊的学历要求,由于整个 AIA 的培训和考试都是纯英文的,因此报考者的英语水平必须过硬才行。国际会计师公会设立免考制度,学员依据规则可申请免考一些科目。

2. 考试

AIA 课程大纲涵盖了会计科目的广义基础,注重会计理论、会计实践以及两者的结合,并注重同全球各国各地区的会计理论与实践的衔接。AIA 设有 16 门课程,其学习及考试由简单的基础开始,逐步上升到战略性、前瞻性的课题。全部课程分为三个阶段,共 A、B、C、D、E、F 六个模块。AIA 的考试课程如下:

基础阶段:(1)财务会计;(2)经济学;(3)成本会计;(4)商务法;(5)审计和税法;(6)统计与数据处理。

专业阶段(一):(1)审计学;(2)公司学;(3)管理信息;(4)商务管理;(5)财务会计;(6)管理会计。

专业阶段(二):(1)财务会计;(2)金融管理;(3)高级审计;(4)税法和税务

计划。

3.资格认定

每个阶段都有相应的资格证书。

三、加拿大

加拿大公共会计师主要有加拿大特许会计师(Chartered Accountants, CA)、加拿大注册计师(Certified General Accountants ,CGA)。加拿大全国公共会计师统一考试,由各职业团体分别组织。其中,最具权威的是特许会计师考试。CGA会员有加拿大的一年的本地工作经历,就可以获得CGA的签字权,在加拿大签署会计报告。

(一)加拿大特许会计师

1.考生资格

加拿大特许会计师考试考生报考资格由各省确定,一般包括三条:一是考生要有大学以上文凭;二是考生要有规定的会计课程学分;三是考生要参加各省协会提供的教育课程,有的地方是由当地协会主办,有的则是授权大学承办。有些省还有经验要求。以安大略省(Ontario)为例,该省特许会计师协会要求申请人必须具备基础、学术和经验上的良好知识,有大学毕业文凭,如果是非会计专业,还需要经过会计公共课程的进修,内容包括财务会计、成本会计、成本管理、审计、税收、商业信息、财政、经济学和法律等。申请人还必须参加省协会组织的培训,培训包括:核心知识、专业知识及专业技能三个阶段。

2.考试①

加拿大特许会计师的考试是一年一次,于9月份进行,为期四天,第一天的考试为五个小时,接下来两天每天四个小时,考试内容基本是案例分析,侧重测试考生的专业判断能力。第一天为综合考试,给考生提供一套企业财务资料,让其从中发现问题;第二天和第三天的考试是涉及不同领域或同一领域不同方面的内容,一般是为考生提供企业存在的问题,让其从中依据重要性原则找出重点问题;第四天的考试是单科考试,如考核考生在企业信息系统设计、填报纳税申报单等方面的能力。

---

① 资料来源于 http://www.cica.ca/。

3.资格认定

考生只有达到加拿大特许会计师协会规定的四科考试及格线，并具有在事务所及专业服务领域执业 2 500 小时的经验[①]，方可在当地申请注册。

加拿大公共会计师各职业组织对会计师准入的管理模式大致相同。学员修完规定的课程并通过注册会计师考试可申请成为会员，而成为执业会员则需办理注册手续。协会有关部门将按字母顺序将所有有良好记录的会员姓名登记入册，只有在协会登记册上登记了姓名的会员才能享有会员的权利。会员首次注册时需要对其进行资格审查，审查的内容包括：第一，是否修完了所规定的课程，何时完成；第二，是否通过了注册会计师考试；第三，是否有执业经验，以及在事务所工作的情况；第四，接受会计、审计及税收教育的情况等。

(二)加拿大注册计师[②]

加拿大注册会计师头衔是国际公认的会计师资格，可以在加拿大及世界各地从事财务方面的工作。

1.考生资格

CGA 对报考资格的要求并不严格，但要求成为 CGA 会员前应取得学士学位。CGA 拥有固定的学位合作伙伴，如阿萨巴斯卡大学(Athabasca University)、劳伦先大学(Laurentian University)和南阿尔伯达技术学院(Southern Alberta Institute of Technology)等，这些学校提供学历教育的快捷方式。对已取得一定学历的报考人员可免试部分考试科目。

2.考试

CGA 的认证课程体系包括 2 门职业发展方向课程考试和 2 门专业应用课程考试。专业应用课程分为职业实践、战略财务管理两部分，前者主要考查考生向客户提供审计、税务、商业咨询与顾问服务方面的职业技能，后者考查向内部会计师或财务经理提供战略财务管理方面的知识。专业应用课程考试注重对考生技能的评估，考生将通过参加商业模拟实战来证明自己在商业战略、变革管理、职业道德等方面的核心竞争力。

3.资格认定

---

① 根据加拿大 CICA 颁布的 CA Practical Experience Requirement(从 2004 年 8 月 31 日起执行)。

② 资料来源于 http://www.cga-online.org/。

加拿大 CGA 资格认定要求与 CA 大致相同，都有一定的教育、考试和经验的需要，要求也大致相同，在此不再赘述。考试期限为六年，六年内学员获得了学士或学士以上学位；通过全部 CGA 考试；有两年或两年以上会计相关工作经验，就可获取 CGA 资格。

四、澳大利亚

(一)考生资格

参加 CPA 职业资格考试，首先必须申请成为澳大利亚会计公会的会员。要申请成为澳公会的会员，申请人必须完成澳公会认可的大学学士学位；或完成非澳公会认可的学士学位，再加上澳公会认可的转换课程或会计硕士课程。

(二)资格考试

CPA 课程相当于研究生水平。共分两个部分六门课程，一个部分是必考科目，包括报告与专业实务、公司管制与问责机制、企业策略与领导技能。另一部分是选修课程。申请人可以在以下课程中选修任意三门：鉴证与审计、财务会计、财务报告与披露、破产与重建、知识管理、个人财务规划与退休金、策略管理会计、税法、资金管理。

(三)资格认定

要获得澳大利亚注册会计师资格，申请人必须满足三个条件：申请成为澳大利亚会计公会的会员，通过澳大利亚注册会计师考试，拥有三年经认可的行业工作经验。这三年工作经验应在会计、财务、商务咨询等相关领域内取得；同时，申请人在工作期间必须有一位职业指导顾问，帮助申请人取得工作中所应掌握的各项技能。这名顾问的基本条件是本人为澳洲 CPA 或 FCPA(资深 CPA)或是澳公会认可的其他会计师组织的正式会员，且在取得 CPA 或相应资格后有至少 2 年的相关工作经验。

五、欧盟

(一)考生资格

想要成为从事注册会计师法定审计的自然人，须具备大学入学考试水平或者同等水平，完成所有理论课程、经过实习培训，并通过成员国大学专业考试或者同等水平的考试，以及成员国组织或承认的专业能力最终考试，方能被批准。

(二)资格考试

要想从事法定审计，必须通过统一考试。涉及的理论测试部分应当至少涵盖下列科目：(1)会计基本理论和基本原理；(2)有关年度和合并会计账目的法律和准则；(3)国际会计准则；(4)财务分析；(5)成本会计和管理会计；(6)风险管理和内部控制；(7)审计和职业技能；(8)有关法定审计和法定审计师的法律要求和专业标准；(9)国际审计标准；(10)职业道德和独立性。此外，要从事法定审计的考试至少还应当涵盖下述科目：(1)公司法和公司治理；(2)破产法和有关程序；(3)税法；(4)民商法；(5)社会保障法和就业关于实务经验；(6)信息技术和计算机系统；(7)商业理论、经济学概论和金融学；(8)数学和统计学；(9)事业财务管理的基本原理。

(三)资格认定

为了确保理论知识应用于实践的能力，考生除了要通过考试外，还至少需要 3 年以上的实务培训，尤其是从事年度账目、合并会计报表或者财务报告审计的培训。上述实务培训至少有 2/3 以上必须由成员国批准的法定审计师或者审计事务所监督下完成。成员国应当确保能够提供充分保障的人员来主持全部培训工作。

六、意大利

(一)考生资格

意大利根据大学学历的不同将考生分为两个层次，这两个层次专业人士的职业活动范围和专业胜任要求有所不同。其中，较低层次为 B 层，被授予会计专家的专业头衔，需要完成至少一个文学士学位(BA degree)的学习(3 年 laurea triennale)；较高层次为 A 层，将被授予注册会计师(Dottore Commercialista)的专业头衔，需要完成至少一个工商管理硕士学位(MBA degree)的学习(3+2 年 alelaurea magistrale)。

(二)资格考试

全国考试具体的考试结构为三门笔试加一门口试。笔试包括：(1)技术类科目：会计、审计、工商金融部门的商业管理、财务分析、专业技能、信息技术知识;(2)司法类科目:民法、公司法、破产法、税法、劳动法、民事诉讼法。考试针对A级、B级两个部分难度有所区别。如A级部分的考试还包括税务诉讼的内容。

(三)资格认定

考生在通过三门笔试加一门口试后,要想成为一名审计师,需要在一个具有双重注册职能(一是针对实习者注册的,一是针对审计师注册的)的机构进行注册。该机构得到司法部授权,由合并后的行业组织进行管理。考生在完成了3年的大学学习后,可注册为见习职业者(the trainees professional role),成为会计专家(esperto contabile)。在此基础上,经过专业见习(the trainees role)成为审计师。针对会计专家的全国考试亦对审计师的注册有效。

七、法国

(一)考生资格

在法国,要成为一名注册会计师,首先要经过协会认可的4～5年的大学或商学院或其他大学的系统教育。并通过成员国大学专业考试或者同等水平的考试,以及成员国组织或承认的专业能力最终考试,方能被批准。

(二)资格考试

法国注册会计师理论知识考试分为3个级别的证书:第一级别,要经过5门笔试,获得初级会计文凭;第二级别,要经过7门课程的笔试;第三级别,要经过2门笔试和2门口试。

(三)资格认定

在法国存在着一个未取得职业资格但正在接受协会认可的职业教育的学生队伍。考生在通过理论知识考试之后,要经过协会组织的3年的实习,加上24天的研讨班课程,才可以取得资格证书(包括注册会计师和注册审计师)。也就是说,要想取得公共会计师和注册审计师的资格,要取得3年的相关实践经验,并且至少有2年在公共会计师或者注册审计师(法定审计师)的监督之下取得的实践经验。上述经验必须在法国或者其他欧盟成员国家的会计师事务所(审计师事务所)取得,最多能够豁免1年。上述实践活动均应当受到职业团体的有效控制。

除实践要求外，还有能力测试要求。要取得公共会计师和注册审计师资格的人员在实践期间，所从事的各种专业活动包括公共会计和法定审计活动。其中每年要有 8 天的研讨课程，在第二年和第三年，要完成 4 份学期报告。在获取证书的最后一个实习期，要求参加最后的“专家毕业证”考试(the expertise comptable diploma)。最后考试分为三次:5 个小时有关法定审计的笔试；1 个小时笔试，精心计划和讨论完成 1 篇论文；1 个小时实务经验方面的口试。“专家毕业证书”测试每年共举办两次，在 5 月和 9 月进行。在整个过程中，专业团体会非常紧密地跟踪全部课程的每一步，包括:精心设计官方规则和课程，对实习者为期 3 年的实习期进行管理，作为考试委员会的成员，举办大学/毕业生/私人院校的专题讨论会，精心设计各种考试和测试的题目等。

八、中国

我国的公共会计师统一称为中国注册会计师，由中国注册会计师协会统一管理。取得中国注册会计师资格，必须通过中国注册会计师协会组织举办的全国统一考试。《中华人民共和国注册会计师证书》由财政部统一制定，由中国注册会计师协会统一管理。

(一)考生资格

符合下列条件的中国公民，可以报名参加注册会计师全国统一考试:(1)具有完全民事行为能力;(2)具有高等专科以上学校毕业学历、或者具有会计或者相关专业[①]中级以上技术职称。具有会计或者相关专业高级技术职称的人员，可以申请免予专业阶段考试 1 个专长科目的考试。

(二)考试

我国从 1991 年起实行注册会计师全国统一考试制度，1993 年起每年举行一次，考试科目为会计、审计、财务管理和经济法。1995 年起，考试科目改为五门:会计、审计、财务管理、经济法和税法。2001 年，我国发布了《注册会计师全国统一考试办法》(财会[2001]第 1053 号)。按照《注册会计师全国统一考试办法》，我国注册会计师全国统一考试每年组织一次，考试科目为会计、审计、财务成本管理、经济法和税法。考试实行滚动式，从第一门单科合格成

---

① 相关专业是指审计、统计、经济。

绩取得之年限算起，五年内必须考完所有科目，才可获得申请注册会计师资格。

2009年3月，我国又颁布了《注册会计师全国统一考试办法》（财政部令第55号），原《注册会计师全国统一考试办法》（财会[2001]第1053号）宣布废止。2009年，中国注册会计师协会发布《注册会计师考试制度改革方案》，新的考试制度于2009年度开始实施。按照改革方案，2009年起我国注册会计师考试制度发生了如下变化：(1)将我国注册会计师考试划分为两个阶段。第一阶段是专业考试阶段，主要测试考生进行注册会计师执业所需的专业知识、基本技能和职业道德要求。第二阶段是综合考试阶段，主要测试考生在执业环境中运用专业知识，保持职业价值观、职业态度与职业道德，有效解决实务问题的能力。考生在通过第一阶段的全部考试科目后，才能参加第二阶段的考试。两个阶段的考试，每年各举行1次。(2)注册会计师考试科目由五科调整为七科。在现行考试科目基础上，进行分拆、补充和整合。第一阶段设会计、审计、财务成本管理、公司战略与风险管理、经济法、税法等6科。第二阶段设综合1科。(3)调整考试成绩有效期。第一阶段的单科合格成绩5年有效。对在连续5年内取得第一阶段6个科目合格成绩的考生，发放专业阶段合格证。第二阶段考试科目应在取得专业阶段合格证后5年内完成。对取得第二阶段考试合格成绩的考生，发放全科合格证。

从2009年起，专业阶段主要测试考生是否具备注册会计师执业所需要的专业知识，是否掌握基本技能和职业道德规范；综合阶段主要测试考生是否具备在执业环境中运用专业知识，保持职业价值观、职业道德与态度，有效地解决实务问题的能力，其中包括在国际环境下运用英语进行业务处理的能力。2010年的考试大纲列出了能力等级，共分三级。一级是专业知识理解能力，要求考生掌握构成注册会计师知识主体的基本原理和内容；二级是基本应用能力，要求考生在执业环境中，合理、有效地运用专业知识，保持职业价值观、职业道德与态度，能够解决基本的实务问题；三级是综合运用能力，要求考生综合运用专业知识和职业技能，保持职业价值观、职业道德与态度，能够解决较为复杂的实务问题。[①]

---

① 根据《注册会计师全国统一考试大纲——专业阶段考试(2010年度)》和注册会计师全国统一考试大纲——综合阶段考试(2010年度)。2009年的要求与2010年相同。

(三)资格认定

按照中华人民共和国财政部令第25号《注册会计师注册办法》(2005年1月22日颁布),申请注册人员必须具备以下条件:(1)参加注册会计师全国统一考试成绩合格,或经依法认定或者考核具有注册会计师资格(2)在中国境内从事审计业务工作2年以上者。

2009年,根据《2009年财政立法工作计划》,中国注册会计师协会启动了注册办法的修订工作,2009年发布的《注册会计师注册办法(修订)(征求意见稿)》规定:已在中国境内会计师事务所工作2年以上,且其中最近2年内至少有1年在会计师事务所从事审计业务工作,具备下列条件之一者,可以向省级注册会计师协会申请注册:(1)取得注册会计师全国统一考试全科考试合格证书不超过5年;(2)取得注册会计师全国统一考试全科考试合格证书超过5年,但已成为中国注册会计师协会非执业会员;(3)经依法认定或者考核具有注册会计师资格,申请时为中国注册会计师协会非执业会员。《注册会计师注册办法(修订)(征求意见稿)》突出了实务工作经验,要求2年以上的审计业务工作经历应在会计师事务所取得;注册会计师行业相关标准和知识更新速度很快,与考试制度改革的精神相一致,《征求意见稿》明确了取得注册会计师全国统一考试全科考试合格证书的申请人5年内应注册成为注册会计师,以保持应有的专业胜任能力;《征求意见稿》明确了取得注册会计师全国统一考试全科考试合格证书超过5年,和依法认定或考核具有注册会计师资格的人员,应当成为注册会计师协会非执业会员,接受继续教育,不断实现知识更新。

注册申请人申请注册,应当通过所在的会计师事务所向会计师事务所所在地的省级注册会计师协会提交下列材料:(1)注册会计师注册申请表;(2)注册会计师全国统一考试全科合格证书复印件;(3)2名注册会计师出具的注册申请人从事审计业务2年以上证明表;(4)与所在会计师事务所签订的聘用合同复印件;(5)有效身份证件或者身份证明复印件(外国人应当提交护照和签证复印件,香港、澳门特别行政区及台湾地区居民应当提交在香港、澳门特别行政区及台湾地区的身份证件复印件和中国出入境行政管理部门发放的通行证复印件替代此项材料);(6)有效人事档案证明或者退休证明复印件。申请注册每半年办理一次,具体办理时间由各省、自治区、直辖市注册会计师协会决定。

除了上述国家职业团体的准入标准,一些国际性组织也对会计职业的准入有一定要求。欧盟第 8 号指南和 IFAC 第 9 号指南都允许具有大学入学资格的预备人员就可以参加职业考试，而不需要有学位。UNCTAD(联合国贸易与发展会议)则要求预备人员必须有学位或同等学力。

九、比较分析

从各国职业团体的公共会计师准入标准看，有其相同之处：都要经过考试，考试内容都注重执业需要的知识和能力，资格的认定都注重执业经验。

(一)考生资格

各国都有严格的考试制度，对考生资格都有一定规定。但各国各职业团体对考生资格的规定有一定差别。美国现在对考生资格要求较高，要求达到研究生水平。美国将注册会计师考试资格的教育要求从 120 学分提高到 150 学分，主要是为了提高雇员的质量、满足职业界对公众会计师的能力需求而提出。加拿大及澳大利亚、法国、意大利等国家要求考生必须具有大学学士以上学位。而且美国、加拿大、澳大利亚等国对考生的会计、审计课程学分都有特殊的要求。

比较而言，我国注册会计师考试对考生接受教育程度要求较低，只要求高等专科以上学历。而且对专业没有具体要求，允许没有会计、审计方面学分的考生报考。考生专业学历过低，不利于培养高素质的注册会计师。由于我国社会经济的高速发展，企业规模越来越大，业务越来越复杂，对注册会计师理论知识的要求也越来越高。考生专业学历不高，知识面不广，就很难适应现代企业业务纷繁复杂对审计和会计咨询等方面服务的要求，也就难于为企业提供优质服务。从我国历年注册会计师考试结果看，学历高、年龄小的考生合格率明显高于其他群体。就北京市 2004 年度考试结果看，本科以上学历人员取得合格成绩占全部合格数的 76%，而专科学历人员取得合格成绩占全部合格数的 23%，其他学历人员取得合格成绩只占到全部合格数的 1%[①]。上海市注册会计师协会於云超和上海国家会计学院赵健对注册会计师考试上海地区 1997—2003 年的报名、参考、通过情况统计分析，比较 CPA 考试全国的统计数据，得出如下结果：注册会计师考试通过率和学历的高低完全成正比，学历

---

① 北京考试报，2005/01/27 。

越高，通过率越高，硕士和本科之间的差异尚不是很明显，但专科学历和本科学历之间的差异是显而易见的。基本上，本科考生通过率高于专科 80%以上[①]，这些数据在一定程度上说明了高学历与高水平之间的关系。我们认为，在知识经济时代，为了确保我国注册会计师的执业质量，推动我国证券市场的健康发展，我国的注册会计师考试应提高对考生资格的要求，规定具有本科以上学历才能参加注册会计师全国统一考试，而且应规定考生应有一定的会计、审计学分要求，提高公共会计师应具备的专业知识要求。

(二)考试内容

从注册会计师考试科目看，各国都比较注重对会计审计专业知识的考核。美国于 1994 年、2004 年两次对 CPA 考试内容进行调整。1994 年之前，美国的 CPA 考试仅关注会计、审计及商法内容，1994 年后，开始关注 CPA 的社会责任，考试内容增加了社会责任，到了 2004 年，考试内容做了进一步调整，将商法改成法规，增加了企业环境和观念科目。美国 CPA 考试内容的改革，是顺应社会各界对注册会计师的知识和能力要求的变化而进行的，与 CPA 所处的社会、经济环境的不断变化息息相关。20 世纪 80 年代以来，由于社会经济环境的变化，美国的会计职业与过去相比，发生了巨大的变化，这主要体现在会计师业务范围的不断扩展上。对于会计公司来说，虽然财务报表审计仍是他们的主要业务，但所占比重日渐缩小，而其他业务，如管理咨询、信息系统设计、经营审计等所占的份额则不断扩大。合格的注册会计师不仅仅应是一名技术人员，而且应是具有丰富的知识和技能、能够理解国家和社会的总体目标的专家。

加拿大 CA 的考试内容基本是案例分析，侧重测试考生的专业判断能力，加拿大 CGA 的考试则偏重对考生职业技能的测试。总体而言，加拿大的公共会计师考试强调考生对各项知识的实际运用能力，而非对知识的简单记忆。这种考试模式，能较好地适应今天迅速变化发展的经济环境对人才的要求。

相比较，我国的考试更注重对会计、审计、财务、税法、经济法各个业务模块的考察，注册人员往往只关注企业各个模块的管理，致使其只停留在具体业务层面，层面较低。随着我国经济社会的全面发展和“走出去”战略的实施，要

---

① 由上海市注册会计师协会资料提供，资料来源于http://news.esnai.com/。

求注册会计师能够以更加开阔的视野,从企业整体层面对企业风险进行把握。2007年,我国颁布了《中国注册会计师胜任能力指南》,将注册会计师应当具备的"专业知识"界定为会计、审计、财务、税务、相关法律及相关知识,以及组织和企业知识、信息技术知识等相关领域;明确了注册会计师应对复杂性和需求性不断增长的职业环境所必需的智力技能、技术和应用技能、个人技能、人际和沟通技能、组织和企业管理技能等五类职业技能;强调了注册会计师所必需的职业价值观、道德与态度的基本内涵。直到2009年,为了开阔注册会计师的视野、提高注册会计师的执业技能,才增加了公司战略与风险管理科目,充实了公司战略、风险管理和内部控制等内容。

2009年《注册会计师考试制度改革方案》出台后,我国对注册会计师全国统一考试的科目及范围予以调整,而且在试题中加强对考生对知识运用能力、分析能力等各项技能的考核,以适应迅速变化的执业环境的要求。而且,增加了在国际环境下运用英语进行业务处理的能力的考核。

(三)经验要求

在注册会计师资格认定方面,各国都在不同程度上要求考生不仅要通过注册会计师考试,而且还要求具有一定的实践经验。如上所述,美国对经验的要求很严格、详细,对全职和兼职的工作时间有不同的规定,而且还规定了以审计服务为主的具体工作经验内容。美国对申请资格认定应提供的资料,都要求进行公证,确保证明资料的真实、可靠性。在我国,注册会计师注册方面也要求具有两年的审计实践经验才能获得注册会计师资格,但我国对申请人的实践经验仅要求申请人所在的会计师事务所出具证明,证明的可靠性和公信力得不到保障。我们了解到,由于我国注册会计师队伍力量仍不足,特别是在前些年会计师事务所脱钩改制中,一些申请人只要通过注册会计师全国统一考试,就有事务所主动请求替他办理注册手续,以加强本所的力量。在目前的注册会计师资格审批中,随便填报工作经验的做法仍有存在,在一定程度上使经验要求的规定流于形式。为了保证注册会计师的执业能力,笔者认为,可以对申报材料的真实性进行更严格的审查,比如通过公证等,加强材料的真实、可靠性。

第三节 职业准入标准的国际比较
——政府审计人员

政府审计(又称国家审计)是一种专家行为,其专业性和政策性都很强,这对从事该项工作的人员提出了很高的执业标准,要求他们在从事该项工作之前,必须要具备一定的基本条件。因此,审计人员的胜任能力状况决定了国家审计的成效。各国的政府审计人员从业技能都具有一定标准,各国往往在审计准则中会明确,要成为一个合格的政府审计人员,必须具备的能力有哪些。政府审计认为,提高政府审计人员素质的前提之一,就是建立和完善政府审计执业资格准入制度。政府审计人员在行业服务的专业性质上类似于社会审计师,因而二者的能力要求有其相似之处。

一、美国:以绩效审计为主的政府审计

政府审计准则的一般准则,即审计机关及其人员应当具备的资格条件和职业要求。美国政府对审计人员的要求并不高。近年来,美国审计总署(GAO)在审计人力资源管理方面出台了一系列的规范性文件,进行了卓有成效的工作。审计人力资源管理工作的一个重要基础是识才,要弄清楚审计工作究竟应当需要怎样的人才,审计人员应当具备怎样的素质能力,唯此才能谈得上用好人才,人尽其才,留住人才,从而在实现审计人员素质能力运用最大化的同时提升国家审计质量,创造国家审计发展的辉煌。

《美国政府审计准则》通常称作公认政府审计准则(GAGAS),包括要求和指南,政府审计准则在胜任能力、正直诚实、客观公正和独立性等方面为实施高质量的审计和鉴证业务提供了框架。法律、制度、合同、拨款协议和政策经常要求按照政府审计准则审计,许多审计师和审计组织也自愿根据政府审计准则实施审计。《美国政府审计准则》有关审计员胜任能力或任职资格的相关规定如下:

1. 一般准则

从事审计和鉴证业务的人员应该从整体上具备完成任务所需要的足够的

专业胜任能力。胜任能力是适用于审计组织在整体上所拥有的知识、技能和经验，而不一定是对审计师个人的要求。一个审计组织应招聘工作人员或雇用在下列方面拥有知识、技能和经验的专家，例如会计、统计、法律、工程、审计计划和方法、信息技术、公共管理、经济学、社会学、精算学方面。

美国政府绩效审计有统一的审计准则作指导。1972 年，GAO 历时两年研发出版了第一部美国政府审计准则《政府组织、项目、行为和职能审计准则》(*the Standards for Audit of Government Organizations, Programs, Activities, and Functions*)，后来这套准则的题目改为《政府审计准则》。它是 GAO 总署开展项目评估后制定的一部政府审计准则，后经数次修订，并为许多其他国家所采用。1981 年以来，美国审计署(GAO)分别于 2003 年、2007 年和 2010 年多次增修政府审计准则，建立起有效的政府与国会间的沟通制度，并将各机关年度决算的审计交由公开执业的会计师鉴证，而 GAO 则将其工作重点转移到政府绩效审计，审计范围涉及财政赤字、国防安全、信息资源的运用、人口老龄化、波斯湾战争中武器的使用效率、改善全国医疗健康计划、全球化的挑战等。经过多年的发展，GAO 确立了世界绩效审计的领袖地位。

在美国，无论是民间审计机构，还是政府审计部门，都很重视审计人员的选调和培训。美国 GAO 聘用审计人员须考察各方面的能力。他们除聘用会计师外，还聘用计算机、工程技术、企业管理和法律等方面的专家。目前，在美国 GAO，会计师只占 15%，有 85%是其他方面的专门人才。GAO 和各级政府审计也非常重视审计人员的继续教育，GAO 规定每两年必须有 80 小时的继续教育，其中包括参加专业领域的年会、大学的专业培训课程等内容，GAO 采取多种措施，有力地促进了审计人员素质的提高。

2. 对审计人员的技术知识和胜任能力要求

绩效审计人员的资格条件包括：(1)关于绩效审计方法的知识和运用这种知识所需的教育、技能和经验；(2)关于政府组织、项目和职能的知识；(3)清楚、有效地进行书面和口头沟通的技能；及(4)具体审计所需的专门技能(例如，统计学、信息技术(IT)、工程学等)，或有关被审计事项的专业知识。

例如：(1)如果工作需要统计抽样，审计师或专家中应包括有统计抽样技能的成员；(2)如果工作需要对信息系统进行广泛的审核，审计师或专家中应包括具有信息技术技能的成员；(3)如果工作涉及复杂的工程资料，审计师或专家中应包括具备工程学技能的成员；(4)如果工作涉及专门的审计方法或分析技术，比如运用复杂的调查工具，基于精算的估计或统计分析测试，审计师或专家中应包括具有这些方法或技能的成员。

3. 财务审计和鉴证业务的附加资格

从事财务审计的审计师应了解一般公认会计准则(GAAP)[①]和AICPA关于现场工作和报告的一般公认审计准则(GAAS)及相关的审计准则说明(SAS)。他们应该有能力在指定业务中运用这些准则和说明。同样，从事鉴证业务的审计师，应该了解AICPA与标准相关的一般鉴证业务准则、鉴证业务现场工作和报告准则，及鉴证业务准则说明。他们应该能够在安排的工作中运用这些准则和鉴证业务准则说明。

从事财务审计或鉴证业务的审计师应该是执业注册会计师，或供职于注册会计师事务所或政府审计组织的人员[②]。符合执业要求的会计师和会计师事务所应该遵循相关的公共会计法的条款及有关审计业务权限的规定，及公共会计师和他们所在的会计师事务所的执业权限的规定。

4. 继续职业教育

GAO和各级政府审计也非常重视审计人员的继续教育，GAO规定每两年必须有80小时的继续教育，其中包括参加专业领域的年会、大学的专业培训课程等内容，GAO采取多种措施，有力地促进了审计人员素质的提高。

按照GAGAS工作的审计师，包括按照GAGAS进行计划、指导、现场工作和报告一项财务审计或鉴证业务，都应该通过继续职业教育保证他们的专业胜任能力。因此，每一个按照GAGAS工作的审计师应该每两年至少完成80个小时的继续教育，来直接提高审计师开展审计或鉴证业务的专业能力[③]。80个小时中至少有24个小时的继续教育是与政府审计、政府环境或被审计

---

① 如果在一项特定的业务中，GAAP不是所采用的会计原则，审计师应了解依据的相关会计原则，比如规定的会计原则。

② 按照这条准则，1970年12月31日或以前获得执照的公共会计师或供职于一个1970年12月31日或以前获得执照的公共会计师事务所的人员也是有资格的。

③ 尽管按照3.42的规定，员工在执行一项按照GAGAS进行的审计业务之前就必须从整体上具备这个类型审计所需技术知识、技能和经验，审计师个人从执行一项GAGAS要求的审计或鉴证业务时开始有两年的时间来达到继续职业教育(CPE)的要求。

单位独特的经营环境直接相关的[①]。在两年周期中的每一年都必须至少完成20个小时。

继续职业教育可以包括有利于提高审计师执行审计和鉴证业务技能的各种专题，例如审计准则和方法的发展、会计准则、内部控制的评价、管理和监督的原则、信息系统管理、审计抽样、财务报表分析、评估设计和数据分析。它也可以包括与特定工作领域相关的题目，例如公共管理、公共政策和组织、企业策划、金融学、经济学、社会学和信息技术。

二、中国

国家审计人员的职业准入与遴选制度在于强调具备何等资格的人可以和能够成为审计人员，从事审计职业；通过何种程序和方法选拔符合审计职业资格的人员成为审计人员。其标准不同于传统的审计专业技术资格，强调的是专业技术水平与能力的有机结合。

国家审计人员的职业准入资格是指从事审计职业具备的基本条件，是成为审计人员的初始标准，只有具备了基本的资格，才能谈得上可以从事审计职业，但是否能够从事审计职业还要看是否符合审计职业遴选标准。资格标准的确定应注重知识结构层次，不局限于会计和审计专业的限制，针对审计工作开展的行业特点，选择该行业的专业人才。在各行业的审计中补充法律、信息技术、工程技术和管理等方面的人才，使审计人员的整体知识结构层次呈现一种多学科多领域的状态，从而做到相互补充，提高团队的整体工作效率。另外还要求有一定行业的工作经历，具体而言包括具有大学本科以上学历；具备一定行业一年以上的从业经历；通过相应的国家职业考试，取得从业资格；具有良好的职业意识；遵守中华人民共和国法律，无不良行为记录；热爱审计职业等几个方面。

国家审计的生存和发展必须具有高质量的人力资源，因此如何获得这种高质量的人力资源对国家审计的发展就至关重要。

① 对没有参加计划、指导和报告审计或鉴证业务的审计师和一年中20%的时间从事GAGAS要求的审计或鉴证业务的审计师，不必遵循24小时的继续教育要求。

(一)我国国家审计人员的遴选

在遴选程序上,按照《宪法》所确定的国家审计机关的行政体制,审计长由国务院总理提名,人民代表大会及其常务委员会任命,副审计长由审计长提名,国务院总理任命。地方各级审计机关的行政首长由地方政府的行政首长提名,地方人民代表大会或常务委员会任命。审计机关内部机构的行政首长和审计人员按照公务员的行政管理办法进行任命。在遴选标准上,目前国家审计机关没有一个成文的遴选标准,选拔审计人员首先是由业务机关根据工作需要,确定所需要人员的知识结构和能力的限定范围,然后向人事主管部门提出申请。人员的进入方向为社会招聘调入和学校毕业生招聘录用。总体上遴选标准需符合国家公务员的录用标准,并辅之以审计相关专业知识的考察。这种遴选标准没有突出审计职业的要求,不能有效选拔出具有一定职业意识的人员,更多强调了审计人员的行政能力。

(二)审计机关和审计人员执行审计业务的资格条件和职业要求

按照审计署2009年颁布的《中华人民共和国国家审计准则》,审计机关执行审计业务,应当具备下列资格条件:(1)符合法定的审计职责和权限;(2)有执业胜任能力的审计人员;(3)建立适当的审计质量控制制度;(4)必需的经费和其他工作条件。

审计人员执行审计业务,应当具备下列职业要求:(1)遵守法律法规和本准则;(2)恪守审计职业道德;(3)保持应有的审计独立性;(4)具备必需的职业胜任能力;(5)其他职业要求。我国审计准则还要求,审计人员应当恪守严格依法、正直坦诚、客观公正、勤勉尽责、保守秘密的基本审计职业道德。审计人员应当具备与其从事审计业务相适应的专业知识、职业能力和工作经验。审计机关应当建立和实施审计人员录用、继续教育、培训、业绩评价考核和奖惩激励制度,确保审计人员具有与其从事业务相适应的职业胜任能力。

三、国际比较启示

只有实行严格的准入标准和制度,才能保证执业人才的高素质。在新经济环境下,由于新技术、新业务的出现和国际化进程的加快,会计人才市场的需求也会发生相应的变化,会计人才市场将始终存在结构性的过剩,现有的会计职业准入制度将不断发生变化。职业的准入标准应与时俱进,根据会计学科和会计职业的发展变化及时调整。虽然我国资本市场的发达程度与美、英等国有一定的差距，但如果不跟上发达国家的发展步伐，就会面临进入世界资本市场的障碍。从现阶段看，我国会计职业的准入条件，尤其是对学历、经验以及由此决定的专业知识和技能的要求与发达国家有一定差距。但是，随着我国参与国际经济和国际资本市场程度的加深，从发展趋势上看，我国会计职业准入标准将与发达国家的会计职业准入标准趋于一致。西方国家会计人才能力培养的经验做法以及相关研究，对我国会计人员能力框架的构建，无疑具有十分重要的借鉴意义。

通过职业准入管理引导在校教育是必然趋势。但近年来发达国家和地区特别是欧盟成员国在职业资格管理方面，均提出了职业教育的准入条件，建立了贯穿到院校的会计教育计划、教育内容和评价方法等在内的体系。如法国1991年就通过“政府公报”形式公布了认可的20所学校的会计教育，明确只有在规定的院校取得的文凭，才有资格参加注册审计师技能考试。意大利也建立了认可院校教育的课程体系。显然，实行院校教育认可制度，对于提高注册会计师队伍的质量十分重要。这要求我们必须尽快研究，推动有关部门的合作来建立相应的制度和机制。

第四章 我国会计人员能力框架现状分析

实务界对会计人员能力的需求是会计人员能力框架构建应考虑的重要因素。本章将主要从社会实际需求角度探讨我国各级会计人员的能力组成。首先通过对国内外用人单位招聘意向的比较分析,了解实务界对企业会计人员能力的现实与发展的需求。在此基础上,结合第三章研究结果,设计出高、中、初级会计人员能力调查问卷。对收回问卷进行实证分析,从而推定中国各级会计人员的能力要素。

第一节 用人单位招聘意向分析

会计人员能力框架的搭建,主要决定于用人单位对人才的需求。招聘信息对人才能力的要求一般说来反映了用人单位的真实需要。有鉴于此,本章拟从国内外用人单位招聘信息对会计人员的要求情况出发,分析社会对会计人员能力的要求。

笔者先后于 2005 年和 2010 年两次从相关网站上收集了会计人员招聘信息,并进行对比分析,了解经济发展对会计人员能力提出的要求,以期将五年来实务界对会计人才需求状况发生的变化呈现给广大读者。用人单位招聘意向的动态分析为下文我国会计人才能力框架的设计奠定了基础。

一、2005 年的招聘信息统计

(一)各级会计人员的界定

在收集招聘信息时，我们对高级、中级和初级会计人员进行如下界定：高级会计人员主要指财务副总监、财务高级经理、财务部部长、财务高级主管、财务管理总监、首席财务官(CFO)、区域财务经理、预算经理、企业总会计师、财务总监、财务经理、财务副经理等。中级会计人员主要是指主办会计、财务主管、中级会计师、主管会计、预算主管、会计主管、税务主管、财务分析主管、审计主管、财务主办会计等。初级会计人员主要指会计、财务会计、总账会计、往来会计、出纳、财务结算员、费用会计、财务部会计、财务出纳、财务专员、财务助理专员、销售会计、核算及税务会计、各国会计准则会计、资金管理及出纳、报税员、审计助理、收入会计、销售出纳、银行出纳、综合会计等。

(二)国内招聘信息统计

2005 年 10 月，笔者从中国人才网(http://www.job210.cn/)等网站上随机收集了招聘高级会计人员、中级会计人员、初级会计人员的招聘信息各 100 条。

对各招聘职位的能力及其他要求情况进行统计分析，结果列示于表 4-1 的“国内”信息栏。

根据表 4-1 的统计结果，按照用人单位要求拟聘人员具备某项能力的样本数占总样本数的比重(取三级会计岗位的平均数)，将各项能力依次排列如下：工作经验(87%①)、学历要求(85%)、计算机能力(35%)、工作态度及责任心(27%)、财务会计与报告、分析能力(19%)、沟通能力(16%)、团队精神(11%)、熟悉法规(11%)、职业资格(10%)、职业道德(9%)、外语能力(9%)、领导能力(7%)、专业知识(4%)、写作能力(2%)。

(三)国外招聘信息统计

2005 年 10 月，笔者主要从 http://www.careerbuilder.com/JobSeekert

---

① 表示有 87%的用人单位在招聘信息中要求应聘者必须具备实务工作经验。以下百分比含义与此相同。

等网站收集到美国各层次会计人员的招聘信息各100条。我们所指的高级会计人才职位如：Chief Financial Officer(CFO)、Vice President Finance、Divisional Finance Director、Financial Controller、Head of Management Accounting、Director of Financial Reporting、Accounting Manager、Head of Finance & Operational Risk等，中级会计人才职位如：Management Accountant、Financial Project Accountant、Investment Accountant、Plant Accountant，低级会计人员职位如：Entry Level Staff Accountant、Accounting Clerk、Accounting Assistant、Accounts Payable Coordinator、Accounts Receivable、Bookkeeper等。

对各拟聘职位的能力及其他要求情况进行统计分析，结果列示于表4-1的"国外"信息栏。

根据表4-1的统计结果，按照用人单位要求拟聘人员具备某项能力的样本数占总样本数的比重(取三级会计岗位的平均数)，将各项能力依次排列如下：工作经验(75%)、学历要求(58%)、计算机能力(32%)、专业知识(24%)、职业资格(18%)、交际能力(17%)、沟通能力(15%)、分析解决问题能力(12%)、团队精神(11%)、表达能力(10%)、领导能力(9%)、写作能力(8%)、熟悉法规(5%)、关注细节(6%)、职业道德(4%)、财务会计与报告、分析能力(4%)。

表4-1　国内外用人单位招聘信息统计表(2005年)

职位 / 能力要求	高级会计人员		中级会计人员		初级会计人员		平均	
	国内(%)	国外(%)	国内(%)	国外(%)	国内(%)	国外(%)	国内(%)	国外(%)
工作经验	90	87	89	77	81	61	87	75
学历要求：	82	70	88	67	85	37	85	58
硕士	2	7	0	0	0	0		
本科	64	62	49	61	15	10		
大专	16	0	36	1	51	10		
中专	0	0	2	0	18	0		
高中	0	1	1	2	1	12		
会计相关专业(未要求学历)	0	0	0	3	0	5		

能力要求 \ 职位	高级会计人员		中级会计人员		初级会计人员		平均	
	国内（%）	国外（%）	国内（%）	国外（%）	国内（%）	国外（%）	国内（%）	国外（%）
职业资格及优先	24	36	7	17	0	1	10	18
其中：职业资格	15	28	5	10	0	1		
具有职业资格的优先	9	8	2	7	0	0		
计算机能力	17	39	38	48	50	9	35	32
沟通能力	21	22	15	17	11	5	16	15
熟悉法规	18	11	11	4	5	1	11	5
财务会计与报告、分析能力	25	0	17	0	15	11	19	4
团队精神	11	18	7	10	16	4	11	11
领导能力	15	26	7	2	0	0	7	9
职业道德	14	7	11	5	2	1	9	4
工作态度及责任心	17	0	22	0	41	0	27	0
专业知识	9	32	3	23	0	16	4	24
写作能力	4	13	2	11	0	0	2	8
分析解决问题能力★	0	23	0	8	0	5	0	12
交际能力★	0	24	0	16	0	10	0	17
关注细节★	0	7	0	5	0	7	0	6
表达能力★	0	18	0	11	0	1	0	10
外语能力●	4	0	11	0	13	0	9	0

注：标★号的仅在国外用人单位的招聘信息中出现。
标●号的仅在国内用人单位的招聘信息中出现。

二、2010 年的招聘信息统计

2010 年 10 月，笔者又一次按照 2005 年对各级会计人才的定位，收集用人单位的招聘信息。

(一)国内招聘信息统计

2010 年 10 月笔者从中国人才网(http://www.51job.com/)、智联招聘(http://www.zhaopin.com/)等网站上分别获得企业招聘高、中、初三级会计人才招聘信息各 100 条。对各招聘职位的能力及其他要求情况进行统计分析,结果列示于表 4-2 的"国内"信息栏。

根据表 4-2 的统计结果,按照用人单位要求拟聘人员具备某项能力的样本数占总样本数的比重(取三级会计岗位的平均数),将各项能力依次排列如下:学历要求(100%),工作经验(93.33%),职业资格及优先(70%),计算机能力(48.67%),专业知识(48.67%),沟通能力(46%),工作态度及责任心(45%),熟悉法规(39.33%),团队精神(32.67%),组织协调能力(24.33%),职业道德(21.33%),关注细节(16%),财务会计与报告、分析能力(14.33%),承受压力能力(13.67%),表达能力(13%),外语能力(12.33%),分析解决问题能力(11.67%),领导能力(9%),写作能力(8.67%),交际能力(6%),项目管理技能(4.33%),适应出差(4%),学习能力(3.33%)等。

(二)国外招聘信息统计

2010 年 10 月笔者从 http://jobs.com/等网站上分别获得企业招聘高、中、初三级会计人才招聘信息各 100 条。

对各招聘职位的能力及其他要求情况进行统计分析,结果列示于表 4-2 的"国外"信息栏。根据表 4-2 的统计结果,按照用人单位要求拟聘人员具备某项能力的样本数占总样本数的比重(取三级会计岗位的平均数),将各项能力依次排列如下:学历要求(100%)、工作经验(91.67%)、计算机能力(72%)、沟通能力(54.67%)、专业知识(53.33%)、写作能力(37.33%)、分析解决问题能力(36%)、职业资格及优先(35%)、团队精神(29.67%)、工作态度及责任心(27.33%)、组织协调能力(25%)、关注细节(24.33%)、表达能力(22.67%)、熟悉法规(22.33%)、领导能力(21.33%)、交际能力(20.33%)、独立工作能力(13%)、客户服务与管理能力(13%)、多任务和优先次序技能(12%)、适应出差能力(11%)、职业道德(7.67%)、承压能力(7%)、项目管理技能(7%)、外语能力(5%)、灵活性(4%)、学习能力(4%)等。

表 4-2　国内外用人单位招聘信息统计表(2010 年)

职位 能力要求	高级会计人员		中级会计人员		初级会计人员		平均	
	国内(%)	国外(%)	国内(%)	国外(%)	国内(%)	国外(%)	国内(%)	国外(%)
工作经验	96	98	99	91	85	86	93.33	91.67
学历要求	100	100	100	100	100	100	100	100
硕士	4	4	3	2	0	0	2.33	2
本科	74	87	59	89	43	17	58.67	64.33
大专	19	2	38	0	50	16	35.67	6
中专	0	1	0	0	3	0	1	0
高中	1	0	0	2	0	33	0.33	11.67
会计相关专业(未要求学历)	2	6	0	7	4	34	2	15.67
职业资格及优先	95	60	68	44	47	1	70	35
其中:职业资格	51	19	60	22	44	0	51.67	13.67
具有职业资格的优先	44	41	8	22	3	1	18.33	21.33
计算机能力	35	58	60	81	51	77	48.67	72
沟通能力	49	54	48	74	41	36	46	54.67
熟悉法规	51	31	46	33	21	3	39.33	22.33
团队精神	32	40	35	30	31	19	32.67	29.67
领导能力	21	51	5	11	1	2	9	21.33
职业道德	25	11	18	8	21	4	21.33	7.67
工作态度及责任心	44	26	51	39	40	17	45	27.33
专业知识	74	86	63	68	9	6	48.67	53.33
写作能力	5	42	15	51	6	19	8.67	37.33
分析解决问题能力★	12	45	20	51	3	12	11.67	36
交际能力★	15	32	2	19	1	10	6	20.33
关注细节★	15	18	4	33	29	22	16	24.33
表达能力★	15	42	15	8	9	18	13	22.67
外语能力●	11	2	14	6	12	7	12.33	5

职位 能力要求	高级会计人员		中级会计人员		初级会计人员		平均	
	国内(%)	国外(%)	国内(%)	国外(%)	国内(%)	国外(%)	国内(%)	国外(%)
◆组织协调能力	24	30	47	34	2	11	24	25
◆学习能力	4	1	6	7	0	5	3	4
◆承压能力	10	7	31	12	0	2	14	7
◆项目管理技能	12	11	1	11	0	0	4	7
◆适应出差	6	15	6	17	0	1	4	11
◆财务会计与报告、分析能力	23	0	19	0	1	0	14	0
◆独立工作能力※	0	12	0	14	0	14	0	13
◆多任务和优先次序技能※	0	15	0	21	0	1	0	12
◆灵活性※	0	5	0	5	0	3	0	4
◆客户服务与管理能力※	0	5	0	22	0	13	0	13

注：标★号的项目为在表 4-1 中仅出现在国外用人单位招聘息中的项目。
标◆号的项目为 2010 年招聘信息中新增项目。
标※号的项目仅在国外用人单位招聘要求中出现。

三、国内外招聘信息动态比较分析[①]

（一）总体描述

表 4-1、表 4-2 表明，国内外用人单位对会计人才的能力要求都很多。但由于所处经济环境不同，国内外用人单位要求会计人才应具备的能力要素项目有所不同，表 4-1、表 4-2 项目包括了国内外招聘单位对拟聘人员的大部分要求。比较高级、中级和初级招聘信息可知，高层次会计人员相对比低层次会计人员被要求具备更多的能力。国外用人单位比国内用人单位对会计人员的能力要求更多、更高。动态比较 2005 年与 2010 年的招聘信息发现，伴随着经济的发展、时间的推移，用人单位对各级会计人员能力的要求都更高了、更多了。

① 为了更直观地表明国内外用人单位在能力需求上的不同，本部分的分析分别按能力要素将招聘信息统计结果绘成柱状图。

1.国内外用人单位对会计人员能力的要求具有较强的一致性

国内外招聘信息比较表明，国内外用人单位对会计人员能力的要求有其相似之处，都要求各层次会计人员应拥有多项会计工作能力，如工作经验、计算机能力、沟通能力、团队精神等。表4-1“国内外用人单位招聘信息统计表(2005年)”中所列的18个能力项目为用人单位招聘信息中对能力描述较明确的项目，其中分析解决问题能力、交际能力、表达能力和关注细节能力4项仅在国外用人单位招聘信息中出现外，外语能力仅在国内用人单位招聘信息中出现，其他13项能力要素在国内外用人单位招聘信息中都有不同的需求。表4-2“国内外用人单位招聘信息统计表(2010年)”中所列的27个能力项目为用人单位招聘信息中对能力描述较明确的项目，其中独立工作能力、多任务和优先次序技能、灵活性和客户服务、管理能力4项仅在国外用人单位招聘信息中出现，财务会计与报告、分析能力仅在国内用人单位招聘信息中出现，其他22项能力在国内外用人单位招聘信息中都有不同的需求。究其原因，经济全球化带来了信息交流的全球化，同时亦促使会计用户全球化，因而各国对会计人员必备能力的要求必然具有共性。

2.随着经济发展，国内外用人单位对会计人员能力的要求普遍提高

表4-1“国内外用人单位招聘信息统计表(2005年)”中涉及的能力共有18项，其中国内外用人单位共同关注的会计人员能力有13项。表4-2“国内外用人单位招聘信息统计表(2010年)”中所涉及的能力项目共27项，其中国内外用人单位共同关注的会计人员能力有22项。随着经济发展，国内外用人单位对会计人员能力的要求普遍提高。

经济越发展，会计越重要；经济改革越深入，会计工作越复杂，会计责任越加重。特别是我国加入WTO后，许多大企业纷纷向国外拓展业务，其复杂性与日俱增，为此，对会计人员的能力的要求也有所提高。尤其是在经济全球化的今天，对会计从业人员的综合能力提出了新的更高的要求。

其实，在1998年，荆新、王建英也曾就用人单位对会计毕业生能力需求和现状进行调查(阎达五，2000)，其调查结果表明：用人单位在招聘中最看中的会计毕业生的能力是会计人员的日常会计操作能力(21.79%)和工作经历(20.51%)，其次分别为所学专业(16.67%)、判断应变(12.82%)、电脑操作(10.26%)、组织管理(8.97%)、语言文字表达(5.13%)、外语(3.85%)、人际沟通(2.56%)等。

相比可知，我国实务部门对会计人员应具备的能力项目要求随着经济的发展逐年增多，而且对会计操作层面的能力需求有所下降，职业技能和职业价值观的需求呈上升趋势。由此可见，随着经济的发展，实务界对会计人员的能力提出了更高的要求。

3. 国外用人单位对会计人员能力要求提高

表 4-1“国内外用人单位招聘信息统计表(2005 年)”中所列的 18 个能力项目中，分析解决问题能力、交际能力、表达能力和关注细节能力等 4 项仅在国外用人单位招聘信息中出现。表 4-2“国内外用人单位招聘信息统计表(2010 年)”中所列的 27 个能力项目中，独立工作能力、多任务和优先次序技能、灵活性及客户服务与管理能力等 4 项仅出现在国外用人单位招聘信息中。2005 年我国用人单位未提出分析解决问题能力、交际能力、表达能力和关注细节能力等 4 项要求，在 2010 年统计信息中发现，我国用人单位也已开始关注这些能力要求，但对这四项能力提出要求的单位不多，而且也主要在高级、中级会计人员的招聘中有所要求。如，分析解决问题能力，仅有 12%的用人单位要求高级会计人员应具备此项能力，有 20%的用人单位要求中级会计人员应具备此项能力，仅 3%的用人单位要求初级会计人员应具备此项能力；交际能力，仅有 15%的用人单位要求高级会计人员应具备此项能力，有 2%的用人单位要求中级会计人员应具备此项能力，仅 1%的用人单位要求初级会计人员应具备此项能力。可见，我国的用人单位对会计人员的总体要求不如国外用人单位高。这一现象其实也印证了我国会计人员在公司仍然主要从事财务部门的日常工作，其业务主要局限于财务部门内部的常规工作，而对其他部门业务的参与程度相对有限。因此，是否具备交际能力、表达能力及分析解决问题等能力对其工作并没有太大影响。

表 4-1 和表 4-2 中所列“能力要求”项目所列的能力要素只是国内外用人单位招聘信息中对拟聘人员能力要求的主要项目。根据统计结果，国外用人单位还关注会计人才的挑战精神、预测能力、公共领域背景、主动精神、自信心、是否具有国家律师协会的准入资格、是否精力充沛等。

(二)国内外用人单位招聘中最重视会计人才的工作经验

会计是一项实践性很强的技术工作，会计人员既要掌握现代会计、财务、税法、金融、财政、计算机理论和技术，又要具有一定的实践工作经验。丰富的工作经验已成为用人单位衡量会计人才能力的一个主要标准。国内外用人单位都要求会计人员具备一定的工作经验，所指经验主要包括会计、审计、理财等相关工作经验。从图 4-1 可知，用人单位很注重会计人员的经验，要求应聘人员应具有一定的经验。随着经济的发展，越来越多单位开始关注会计人员的工作经验，无论是国内还是国外。2005 年，分别有 90%、89%和 85%的国内企业招聘信息要求拟聘人员应具备工作经验，而 2010 年分别有 96%、99%和 93%的国内企业单位要求拟聘人员应具备工作经验。这一信号表明，随着经济的发展，用人单位对会计人才的经验要求越来越高。国外用人单位同样关注会计人员的工作经验，但国内用人单位更注重对应聘者的经验的考核。从图 4-1 可知，招聘越高层次的会计人员，对工作经验的要求越来越高。2010 年，要求应聘者必须具备工作经验的单位越来越多。国内外用人单位对会计人员的经验要求越来越高，而且从招聘信息看，拟聘职位越高对工作经验要求(如年限、行业等)也越高。国内外用人单位一般都要求应聘高级会计人才者应有 10 年左右的工作经验及一定的财务领导工作经验。一般而言，具有几年的财会实践工作经验，并取得一定会计职业资格(如 CPA、CCA、CGA 等)证书的中高级会计人才，会备受市场的青睐。这也是近年来参加国内和国际公共会计师(如 CPA、ACCA、CGA)考试人数不断增加的原因之一。各国公共会计师资格取得都要求在会计、审计等相关领域内取得一定年限的工作经验，这也从另一侧面反映出工作经验对会计工作的重要性。

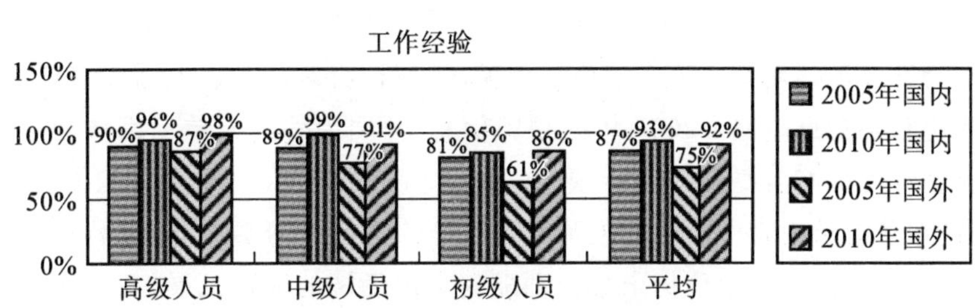

图 4-1　“工作经验”柱状图

(三)国内外用人单位对拟聘会计人才的受教育程度颇为关注

根据图 4-2“学历要求柱状图”，2005 年国内外分别有平均 85%和 58%的用人单位要求应聘者应具有一定的学历或学位。从不同级别的会计人员招聘信息看，国内外分别有 82%和 70%的用人单位要求拟聘高级会计人员必须具有一定学历或学位；国内外分别有 88%和 67%的用人单位要求拟聘中级会计

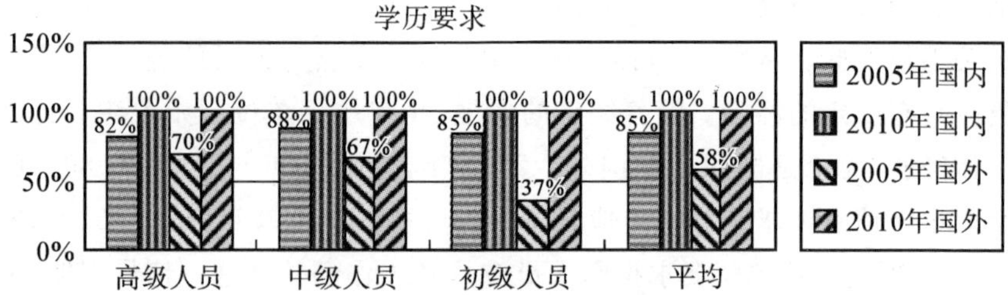

图 4-2 “学历要求”柱状图

人员必须具有一定学历或学位；国内外分别有 85％和 37％的用人单位要求拟聘高级会计人员必须一定学历或学位①。2005 年的统计结果显示，国内用人单位对各级会计人员的学历或学位要求均比国外高。2010 年的招聘信息显示，国内外用人单位 100％关注各级会计人员的学历、学位。学历、学位可从一个方面反映一支职业队伍的整体水平，特别是会计这种对专业知识和专业判断能力要求甚高的职业。用人单位这一招聘信号说明，受到日益繁荣的经济且日益复杂的经济业务的影响，实务界对会计人员的专业水平提出了更高的要求。

从图 4-3 到图 4-4 可知，分别有 64％和 62％的用人单位要求高级会计人才必须具备本科以上学历，而分别只有 2％与 7％的用人单位认为高级会计人员必须具备硕士学位，到了 2010 年，国内外分别都只有 4％的用人单位认为高级会计人员必须具备硕士学位。可见，当前社会对硕士以上高级会计人员需求仍只是初见端倪。2005 年的招聘信息中，国内外用人单位都认为中级、初级会计人员不需要具备会计硕士学位，而到了 2010 年，也分别只有 3％和 2％的单位要求招聘中级会计人员时要注意应聘者是否具有硕士学位。这一现状说明，我国用人单位仍未意识到随着中国经济的快速发展，高层次、国际型会计人才的巨大缺口已经成为威胁中国企业走向世界的最大的不利因素。从我国经济的发展需要看，高层次的会计人才仍然奇缺。一方面是应用型高端会计人才在国内的匮乏，另一方面则是低层次会计从业者的泛滥。会计教育不得不面对“何去何从”的问题。针对我国高级会计人才匮乏的局面，应加强会计专业硕士的培养。

① 从 2010 年的招聘信息看，企业已日益开始关注全日制的学历。

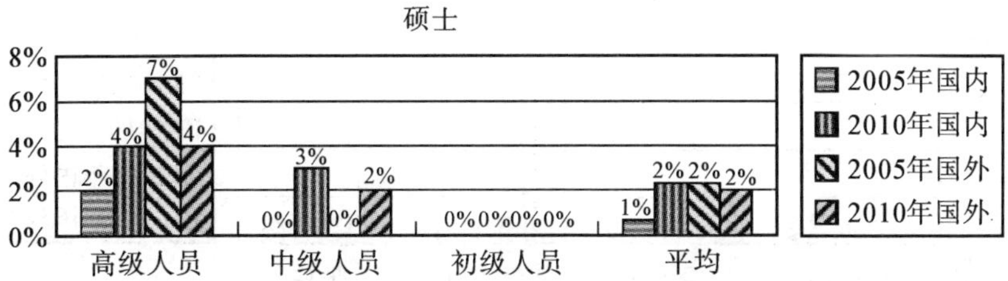

图 4-3 “学历要求—硕士”柱状图

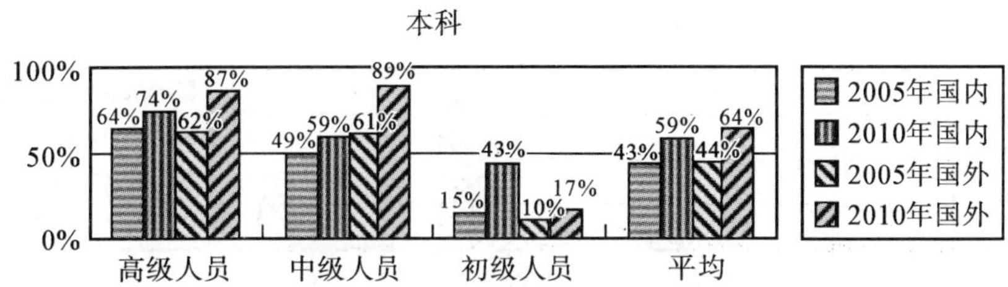

图 4-4 “学历要求—本科”柱状图

从用人单位对学历的要求看，我国的用人单位都偏好全日制学历。这一现象一定程度上说明了实务界对非全日制学历的认可度不高，这无疑是用人单位对我们非全日制教育质量的质疑。

从图 4-5、4-6、4-7 可知，对大专与中专学历提出要求的主要是国内的企业在招聘初级会计人才时。初级会计人员在企业中主要从事基础性的财务工作，并不需要职业判断。

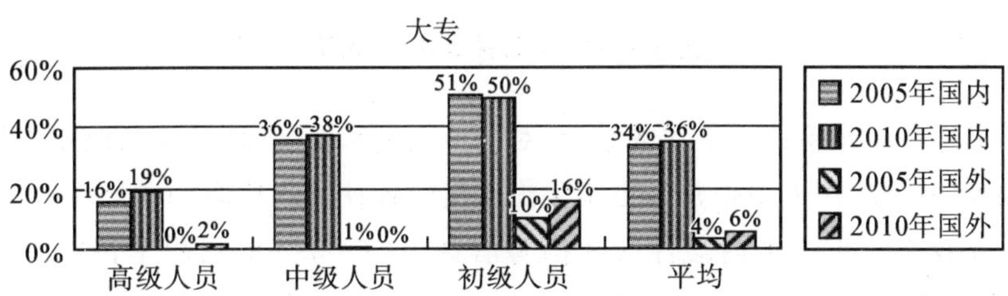

图 4-5 “学历要求—大专”柱状图

图 4-8 表明，用人单位还允许非会计专业人员从事会计相关工作，主要是国外用人单位在招聘初级会计人员时的准入条件。会计相关专业的要求与“四大”会计公司校园招聘中给予非会计专业学生同等待遇是一样的思路，这

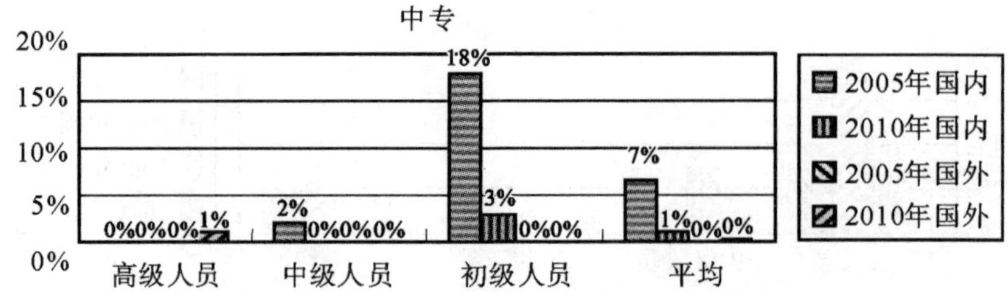

图 4-6 “学历要求—中专”柱状图

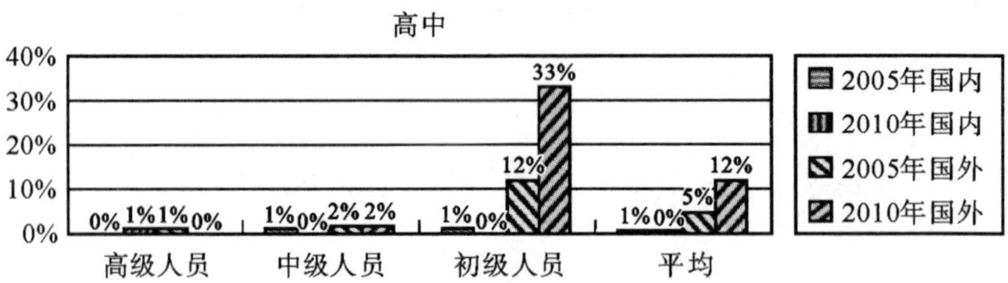

图 4-7 “学历要求—高中”柱状图

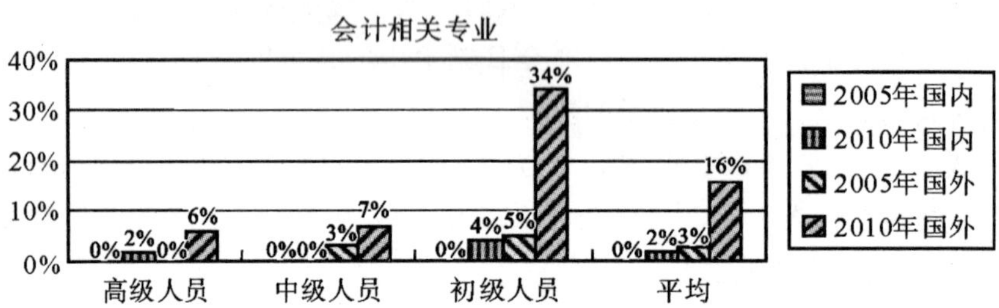

图 4-8 “会计相关专业”柱状图

一情况也进一步验证了下文的结论:对会计人员来说,会计专业知识并非其从业的唯一门槛,用人单位常常也很关注学生的各种职业技能。

在我们收集的国内会计人才招聘信息中,有 22%的招聘单位仅对拟聘高、中级会计人才的学历和经验有所要求,有 17%的用人单位仅对拟聘初级会计人员的工作年限和学历有所要求。可见,我国实务界对会计人才能力的大小的判断很大程度是通过其所受教育来评价的。而且,国内外的招聘信息都表明,职位越高,要求的学历也越高。

教育是会计人员获得专业知识的重要途径,而扎实的专业知识影响着会计人员的业务胜任能力。此外，会计人员某些先天素质缺陷也可以通过后天学习得到不同程度的补偿，从而发展他们在工作中所需要的业务胜任能力。知识是职业的一个本质特征，我国实务界已领悟到大学会计教育对会计职业的重要性。在我国的招聘信息中，大部分用人单位都注明本科学历必须是全日制财经类专业。可见，我国成人会计教育的质量并未得到社会的广泛认可。国外的招聘信息对专业的限制不如国内明显，究其原因，主要是会计的范围不断扩大，国外实务界已意识到会计人员应具备的各项非专业性知识和技能在执业过程发挥的重要性已经越来越大。

（四）国内外用人单位都关注会计人员的计算机能力

由图4-9可以看出，2005年，国内分别有17%、38%和50%的用人单位要求高级、中级、初级会计人员应具有一定的计算机能力；2010年，分别有25%、60%和51%的用人单位要求高级、中级、初级会计人员应具有一定的计算机能力。可见，在我国，会计人才的层次越高，对其计算机能力的要求越低。2005年，国外分别有39%、48%和9%的用人单位要求高级、中级、初级会计人员应具有一定的计算机能力。可见，相对于初级会计人员，国外用人单位对中、高级会计人才的计算机能力要求较高。2010年，更多用人单位要求会计人员具备计算机能力，国外分别有50%、81%和77%的用人单位要求会计人员应具备计算能力，且对高级会计人才的计算机能力要求较高。2005年，国外分别有39%、48%和9%的用人单位要求高级、中级、初级会计人员应具有一定的计算机能力。可见，相对于初级会计人员，国外用人单位对中、高级会计人才的计算机能力要求较高。

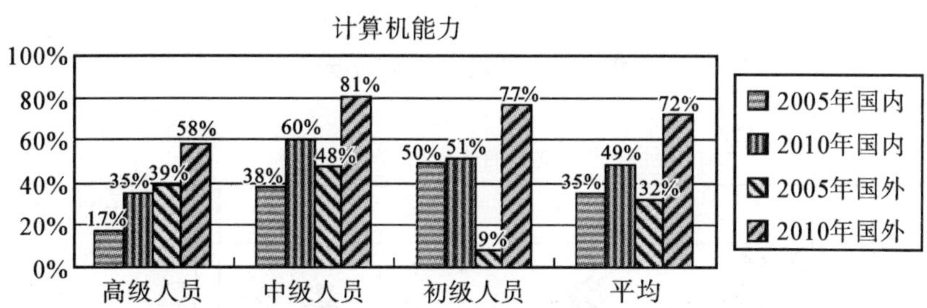

图4-9　“计算机能力”柱状图

对计算机能力的要求同社会发展的需求相一致，随着市场经济的高速发展，信息技术的不断更新，对会计人才的计算机能力要求越来越高。从统计数据看，国内更多用人单位要求会计人员具备计算机能力，但国内外对各级会计人员应具备的计算机能力的要求差距较大。国外用人单位所要求的计算机能力主要指应具备网络知识，熟悉数据库管理、电子商务、ERP 系统的运用，熟练应用 Word/Excel 等各类办公软件等计算机能力。而国内用人单位对计算机能力的要求通常只停留在电脑操作能力层面，如熟练操作财务软件、办公软件等。随着商务电子化的增加，财务人员需要掌握尽可能多的电脑和 IT 知识，不仅仅是了解他们的技术应用，更要能够评估他们对公司发展的价值。

(五)国内外用人单位均青睐具有会计职业资格证书的会计人才

分析表明，国内外用人单位均对具备各种会计职业资格证书的会计人才感兴趣。由图 4-10-1 和图 4-10-2 可以看出，2005 年，国内外分别有平均 10% 和 18%的用人单位关注中、高级会计人才的职业资格。2010 年，国内有 51% 的用人单位要求高级会计人员应具备职业资格(其中有 3 家用人单位明确表示拟聘人员要有 ACCA 等国际会计师职业资格证书)，有 9%的企业在招聘高级会计人员时提出具备 CPA 或相当资格证书者优先录取。国外有 28%的用人单位在招聘高级会计人才信息中注明应聘者要有职业资格，8%的用人单位表明拥有职业资格可优先录取。

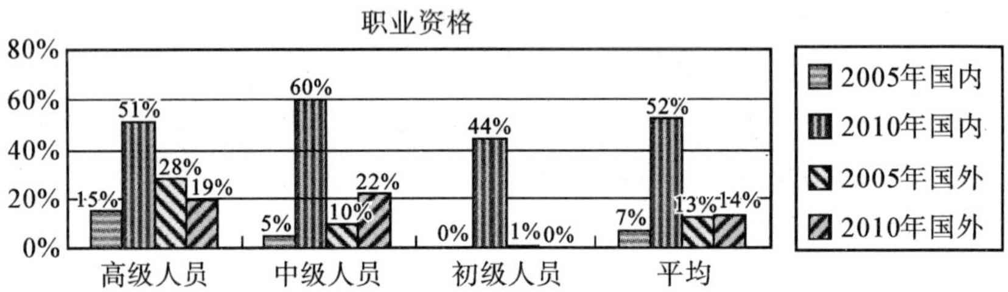

图 4-10-1 "职业资格"柱状图

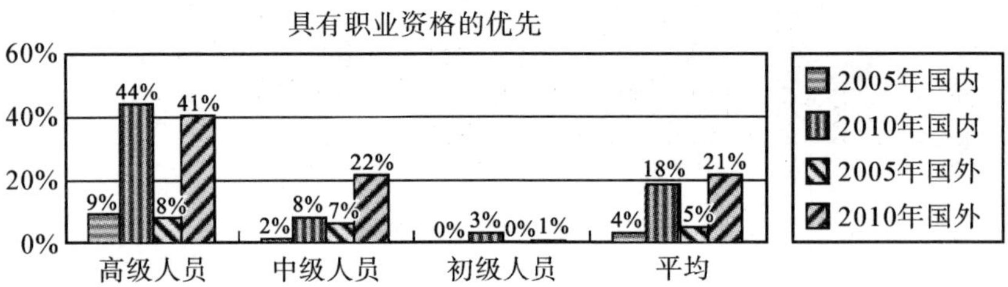

图 4-10-2 "职业资格优先"柱状图

这种情况表明，企业对高级会计人才的能力及知识的要求越来越高。在一定程度上，社会已认识到会计职业在改变和扩展，因而日益复杂。企业已逐渐认识到经过严格考试所获取的职业资格证书是会计人员承担社会责任的保障，也是会计人员恰当发挥作用的前提。各类职业资格证书已成为会计人员执业能力的证明。在全球经济一体化时代，加入 WTO 的中国对国际化会计人才的需求量增大，中国目前缺乏熟悉国际惯例、熟练掌握外语、拥有国际资格证书、能够直接参与国际谈判的专业人才。对 ACCA 等“洋证书”的青睐，说明了中国企业在竞争激烈的国际环境中对国际化会计人才的需求。

(六)国内外用人单位都注重会计人员的专业知识

会计专业知识是从事会计工作的基础。由图 4-11 中的国外招聘信息显示，2005 年分别有 32%、23%和 16%的用人单位要求高、中、初级会计人员应掌握一定的专业知识，2010 年分别有 86%、68%和 6%的用人单位要求高、中、初级会计人员应掌握一定的专业知识，其中大部分用人单位尤其强调对公认会计原则(GAAP)的了解，部分用人单位还强调会计人员的税收知识，这实际上表明了企业的纳税及其筹划意识。

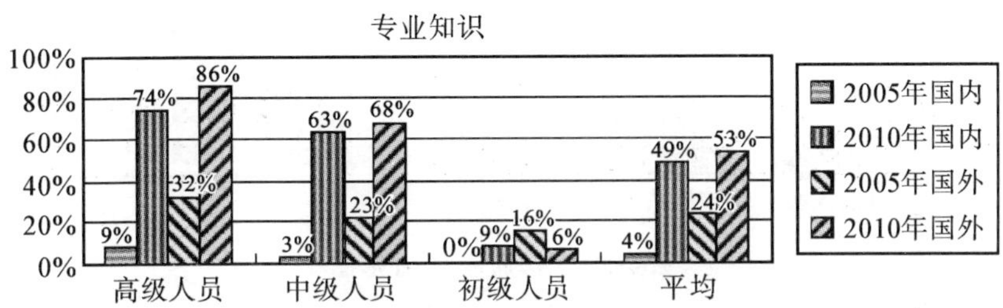

图 4-11　“专业知识”柱形图

国内招聘信息显示，2005 年分别有 9%、3%和 0%的用人单位要求高、中、初级会计人员应掌握一定的专业知识。长期以来，我国会计行业只重视工作年限与经验，不注意理论素养成了中国会计行业发展的一大顽疾。但我国大部分企业要求拟聘会计人才必须接受过财经类本、专科的专业教育，这实际上关注的也就是专业知识的获取。2010 年的招聘信息表明分别有 74%、63%和 9%的用人单位要求高、中、初级会计人员应掌握一定的专业知识。

相比较 2005 年的招聘信息，2010 年国内外用人单位对会计专业知识都提出了更高的要求。从实际工作来看，会计专业由于其极强的专业技术性特点使其与其他的管理专业明显区分开来。会计工作具有高度的技术性和复杂性，从经济信息的采集、会计信息的处理方法和报告方法，到成本的计算、内部控制的实施和审计的运用，等等，无不需要专门的技术知识。还值得注意的是，会计与工程技术等专业一样拥有和执行专业(行业)技术标准，甚至是国际专业技术标准——如公认的“国际会计准则”和“国际审计准则”。显然，会计工作需要掌握专门的技术和方法、熟悉专业技术标准的专门人才。

(七)国内外用人单位都要求会计人才应具备多种能力

1. 2005 年和 2010 年国内外用人单位共同关注的能力

图 4-12 到图 4-15 表明，国内外用人单位都要求会计人才必须具备一定的沟通能力、团队精神、写作能力，高级会计人才还应具备一定的领导能力，这些职业技能是具有长期发展价值的能力。曾有人调查了《财富》杂志 500 强企业的主管对会计毕业生所必须具备的技能的理解。这些主管人员认为随着时间的逝去，会计毕业生会计知识的重要性在减弱，而沟通技术及团队技术的重要性在不断增强。

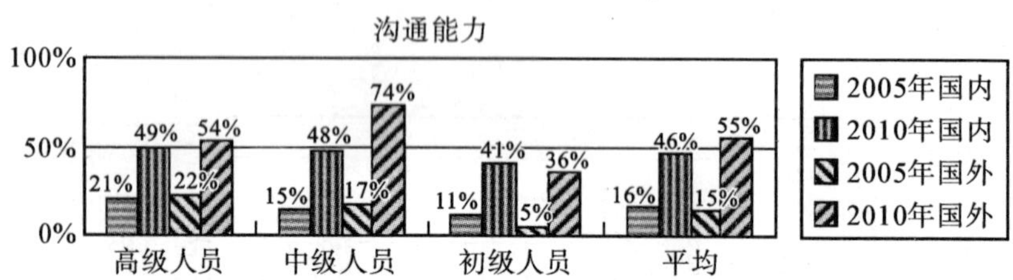

图 4-12 “沟通能力”柱形图

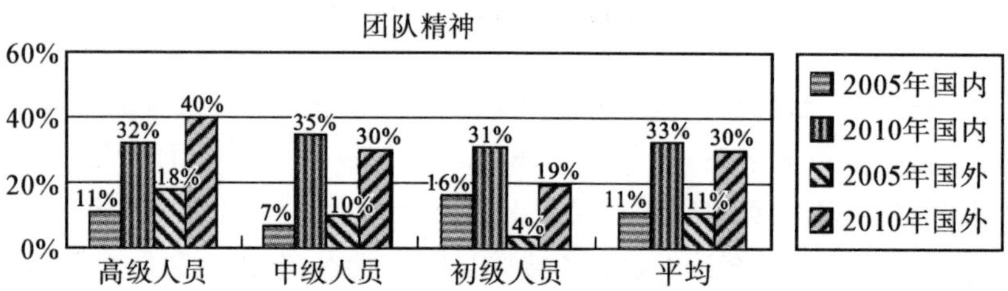

图 4-13 “团队精神”柱形图

2. 2005 年仅国外用人单位关注，但 2010 年国内用人单位也予以关注的能力

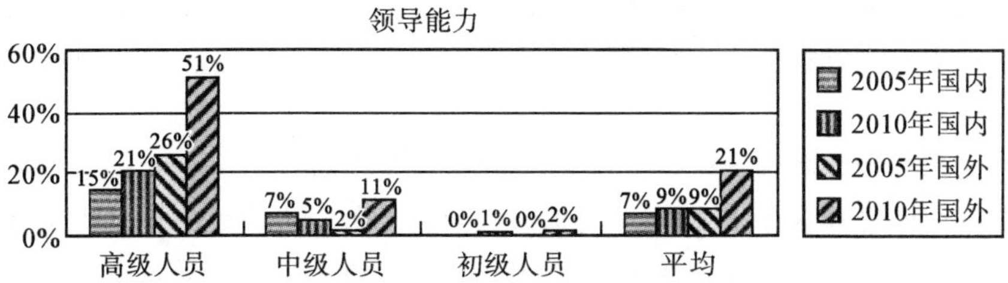

图 4-14　“领导能力”柱形图

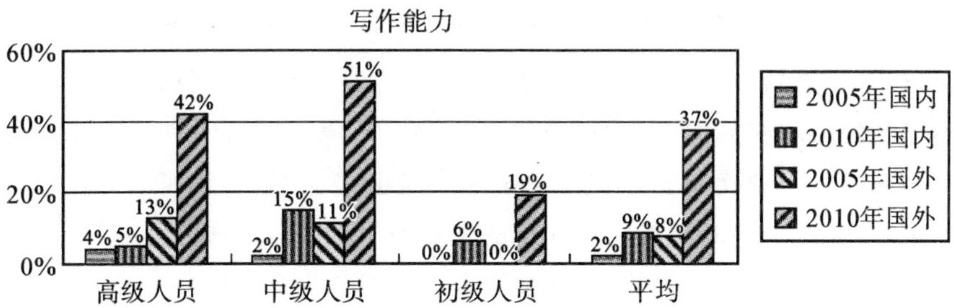

图 4-15　“写作能力”柱形图

(1)分析解决问题能力

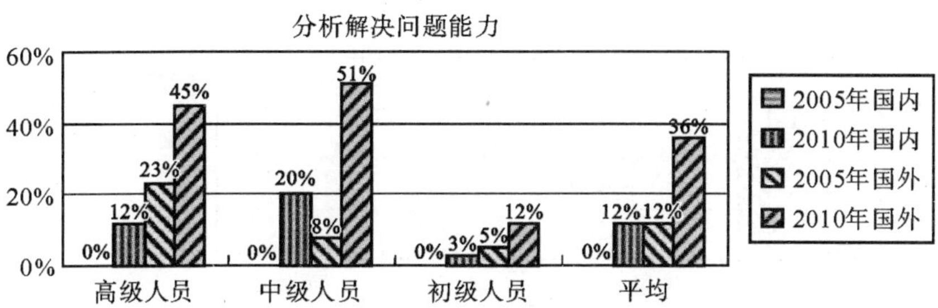

图 4-16　“分析解决问题能力”柱形图

根据图 4-16“分析解决问题能力”柱形图统计结果表明，2005 年国外用人单位对会计人才的分析解决问题能力就较为关注，分别有 23％、8％和 5％的用人单位要求高级、中级和初级会计人才必须具备较强的分析解决问题能力。到 2010 年，国外分别有 45％、51％和 12％的用人单位要求高级、中级和初级会计人才必须具备较强的分析解决问题能力。面对瞬息万变的社会，会计人员应具有较强的解决疑难业务问题的能力，应能及时发现问题，并提出解决关键问题的措施、方法。解决问题不仅是高级会计人员的事，即使最初级的会计人员也应有能力解决日常的、非日常的会计处理问题。我国企业在2005年尚未认识到会计人员的分析解决问题能力的重要性，可能由于当时我国会计人员的工作还主要局限于常规的财务工作，即使是高级会计人员也仍是以负责财务部门的日常运作为主，企业尚未意识到财务负责人应成为企业决策者之一。5年来，中国的经济又上了一个台阶，已经有部分企业开始认识到会计人员特别是高级、中级会计人员应具备较强的分析解决问题能力。

(2)交际能力

由图4-17可以看出，国外用人单位对会计人才的交际能力较为关注，2005年分别有24%、16%和10%的用人单位要求高级、中级和初级会计人才必须具备较强的交际能力，2010年更多用人单位要求高级、中级会计人员应具备交际能力。现代社会分工越来越细，越来越复杂，职务越来越专业化。而我国企业在2005年尚未意识到社会的发展及社会分工的变化已经对会计人员的工作性质产生了很大的影响，会计人员必然会与企业的每一个人打交道、与企业外部打交道，他们需要具备人际交往能力与合作能力，才能完成自己的专业工作和与之相关的创新工作。2010年的统计信息表明，国内已有15%的用人单位开始关注高级会计人员的交际能力。

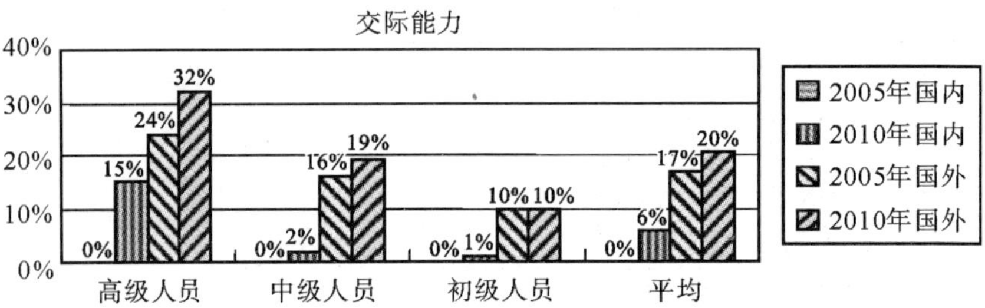

图4-17 “交际能力”柱形图

(3)表达能力

根据图4-18“表达能力”柱形图，国外用人单位对会计人才的表达能力较为关注，2005年分别有18%、11%和1%的用人单位要求高级、中级和初级会计人才必须具备较强的表达能力，2010年分别有42%、8%和18%的用人单位要求高级、中级和初级会计人才必须具备较强的表达能力。我国的企业至2010年才开始关注会计人员的表达能力。

表达能力是指用口头语言来表达自己的思想、情感，以达到与人交流的目的的一种能力。在现代社会，由于经济的迅猛发展，人们之间的交往日益频繁，语言表达能力的重要性也日益增强。会计人员应具备简要、深入、准确地陈述会计事项、问题和观点的能力。但笔者认为，表达能力实际上是交际能力的前提，具有良好的交际能力的人，必然具备良好的表达能力，其只是交际能力的“子能力”。

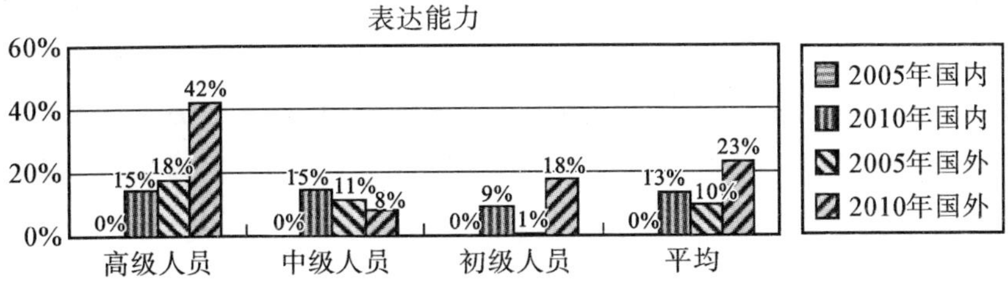

图 4-18　“表达能力”柱形图

(4)关注细节

图 4-19 表明，国外用人单位要求会计人员应能注重细节(attention to detail)。2005 年国外平均有 6％的用人单位强调会计人员应关注细节，而我国的用人单位尚未有此意识。2010 年，我国平均有 16％的用人单位强调会计人员应关注细节。会计人才从事精密的财会管理工作，会计工作与数字为伍，工作内容很细微却往往责任重大，因此必须细心谨慎。关注细节是所有财务从业人员的一项基本素质和要求，唯有如此才能将数字核算准确。关注细节要有高度的数字敏感性，这样才能从枯燥的数字中敏锐地捕捉出经营中的有效信息及不和谐之处。

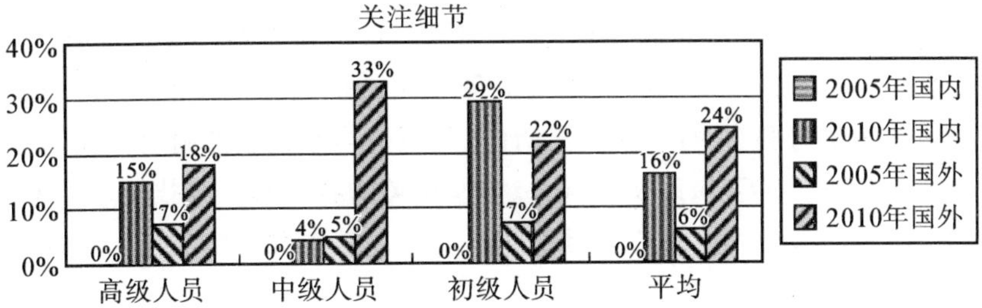

图 4-19　“关注细节”柱状图

3.2010 年国内外用人单位共同关注的新增能力①

根据表 4-2“国内外用人单位招聘信息统计表(2010 年)”,与 2005 年的招聘信息相比,国内外用人单位都对会计人员提出了新的能力要求:组织协调能力、学习能力、承压能力、项目管理技能、适应出差(readiness for business trips)等能力。

(1)组织协调能力

根据图 4-20“组织协调能力”,国内外用人单位都认为中级会计人员更应具备组织协调能力,其次是高级会计人员。究其原因,可能是由于用人单位认为高级会计人员应在公司决策层面发挥更好的作用,只有中层人员才需要负责具体业务并组织协调好各项工作。我国只有 1%的用人单位要求初级会计人员应具有组织协调能力。

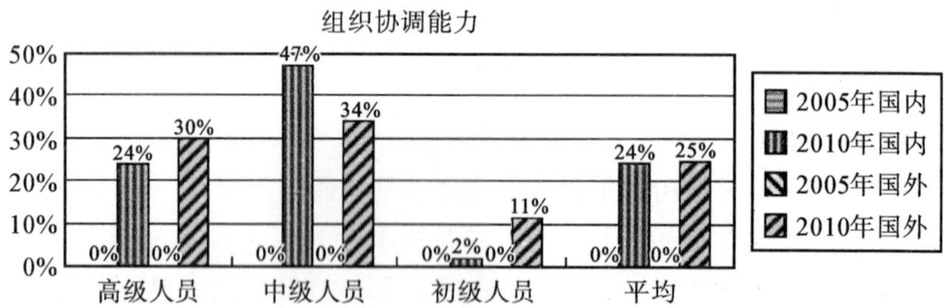

图 4-20 “组织协调能力”

(2)学习能力

根据图 4-21,我们知道国内外用人单位要求会计人员应有较强的学习能力,而且对中级会计人员的学习能力较高级人员要求得更多。国外用人单位对初级会计人员的学习能力要求也高于对高级会计人员的要求。我国用人单位较关注高级会计人员的学习能力,对初级人员的学习能力不予关注。信息经济飞速发展的时代,对于高素质人员最严峻的挑战和机遇就来自于对新知识、新问题的学习和解决的能力。会计人员更应当掌握新的财会法规、新的财务、会计、审计技术手段,以及与行业、企业相关的各类知识与技能。除了对财务专业知识的学习之外,还有对其他相关专业的熟悉和了解。

① 所谓新增是指与 2005 年的招聘信息相比较。下同。

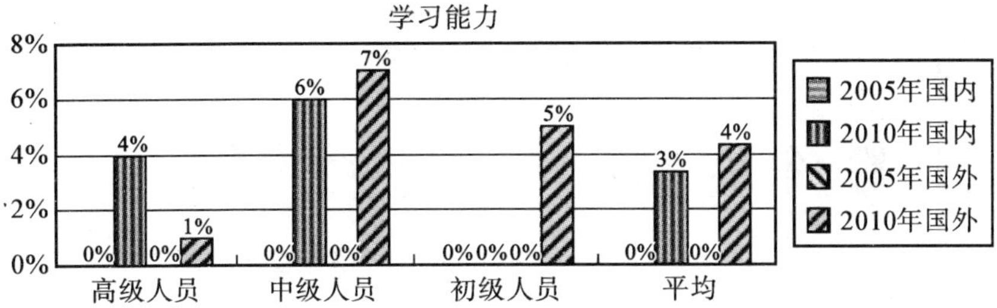

图 4-21 "学习能力"

(3)承压能力

根据图 4-22,国内外用人单位要求会计人员具备较强的承压能力。相对而言,国内外用人单位最为关注的是中级会计人员的承压能力,其次是高级会计人员承压能力。国内用人单位甚至对初级会计人员的承压能力不予以关注。可能是由于中级会计人员在企业中承担了大量具体的工作,承受压力自然会大些。会计人员承受种种的压力,有来源于组织的压力,来源于会计环境的压力,还有来源于会计人员自身的压力。会计人员承受的压力较大时,导致会计人员工作中出现不规范、不合法的会计行为。会计管理部门开展压力管理工作,会计人员学习化解压力,可以减轻、化解所承受的压力,创造和谐工作氛围,有助于提高会计工作质量。

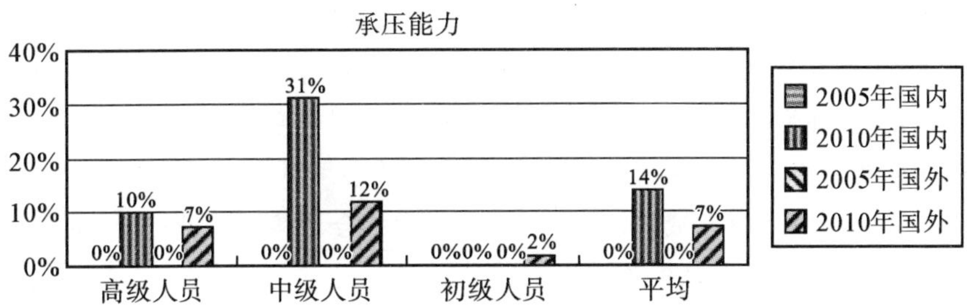

图 4-22 "承压能力"

(4)项目管理技能

根据图 4-23,我们知道 2010 年的招聘信息中出现了"项目管理技能"的要求。国外用人单位对高级及中级会计人员的项目管理技能提出了需求(二者均有 11%的比例),国内有 12%的用人单位也对高级会计人员的项目管理技能提出了需求,但仅有 1%的单位对中级会计人员的项目管理技能提出需求。

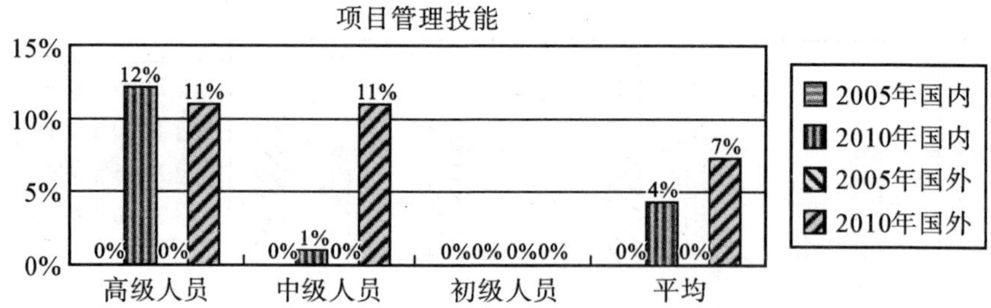

图 4-23 “项目管理技能”

国内外用人单位在初级会计人员招聘中都未提出“项目管理技能”的需求。可见,“项目管理技能”是一项中高层次的能力需求。

项目管理领域在当今工业发展和工业管理中占据着很重要的地位。在西方发达国家,项目管理从 20 世纪 50 年代开始兴起并逐步发展成为一个内容广泛、方法科学和体系完整的应用领域。相比之下,国内在这一领域中,无论从理论还是实践上都比较落后。当前,由于日益广泛的国际交往与合作,项目管理的重要性已经被各方所重视,推广项目管理的紧迫性已经被各方所意识。列作项目管理的一般是指技术上比较复杂、工作量比较繁重、不确定性因素很多的任务或项目。

财务人员在项目管理的过程中起着举足轻重的作用:从财务总监(或 CFO)作为企业高级管理层的成员角度看,其本身就是项目管理领导小组的成员之一;从财务与会计作为项目管理中的一项重要内容看,会计工作贯彻项目管理的始终,并发挥着必不可少的作用。财务人员在项目的成本管理中扮演着极其重要的作用。在项目管理状态下的会计必须具备足够的实务经验;熟悉成本费用、存货、财务成果、债权债务等方面的会计核算业务;掌握基本的财务管理知识,因而对会计人才的要求较高。

(5)适应出差

图 4-24 表明,国外分别有 15%和 17%的用人单位要求高级和中级会计人员能够适应出差,国内有 6%的用人单位要求高级和中级人员能够适应出差。现代会计已经不是传统意义上的账房先生,记账、算账只是其日常工作的一部分。参与经济预测与决策已成为企业会计的一项重要任务。企业会计与业务协同办事,与相关人员前往业务单位订合同、对账或收款,考查业务事前策划或需要会计人员办理的其他事项,都可能需要会计人员出差。比如,在项

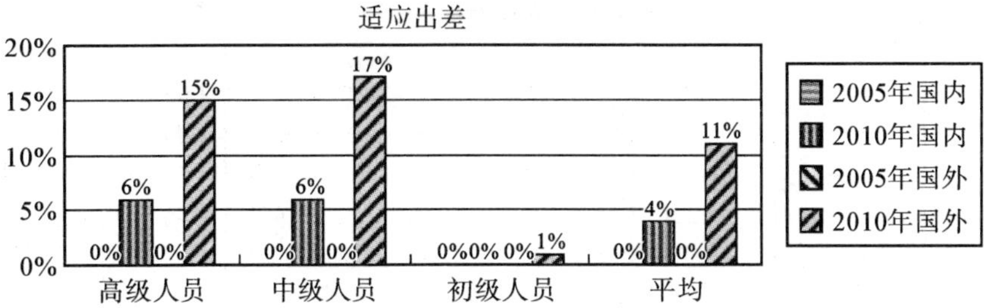

图 4-24 “适应出差”

目管理过程中，会计可能就面临经常要出差的可能。

4.2010 年仅国外用人单位关注的新增能力

分析表 4-2，发现国外用人单位要求会计人员应具备独立工作能力、多任务和优先次序技能(multi-tasking and prioritization skills)、灵活性、客户服务和管理能力。虽说对这些能力提出要求的客户不多，但至少提供给我们一种信号，国外用人单位对会计人员的要求是越来越高，尤其是高层会计人员需求的能力越来越多。这也进一步说明了经济越发展，会计越重要；交易与事项越复杂，会计工作也越复杂，对会计人员的要求也越高。图 4-25 至图 4-28 直观地描绘了用人单位对这些技能的需求程度。

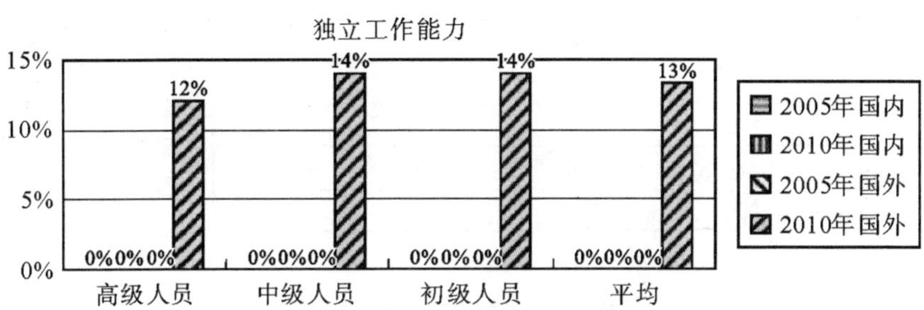

图 4-25 “独立工作能力”柱状图

5.我国用人单位更关注会计人员的外语能力

图 4-29 表明，2005 年的招聘信息上，我国平均有 9%的用人单位要求会计人员精通外语，国外用人单位对应聘人员并无此项目要求。由于我国参与世界经济的程度日益加深，国内企业与外国企业、跨国集团的业务往来增多，需要会计人员具备一定的外语水平。精通外语是会计人员国际化的必要条

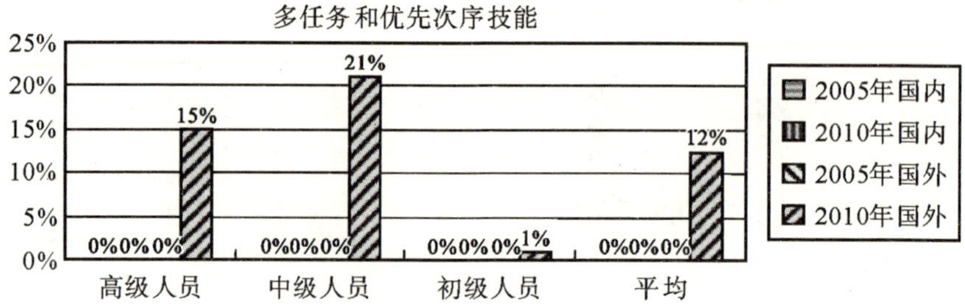

图 4-26 “多任务和优先次序技能”柱状图

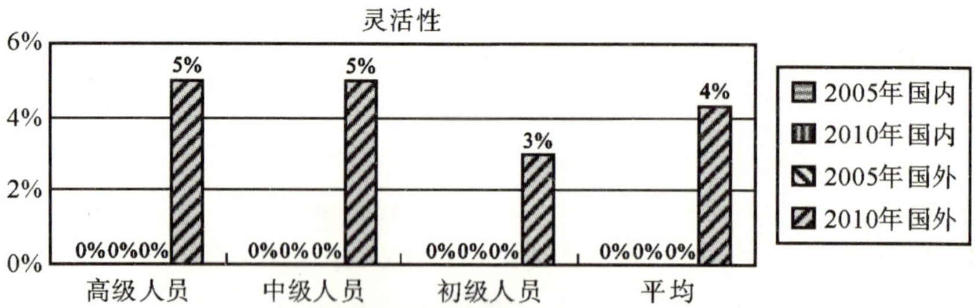

图 4-27 “灵活性”柱状图

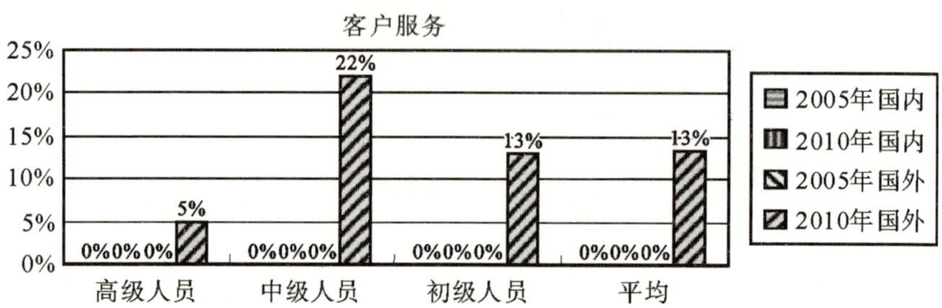

图 4-28 “客户服务”柱状图

件。加入 WTO 和国际竞争的不断加剧，对会计国际化程度要求越来越高，对会计人员的外语能力的要求也越来越高。不懂外语，将会给对外经济往来带来诸多不便，甚至会错失许多经济合作良机。会计人员必须具备外语听、说、读、写能力，以适应会计国际化的要求。2010 年的招聘信息显示，国内用人单位对各级会计人员的外语能力要求更高了，尤其是对具体办理各项业务的中级会计人员的外语要求。国外也有用人单位对应聘人员的外语能力提出了需

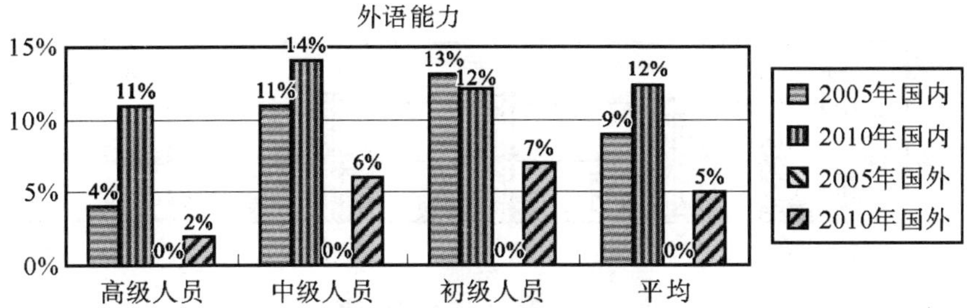

图 4-29 "外语能力"柱状图

求。应该说,经济全球化后,各国资本之间的流动加强了,而且现在资本流动是双向的,因此不可避免地会遇到与本国以外的企业与个人打交道,不可避免地要用到外语。

6. 国内外用人单位对会计人才的传统财务会计与报告业务能力的要求有所差别

表 4-1 显示国外招聘信息对高、中级会计人才的传统财务会计与报告业务能力几乎不作要求,而有 11%的用人单位要求初级会计人员应有一定的业务能力。对比而言,我国分别有 25%、17%和 15%的用人单位对拟聘高级、中级、初级会计人才的业务能力有所要求。这在一定程度上说明了在我国实务界,仍有很大部分高、中级会计人才还在从事传统的财务会计工作。据上海国家会计学院中国 CFO 能力框架研究课题组问卷结果,CFO 主要负责财务部门的日常运作。而国外高层会计人员所从事的不再是简单的日常财务运作。这从一个侧面反映出国内外会计角色的任务不尽相同。我国会计人员的角色也要转换,特别是高级会计人员将从核算型向管理型转型,会计人员必须具备的主要能力不再仅仅是业务能力。

表 4-2 显示,国外用人单位未对"财务会计与报告、分析能力"提出任何要求。其实,作为会计人员,不论是高级、中级还是初级,他都必须具备财务会计与报告、分析能力,之所以在国外招聘信息中均未出现,笔者认为,国外用人单位认为这一功能是所有会计人员应具备的基本功能或能力,是作为一个会计人员的最基本的条件,所以在招聘要求中无需列出。

(八)国内外用人单位都要求会计人才应具备一定的职业价值观

社会对会计职业有很高的期望。职业价值、道德与态度影响着会计人员的工作。图 4-30 表明,2005 年统计信息中,国内外分别有平均 9%和 4%的用

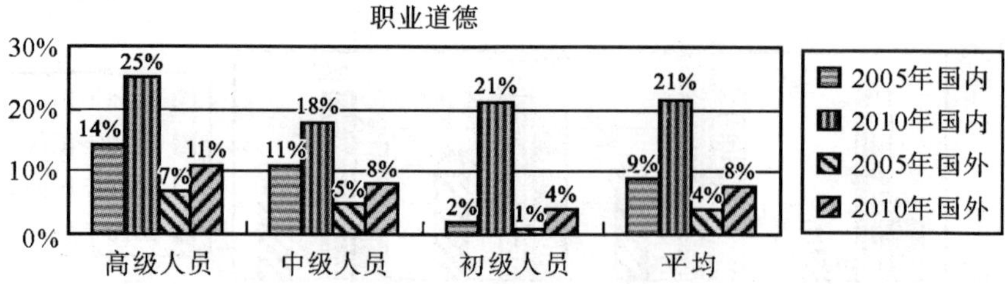

图 4-30 “职业道德”柱状图

人单位要求会计人员应具备职业道德。2010 年的招聘信息中，国内外分别有平均 21%和 8%的用人单位要求会计人员应具备职业道德。良好的职业道德是会计承担社会责任的重要保证。比较国内外招聘信息，我国用人单位对会计人员的工作态度和责任心要求较高，国外用人单位则要求会计人员应能注重细节(attention to detail)。会计人才从事缜密的会计工作，工作内容虽然细微却往往责任重大，因此必须细心谨慎，具备较强的责任心。

图 4-31 表明，2005 年和 2010 年的两次招聘信息统计结果都显示，国内外用人单位都较关注会计人员对法规的熟悉程度，尤其是对高级和中级会计人员。随着经济的进一步发展，更多的用人单位要求会计人员应熟悉法律、法规。法制意识是维护社会主义市场经济秩序，在法律的范围内进行经营活动的重要前提。会计工作不只是单纯的记账、算账、报账工作，会计工作时时、事事、处处涉及执法守规方面的问题。会计人员不单自己应当熟悉财经法律、法规和国家统一的会计制度，还要能结合会计工作进行广泛宣传；做到在自己处理各项经济业务时知法依法、知章循章，依法把关守口，对服务和监督对象则能够进行会计法制宣传，增强他们的法制观念，帮助他们辨明法律上的是与非，促使他们在日常经济活动中依法办事，避免不轨行为。

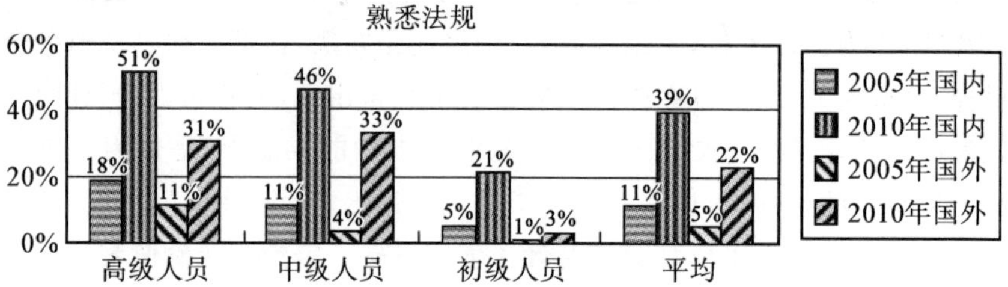

图 4-31 熟悉法规

其实在2010年的招聘信息统计中，笔者发现，在国外用人单位对拟聘高级会计人员的要求中，有部分用人单位会提出，应聘人员最好能具有研究能力（但不作为必要条件）。这一信号提示我们，高层次的会计人员应当具备很强的研究技能。由于报告会计工作的范围与工作中的发现及建议是会计职业服务不可或缺的组成部分，而会计准则、审计准则等等执业指南是不断修订的，且企业内、外部的环境又是不断变化的，因此，会计人员必须具备很强的研究技能，才能有效地解读相关的执业指南及环境信息，准确地对之加以理解和运用。会计人员要善于从经济学、管理学等角度分析公司经营状况、风险与管理能力。这一信号在一定程度上折射出实务界已有对具有较强的理论与实务能力的正高级会计师的需求。

经济全球化和资本要素知识化的发展，对会计人员的要求越来越高。2005年与2010年的两次国内外招聘信息统计结果也正验证了这一说法。但综观两次招聘信息，我们发现，我国实务界对会计人才各项能力的需求程度相对低于国外实务界，这与我国社会经济和资本市场的发展以及会计国际化程度的不断提高对我国会计人员的能力结构提出的新的、更高的要求不一致。会计教育界应认真思考未来会计教育提倡的能力教育应如何与实务界对能力的要求协调统一。会计职业界也应慎重考虑我国会计职业的准入标准是否与当前经济发展对人才的需求相适应，现行的会计人才评价体系是否适用，是否完善。

第二节 问卷调查分析

IFAC发布的《成为胜任的职业会计师》中提到，对胜任能力的研究可以采用访谈、问卷调查、各种类型的工作实验，以及直接观察等方式。笔者在研究中使用了IFAC推荐使用的问卷调查法，问卷调查的目的主要是了解、分析实务界对各层次会计人员能力的认识和要求①。

---

① 笔者在现状调查过程中，由于时间紧迫等原因未能进行访谈。如能通过访谈，不但可以获得第一手资料，而且还能成为调查问卷设计的基础。

一、问卷的说明

调查问卷的设计参考了发达国家对会计人才能力的要求，借鉴国外会计能力框架研究的成功经验，从我国实际情况出发，对各级会计人员均设计了40项备选能力。问卷的设计按回答问题的方式分为两类：多选题和评级题。

问卷的设计体现了以下原则：(1)题目设计简单明了。考虑到被调查者工作繁忙，问卷设计力求简明扼要。(2)题型直观，题意明确，方便作答。问卷的主体部分我们采用李克特量表法(Likert scale)①设计问卷。(3)问题具有一定的代表性和较强的针对性。(4)突出重点问题。

问卷初稿曾在一些公司的财务负责人中进行试填答②，测试者认为问题明了、清晰、针对性强，所用时间适中(填写时间约20分钟)。

二、问卷调查方式

笔者综合采用发放问卷法和邮寄问卷法。在采用发放问卷法保证样本数量的前提下，我们又通过邮寄问卷法进行小样本调查，主要是通过分析两类样本，比较两类调查结果，考察发放问卷调查的质量。(1)发放问卷法：为了保证问卷的回收率及填答的质量，我们采用发放问卷法中的集中填答法。考虑到被研究样本应具有代表性，我们选择上海国家会计学院及厦门国家会计学院的总会计师培训班学员作为被调查对象，这些学员来自全国各地，遍及各个行业。(2)邮寄问卷法。通过信函方式寄出100份，调查对象为从中经网数据有限公司、国家信息中心和巨灵证券信息系统中查到的全国500家重点企业、非重点企业、上市公司中随机选择。

---

① 利克特量表法(likert scale)一般采用5等级或7等级量表，数字越高表示等级越高，并且等级与等级之间所表示的能力要求程度具有等差特征。

② 试填答对象为三木集团、福建省电力总公司、利嘉(上海)股份有限公司等公司的高层财务人员。

三、问卷结果有效性论证

我们的问卷在上海国家会计学院总会计师培训班进行问卷调查，发放问卷 79 份，收回问卷 79 份，剔除无效问卷 10 份，有效问卷 69 份，有效回收率达 87.34%；2005 年 6 月上旬在厦门国家会计学院总会计师培训班发放问卷 113 份，收回 113 份，有效问卷 110 份，有效回收率为 97.35%；我们通过邮寄方式寄出 100 份问卷，实际收回 21 份，有效问卷 21 份，有效回收率达 21%。总共发放问卷 292 份，收回问卷 213 份，有效问卷 200 份，平均有效回收率达 68.49%。无效问卷的判断原则为：如果评级题除“其他”项目外有未填项目，我们则认为该问卷无效。

收回问卷的基本信息统计如表 4-3、表 4-4 和表 4-5。

表 4-3　填答者所在行业统计表

行　业	样　本
制造业	85
采掘业	29
金融保险业	4
农林牧渔业	0
社会服务业	13
建筑业	1
交通运输仓储业	16
信息技术业	2
批发和零售贸易	6
电力煤气及水的生产和供应业	13
房地产业	2
传播与文化产业	2
综合类	3
其他行业	24
合计	200

表 4-4 填答者所在企业规模统计表

金额:人民币元

规模(销售收入)	5 亿以下	5 亿至 10 亿	10 亿至 50 亿	50 亿以上	未选择	合计
样本	67	25	57	44	7	200

表 4-5 填答者所在企业性质统计表

公司性质	国有企业	股份制企业	民营企业	外商投资企业	未选择	其他	合计
样本	154	25	5	8	7	1	200

根据中国证监会 2001 年颁布的《上市公司行业分类指引》,问卷将行业分为 13 类,在此基础上增加一栏“其他分类”。根据表 4-3,扣除选择“其他行业”的 24 个样本外,问卷填答者遍布 11 个行业。我们按照销售收入,将企业的规模分为四个档次:5 亿以下、5 亿到 10 亿、10 亿到 50 亿、50 亿以上。根据表 4-4,问卷填答者所在企业有着大小不同的规模。根据表 4-5,填答者来自不同所有制形式的企业。以上分析得知,问卷填答者覆盖多种类型、多种规模、多种性质的企业,代表性广泛。

问卷调查选择的填答者为各单位的总会计师,总会计师具有较高的会计工作水平和丰富的工作经验,是会计工作的带头人,他们对单位各层次会计人员从事的工作、应具备的能力都有较为全面、系统的了解。他们能从专业的角度对各级会计人员应具备能力进行较为客观、可靠的评价。我们选择在上海国家会计学院和厦门国家会计学院的总会计师培训班进行现场问卷调查,面对教师、在课堂上作答,相对来说他们会更认真对待,也增强了问卷的可信度。

虽然问卷是在两次培训班上发放的,但调查所涉及的企业数量较多,包括各种各样的企业,涉及人员也较多,来自不同的行业。就调查对象而言,可以认为样本具有代表性,基本不存在重大代表性偏差。

四、问卷的信度分析

问卷的信度(reliability)分析,是为了保证问卷结果的可靠性。信度分析的方法主要有以下四种:(1)重测信度法。这一方法是用同样的问卷对同一组被调查者间隔一定时间重复施测,计算两次施测结果的相关系数。重测信度属于稳定系数。重测信度法特别适用于事实式问卷，如性别、出生年月等在两次施测中不应有任何差异，大多数被调查者的兴趣、爱好、习惯等在短时间内也不会有十分明显的变化。如果没有突发事件导致被调查者的态度、意见突变，这种方法也适用于态度、意见式问卷。由于重测信度法需要对同一样本施测两次，被调查者容易受到各种事件、活动和他人的影响，而且间隔时间长短也有一定限制，因此在实施中有一定困难。(2)复本信度法。复本信度法是让同一组被调查者一次填答两份问卷复本，计算两个复本的相关系数。复本信度属于等值系数。复本信度法要求两个复本除表述方式不同外，在内容、格式、难度和对应题项的提问方向等方面要完全一致，而在实际调查中，很难使调查问卷达到这种要求，因此采用这种方法者较少。(3)折半信度法。折半信度法是将调查项目分为两半，计算两半得分的相关系数，进而估计整个量表的信度。折半信度属于内在一致性系数，测量的是两半题项得分间的一致性。这种方法一般不适用于事实式问卷(如年龄与性别无法相比)，常用于态度、意见式问卷的信度分析。在问卷调查中，态度测量最常见的形式是 5 级李克特(Likert)量表。进行折半信度分析时，如果量表中含有反意题项，应先将反意题项的得分作逆向处理，以保证各题项得分方向的一致性，然后将全部题项按奇偶或前后分为尽可能相等的两半，计算二者的相关系数(即半个量表的信度系数)，最后用斯皮尔曼—布朗(Spearman-Brown)公式求出整个量表的信度系数。(4)Cronbach's α 信度系数法。Cronbach's α 信度系数是目前最常用的信度系数，其公式为：

$$\alpha = \frac{k}{k-1}\left(1-\frac{\sum S_i^2}{S_x^2}\right)$$

其中，k 为量表中题项的总数，S_i^2 为第 i 题得分的题内方差，S_x^2 为全部题项总得分的方差。从公式中可以看出，α 系数评价的是量表中各题项得分间的一致性，属于内在一致性系数。这种方法适用于态度、意见式问卷(量表)的信度分析。

综合以上分析，本调查问卷采用对问卷进行纬度划分的基础上，确定 Cronbach's α 系数，以此考察问卷的一致性。以下分别高级、中级和初级会计人员调查问卷分析其信度。

(一)高级会计人员调查问卷的信度分析

1. 分析思路：本问卷共 40 道题，每道题的分值从 0 到 5，有效问卷 200

份。首先，对问卷进行纬度划分，将 40 道题目分为职业知识、职业技能、职业价值观三个纬度。其中，第 1～23 题划分到职业知识纬度，第 24～34 题划分到职业技能纬度，第 35～40 题划分到职业价值观纬度。所有的标准化计算与信度系数计算均通过 SPSS Statistics V17.0 软件来完成，得出每一纬度的 Alpha 系数来考察每一项得分间的一致性。

2. 分别职业知识、职业技能、职业价值观三个纬度，检验问卷的一致性。检验结果输出如表 4-6。

表 4-6　高级会计人员问卷调查可靠性统计表

职业知识		职业技能		职业价值观	
Cronbach's α	项数	Cronbach's α	项数	Cronbach's α	项数
0.865	23	0.832	11	0.764	6

3. 结果分析

根据表 4-6，分析如下：

(1)问卷中衡量“职业知识”的第 1～23 题之间的 Alpha 信度系数为 0.865。可见这 23 题的信度系数在 0.8 以上，说明信度可以接受，不需要进行修订。

(2)问卷中衡量“职业技能”的第 24～34 题之间的 Alpha 信度系数为 0.832。可见这 11 题的信度系数在 0.8 以上，说明信度可以接受，不需要进行修订。

(3)问卷中衡量“职业价值观”的第 35～40 题之间的 Alpha 信度系数为 0.764。可见这 6 题的信度系数在 0.7～0.8 之间，表明高级会计人员中有些职业价值观的项目描述得不够精确，需要调整和修订，但仍不失其价值。

4. 高级会计人员问卷的内部一致性信度检验

(1)将问卷项目的第 1～40 题，通过 SPSS Statistics V17.0 软件按照上述方法进行信度系数计算，得出每一纬度的 Alpha 系数来考察每一项得分间的一致性。输出结果如表 4-7。

表 4-7　高级会计人员问卷调查总体可靠性统计表

可靠性统计量	
Cronbach's Alpha	项数
0.904	40

(2)结果分析

由表 4-7 分析得知,高级会计人员能力调查问卷总的内部一致性信度系数为 0.904,大于 0.9,说明该问卷的信度甚佳,整体上不需要进行修改,每个项目都可以保留。

(二)中级会计人员调查问卷的信度分析

1.分析思路:本问卷共 40 道题,每道题的分值从 0 到 5,有效问卷 200 份。首先,对问卷进行纬度划分,将 40 道题目分为职业知识、职业技能、职业价值观三个纬度。其中,第 1～23 题划分到职业知识纬度,第 24～34 题划分到职业技能纬度,第 35～40 题划分到职业价值观纬度。所有的标准化计算与信度系数计算均通过 SPSS Statistics V17.0 软件来完成,得出每一纬度的 Alpha 系数来考察每一项得分间的一致性。

2.分别职业知识、职业技能、职业价值观三个纬度,检验问卷的一致性。检验结果输出如表 4-8。

表 4-8　中级会计人员问卷调查可靠性统计表

职业知识		职业技能		职业价值观	
Cronbach's α	项数	Cronbach's α	项数	Cronbach's α	项数
0.917	23	0.903	11	0.830	6

3.结果分析

根据表 4-8,分析如下:

(1)问卷中衡量"职业知识"的第 1～23 题之间的 Alpha 信度系数为 0.917。可见这 23 题的信度系数在 0.9 以上,说明信度非常好,每个项目都可以保留。

(2)问卷中衡量"职业技能"的第 24～34 题之间的 Alpha 信度系数为 0.903。可见这 11 题的信度系数在 0.9 以上,说明信度非常好,每个项目都可以保留。

(3)问卷中衡量"职业价值观"的第 35～40 题之间的 Alpha 信度系数为 0.830。可见这 6 题的信度系数在 0.8 以上,说明信度可以接受,不需要进行修订。

4.中级会计人员问卷的内部一致性信度检验

(1)将问卷项目的第 1～40 题,通过 SPSS Statistics V17.0 软件来进行信

度系数计算，得出每一纬度的 Alpha 系数来考察每一项得分间的一致性。输出结果如下表 4-9。

表 4-9 中级会计人员问卷调查总体可靠性统计表

可靠性统计量	
Cronbach's Alpha	项数
0.946	40

(2)结果分析

由表 4-9 可知，问卷总的内部一致性信度系数为 0.946，说明该问卷的信度甚佳，整体上不需要进行修改，每个项目都可以保留。

(三)初级会计人员调查问卷的信度分析

1.分析思路：本问卷共 40 道题，每道题的分值从 0 到 5，有效问卷 200 份。首先，对问卷进行纬度划分，将 40 道题目分为职业知识、职业技能、职业价值观三个纬度。其中，第 1～23 题划分到职业知识纬度，第 24～34 题划分到职业技能纬度，第 35～40 题划分到职业价值观纬度。所有的标准化计算与信度系数计算均通过 SPSS Statistics V17.0 软件来完成，得出每一纬度的 Alpha 系数来考察每一项得分间的一致性。

2.分别职业知识、职业技能、职业价值观三个纬度，检验问卷的一致性。检验结果输出如表 4-10。

表 4-10 初级会计人员问卷调查可靠性统计表

职业知识		职业技能		职业价值观	
Cronbach's α	项数	Cronbach's α	项数	Cronbach's α	项数
0.916	23	0.902	11	0.845	6

3.结果分析

根据表 4-10，分析如下：

(1)由分析结果可知，问卷中衡量“职业知识”的第 1～23 题之间的 Alpha 信度系数为 0.916。可见这 23 题的信度系数在 0.9 以上，说明信度非常好，每个项目都可以保留。

(2)由分析结果可知，问卷中衡量“职业技能”的第 24～34 题之间的 Alpha 信度系数为 0.902。可见这 11 题的信度系数在 0.9 以上，说明信度非常好，每个项目都可以保留。

(3)由分析结果可知，问卷中衡量“职业价值观”的第 35～40 题之间的 Alpha 信度系数为 0.845。可见这 6 题的信度系数在 0.8 以上，说明信度可以接受，不需要进行修订。

4. 初级会计人员问卷的内部一致性信度检验

(1)将问卷项目的第 1～40 题，通过 SPSS Statistics V17.0 软件来进行信度系数计算，得出每一纬度的 Alpha 系数来考察每一项得分间的一致性。输出结果如表 4-11。

表 4-11　初级会计人员问卷调查总体可靠性统计表

可靠性统计量	
Cronbach's Alpha	项数
0.948	40

(2)结果分析

由表 4-11 可知，问卷总的内部一致性信度系数为 0.948，说明该问卷的信度甚佳，整体上不需要进行修改，每个项目都可以保留。

五、问卷分析[①]

问卷对会计人员能力调查部分主要涉及三大类、40 个项目。为了了解实务界对我国各级会计人员应具备的能力的看法，对每个问题设计了相应的评价等级及相应的评价值。按程度不同分别对每个项目从左到右逐项赋予从 0 到 5 依次递增的分值，对“不需要”赋值 0，对“不确定”赋值 1，对“不重要”赋值 2，对“比较重要”赋值 3，对“重要”赋值 4，对“很重要”赋值 5。根据问卷结果，分析实务界对各层次会计人员应具备能力的要求。评价均值超过 3 的项目才是填答者认为会计人员应具备的能力。

(一)关于高级会计人员的问卷调查分析

高级会计人员能力问卷结果按能力项目汇总进行描述性统计结果如表

① 为了便于问题的阐述，我们将问卷中多选题“各级会计人员的主要工作”部分留待第五章进行分析。

4-12。从表4-12得知,除艺术知识项目外,其他各项均值均超过3,被调查者认为高级会计人员应具备除艺术项目外的其他各项能力。可见,实务界对高级会计人员的能力要求较高。被调查者认为高级会计人员应具备的能力按重要性程度依次排列如表4-13。

表4-12 高级会计人员能力问卷结果描述性统计

项目	N	Mean		Std	Variance
	Statistic	Statistic	Std. Error	Statistic	Statistic
人文知识	200	3.8900	0.0801	1.13328	1.284
自然知识	200	3.2950	0.0823	1.16394	1.355
艺术知识	200	2.7650	0.0951	1.34492	1.809
外语	200	3.7600	0.0781	1.10385	1.218
经济学	200	4.4100	0.0631	0.89212	0.796
数量方法和统计学	200	3.8550	0.0784	1.10911	1.230
组织行为学	200	4.4350	0.0587	0.83019	0.689
金融市场	200	4.5550	0.0538	0.76149	0.580
管理学	200	4.5750	0.0556	0.78579	0.617
战略管理	200	4.7500	0.0412	0.58241	0.339
营销学	200	3.8150	0.0777	1.09855	1.207
企业与环境	200	4.3300	0.0634	0.89729	0.805
风险管理	200	4.8050	0.0338	0.47761	0.228
企业信息系统	200	4.2600	0.0673	0.95233	0.907
信息环境下的内部控制	200	4.5300	0.0516	0.72922	0.532
电子商务知识	200	3.8500	0.0715	1.01124	1.023
财务和管理软件的应用知识	200	3.7150	0.0778	1.09992	1.210
财务会计与报告	200	4.3750	0.0659	0.93205	0.869
成本管理会计	200	4.2350	0.0694	0.98214	0.965

项目	N	Mean		Std	Variance
	Statistic	Statistic	Std. Error	Statistic	Statistic
税收	200	4.5250	0.0567	0.80162	0.643
法律	200	4.6700	0.0389	0.55010	0.303
审计与鉴证	200	4.3700	0.0586	0.82857	0.687
财务管理	200	4.6550	0.0499	0.70602	0.498
沟通及协调能力	200	4.8300	0.0376	0.53152	0.283
团队合作能力	200	4.7100	0.0591	0.83630	0.699
人际交往能力	200	4.6850	0.0452	0.63860	0.408
应对压力及合理安排时间能力	200	4.6450	0.0506	0.71522	0.512
系统分析能力	200	4.7400	0.0487	0.68904	0.475
逻辑性和批判性思维能力	200	4.7200	0.0420	0.59445	0.353
决策能力	200	4.8700	0.0238	0.33715	0.114
解决问题的能力	200	4.7500	0.0557	0.78778	0.621
人才培养能力	200	4.6950	0.0415	0.58625	0.344
国际竞争能力	200	4.3150	0.0707	1.00039	1.001
管理和监督能力	200	4.7500	0.0338	0.47817	0.229
遵循法律、法规	200	4.8550	0.0269	0.38039	0.145
正直	200	4.7950	0.0397	0.56085	0.315
客观	200	4.7050	0.0510	0.72151	0.521
关注公众利益和社会责任	200	4.5350	0.0553	0.78220	0.612
终身学习的责任	200	4.6800	0.0500	0.70718	0.500
政策水平	200	4.7800	0.0482	0.68112	0.464

表 4-13 高级会计人员能力项目调查结果重要性程度排序表

重要性程度	能力项目
重要(均值在 4～5 之间)	决策能力
	遵循法律、法规
	沟通及协调能力
	风险管理
	正直
	政策水平
	战略管理
	解决问题的能力
	管理和监督能力
	系统分析能力
	逻辑性和批判性思维能力
	团队合作能力
	客观
	人才培养能力
	人际交往能力
	终身学习的责任
	法律
	财务管理
	应对压力及合理安排时间能力
	管理学
	金融市场
	关注公众利益和社会责任
	信息环境下的内部控制
	税收
	组织行为学
	经济学
	财务会计与报告
	审计与鉴证
	企业与环境
	国际竞争力*
	企业信息系统
	成本管理会计
比较重要(均值在 3～4 之间)	人文知识*
	数量方法和统计学*
	电子商务知识*
	营销学*
	外语*
	财务和管理软件的应用知识*
	自然科学知识*

注：表中带*的项目标准差大于 1。

在上述39项中，人文知识、数量方法和统计学、电子商务知识、营销学、外语、财务和管理软件的应用知识、自然科学知识等7个项目的评价均值在3～4之间，说明这些能力对高级会计人员来说比较重要。其余的32项的均值都在4以上，被调查者认为这32个项目对高级会计人员来说都是重要的能力，由此可见，我国实务界对高级会计人才需具备的能力要求较多、较高。

表4-12、表4-13还反映出，人文知识、数量方法和统计学、电子商务知识、营销学、外语、财务和管理软件的应用知识、自然科学知识、国际竞争能力等8个项目的标准差大于1，说明被调查者对这些项目的评价具有较大的差异性。对这一现象简要分析如下：人文知识、自然科学知识、外语、数量方法和统计学、营销学、电子商务知识等6个项目的均值都在3～4之间，被调查者对它们的总体评价是“比较重要”。对这类基础知识的重要性的看法不一致的主要原因是以往职业界并未注意到这些非专业的基础知识对高级会计人员的重要作用，目前各高校会计专业课程设置也反映了这种情况。但随着技术的发展、经济全球化的不断推进，这些知识的重要性已逐渐被认识。对于财务和管理软件的应用知识评价指标，之所以评价均值标准差大于1，可能是由于随着高级会计人员的工作职能、角色的转换，有人认为高级会计人员已不需要再把大量精力投放在具体实务的操作上，因而对这些实务性、操作性较强的知识的重要性的看法不一致。至于国际竞争力指标，被调查者对其评价均值较高，为4.315。从国际竞争力指标频数分布可知，有55%的被调查者对它的评价值是5，但仍有4%的被调查者对它的评价值在2以下，虽然对这一评价指标存在不一致的看法，但绝大部分的被调查者认为高级会计人员应具备国际竞争力。

进一步将有关高级会计人员能力的问卷结果按类别汇总进行描述性统计，结果如表4-14。

根据表4-14，高级会计人员应具备的各类能力按重要性程度从大到小依次顺序为：职业价值观、职业技能、会计财务及相关知识、组织行为和经营管理知识、信息技术知识、一般知识。

表 4-14　高级会计人员能力调查分类描述性统计

项　　目	N	Mean		Std	Variance
	Statistic	Statistic	Std. Error	Statistic	Statistic
一般知识	200	3.4275	0.0581	0.82196	0.676
组织行为和经营管理知识	200	4.3922	0.0389	0.54965	0.302
信息技术知识	200	4.0888	0.0496	0.70126	0.492
会计、财务及相关知识	200	4.4717	0.0420	0.59429	0.353
职业技能	200	4.7009	0.0292	0.41330	0.171
职业价值观	200	4.7250	0.0313	0.44199	0.195
Valid N(listwise)	200				

从表 4-12 和表 4-14 可知：

(1)社会高度关注高级会计人员的职业价值观。我们设计了 6 项“职业价值观”评价指标：遵循法律、法规；正直；客观；关注公众利益和社会责任；终身学习的责任；政策水平。对这 6 项单项及总体的评价均值都很大，都在 4.5 以上，而且平均值标准差都小于 1，平均标准误及方差都很小。

(2)被调查者对高级会计人员的职业技能的关注仅次于职业价值观。问卷结果表明，职业技能是高级会计人员应具备的很重要的能力要素。我们设计了 11 项反映会计人员职业技能的能力项目，被调查者对这 11 项的评价值均值除国际竞争力指标为 4.3150 外，其余各项都在 4.6 以上。按照评价均值大小这些职业技能依次为：决策能力、沟通及协调能力、解决问题的能力、管理和监督能力、系统分析能力、逻辑性和批判性思维能力、团队合作能力、人才培养能力、人际交往能力、应对压力及合理安排时间能力、国际竞争能力。

(3)会计、财务及相关知识已不是高级会计人员应具备的唯一知识，组织行为和经营管理知识等宽口径的商业知识和信息技术知识已被认为是高级会计人才所不可缺少的知识要素。问卷结果表明，会计、财务及相关知识仍是高级会计人员应具备的首要知识，说明传统的财务会计与报告工作在目前仍是高级会计人员的主要工作内容。但高级会计人员的职能已发生或将发生转变，他们将从主要履行财务职能转向主要履行战略职能。这就要求高级会计人员必须具备宽阔的商业视野。

(4)社会已逐渐认识到一般知识对高级会计人员的重要性。根据国外经验,问卷对会计人员应具备的一般知识设计了人文知识、自然科学知识、艺术知识、外语等四个项目。问卷结果表明,人文知识、自然科学知识和外语知识对高级会计人员来说是比较重要的。

根据统计结果,艺术知识项目的评价均值为 2.7650,标准差大于 1,也就是说从总体看,被调查者认为艺术知识对于高级会计人员来说不重要,而且被调查者对该项目的评价差异较大。表 4-15 表明,有 10%的被调查者认为该项知识对高级会计人员很重要,有 19%的被调查者认为该项知识对高级会计人员是重要的,有 33%的被调查者认为该项知识对高级会计人员比较重要,累计有 62%的被调查者认为高级会计人员应具备艺术知识。

有能力的会计人员必须是高素质的人才。而素质包括基本素质和专业素质,基本素质指会计人员作为一个成功的社会人应有的素质,大体包括思想素质、人文素质、心理素质和身体素质。会计人员应该会欣赏艺术、文学,会理解数学、物理以及生物科学和社会科学的主要概念,这样才有助于其成为一个有能力的高级会计人才。人文知识、自然科学知识、艺术知识和外语等都是高素质会计人员必备知识。

表 4-15 高级会计人员"艺术知识"项目频数分布情况表

	Frequency	Percent	Valid Percent	Cumulative Percent
5.00	20	10.0	10.0	10.0
4.00	38	19.0	19.0	29.0
3.00	66	33.0	33.0	62.0
2.00	42	21.0	21.0	83.0
1.00	19	9.5	9.5	92.5
0	15	7.5	7.5	100.0
Total	200	100.0	100.0	

(二)关于中级会计人员的问卷调查分析

中级会计人员能力问卷结果按能力项目汇总进行描述性统计结果如表 4-16。

表 4-16 中级会计人员能力问卷结果描述性统计

项　　目	N	Mean		Std	Variance
	Statistic	Statistic	Std. Error	Statistic	Statistic
人文知识	200	2.9000	0.0691	0.97713	0.955
自然知识	200	2.6100	0.0664	0.93931	0.882
艺术知识	200	2.1900	0.0768	1.08619	1.180
外语	200	3.0350	0.0714	1.00939	1.019
经济学	200	3.4850	0.0610	0.86226	0.743
数量方法和统计学	200	3.4750	0.0672	0.95073	0.904
组织行为学	200	3.1150	0.0717	1.01337	1.027
金融市场	200	3.4150	0.0607	0.85817	0.736
管理学	200	3.3750	0.0573	0.81096	0.658
战略管理	200	3.1400	0.0650	0.91903	0.845
营销学	200	2.9100	0.0699	0.98832	0.977
企业与环境	200	3.0100	0.0646	0.91327	0.834
风险管理	200	3.5200	0.0669	0.94555	0.894
企业信息系统	200	3.8500	0.0660	0.93373	0.872
信息环境下的内部控制	200	3.8900	0.0660	0.93395	0.872
电子商务知识	200	3.4200	0.0666	0.94236	0.888
财务和管理软件的应用知识	200	4.1700	0.0654	0.92487	0.855
财务会计与报告	200	4.3950	0.0558	0.78872	0.622
成本管理会计	200	4.3150	0.0538	0.76070	0.579
税收	200	4.2450	0.0612	0.86529	0.749
法律	200	3.9500	0.0605	0.85508	0.731

项　　目	N	Mean		Std	Variance
	Statistic	Statistic	Std. Error	Statistic	Statistic
审计与鉴证	200	3.8150	0.0677	0.95674	0.915
财务管理	200	4.0700	0.0608	0.85953	0.739
沟通及协调能力	200	3.9750	0.0547	0.77289	0.597
团队合作能力	200	4.2600	0.0512	0.72459	0.525
人际交往能力	200	3.9400	0.0604	0.85443	0.730
应对压力及合理安排时间能力	200	3.8900	0.0588	0.83148	0.691
系统分析能力	200	3.9000	0.0535	0.75688	0.573
逻辑性和批判性思维能力	200	3.7800	0.0572	0.80924	0.655
决策能力	200	3.5450	0.0645	0.91221	0.832
解决问题的能力	200	4.0250	0.0560	0.79216	0.628
人才培养能力	200	3.4400	0.0704	0.99567	0.991
国际竞争能力	200	3.0050	0.0781	1.10503	1.221
管理和监督能力	200	3.5900	0.0692	0.97810	0.957
遵循法律、法规	200	4.5650	0.0479	0.67681	0.458
正直	200	4.5450	0.0474	0.67099	0.450
客观	200	4.4400	0.0552	0.78067	0.609
关注公众利益和社会责任	200	3.7850	0.0776	1.09763	1.205
终身学习的责任	200	4.4050	0.0602	0.85123	0.725
政策水平	200	3.9500	0.0645	0.91195	0.832

根据统计结果，均值超过 3 的能力项目有 36 项（除营销学、人文知识、自然科学知识、艺术知识外），各能力项目按均值从大到小排列如表 4-17。

表 4-17 中级会计人员能力项目调查结果重要性程度排序表

重要性程度	能力项目
重要(均值在 4～5 之间)	遵循法律、法规
	正直
	客观
	终身学习的任务
	财务会计与报告
	成本管理会计
	团队合作能力
	税收
	财务和管理软件的应用知识
	财务管理
	解决问题的能力
比较重要(均值在 3～4 之间)	沟通及协调能力
	政策水平
	法律
	人际交往能力
	系统分析能力
	应对压力及合理安排时间能力
	信息环境下的内部控制
	企业信息系统
	审计与鉴证
	关注公众利益和社会责任*
	逻辑性和批判性思维能力
	管理和监督能力
	决策能力
	风险管理
	经济学
	数量方法和统计学
	人才培养能力
	电子商务知识
	金融市场
	管理学
	战略管理
	组织行为学*
	外语*
	企业与环境
	国际竞争力*

注:表中带*的项目标准差大于 1。

在上述36项中，评价均值在4以上的有11项，评价均值在3～4之间的有25项。与高级会计人员的调查结果相比较，对中级会计人员应具备能力的评价均值在4以上的项目明显较少。虽然在应具备能力的项目数上针对高、中级会计人员的调查结果差别不大，中级与高级相比，少了营销学、人文知识、自然科学知识三项，但重要性程度有较明显差别。

表4-16和表4-17还表明，在上述36项中标准差大于1的项目有4项：外语、组织行为学、国际竞争力、关注公众利益和社会责任，这4个项目的评价均值均在3～4之间。这说明被调查者对中级会计人员是否应具备这些能力存在不一致的看法，这些能力的重要性并未受到普遍关注。国际竞争力指标的评价均值为3.0050，介于“比较重要”与“不重要”的临界点，表4-18显示，有24%的被调查者对其评价值在2以下，44%的被调查者对其评价值为3，26.5%的被调查者对其评价值为4，有5.5%的被调查者对其评价值为5，这一现象说明实务界对中级会计人员应否具备国际竞争力的看法很不一致，但累计有76%的被调查人员认为应当具备国际竞争力。

表4-18 中级会计人员“国际竞争力”项目频数分布情况表

	Frequency	Percent	Valid Percent	Cumulative Percent
5.00	11	5.5	5.5	5.5
4.00	53	26.5	26.5	32
3.00	88	44.0	44.0	76
2.00	32	16.0	16.0	92
1.00	6	3.0	3.0	95
0	10	5.0	5.0	100.0
Total	200	100.0	100.0	

进一步将有关中级会计人员能力的问卷结果按类别汇总进行描述性统计，结果如表4-19。

根据表4-19，6类职业能力中有5类的评价值均值超过3，说明被调查者认为这5类能力对中级会计人员来说是必需的。一般知识类的评价均值为

2.6500,被调查者认为这项知识对中级会计人员不重要。中级会计人员应具备的各类能力按重要性程度从大到小依次顺序为:职业价值观、会计财务及相关知识、信息技术知识、职业技能、组织行为和经营管理知识。

表 4-19 中级会计人员能力调查分类描述性统计

项 目	N	Mean		Std	Variance
	Statistic	Statistic	Std. Error	Statistic	Statistic
一般知识	200	2.6838	0.0509	0.72052	0.519
组织行为和经营管理知识	200	3.2717	0.0471	0.66645	0.444
信息技术知识	200	3.8325	0.0509	0.72036	0.519
会计、财务及相关知识	200	4.1317	0.0477	0.67428	0.455
职业技能	200	3.7591	0.0443	0.62718	0.393
职业价值观	200	4.2817	0.0442	0.62459	0.390
Valid N(listwise)	200				

根据表 4-16 与表 4-19 可知:

(1)被调查者注重中级会计人员的职业价值观。对职业价值观的 6 个选项,被调查者的评价均值都超过 3,其中遵循法律与法规、正直、客观、终身学习的责任这 4 项的均值都在 4 以上,而且排在最前面。可见,被调查者对中级会计人员的职业价值观的总体关注程度很高。

(2)被调查者认为中级会计人员应重视会计、财务及相关知识。问卷分类统计结果表明:被调查者对会计、财务及相关知识重要性程度的评价均值为 4.1317,仅次于职业价值观。这从侧面反映出在我国中级会计人员所从事的主要是传统的财务会计工作。

(3)总体而言,被调查者认为组织行为和经营管理知识、信息技术知识和职业技能对中级会计人员来说比较重要。

(4)被调查者认为中级会计人员是否具备人文知识、自然科学知识、艺术知识并不重要。

(三)关于初级会计人员的问卷调查分析

初级会计人员能力问卷结果按能力项目汇总进行描述性统计,结果如表 4-20。

表 4-20 初级会计人员能力问卷结果描述性统计

项　　目	N	Mean		Std	Variance
	Statistic	Statistic	Std. Error	Statistic	Statistic
人文知识	200	2.3400	0.0731	1.03429	1.070
自然知识	200	2.2000	0.0654	0.92427	0.854
艺术知识	200	1.8200	0.0746	1.05507	1.113
外语	200	2.3000	0.0747	1.05621	1.116
经济学	200	2.5900	0.0730	1.03307	1.067
数量方法和统计学	200	2.8600	0.0848	1.19899	1.438
组织行为学	200	2.0500	0.0672	0.94974	0.902
金融市场	200	2.3600	0.0658	0.92991	0.865
管理学	200	2.2850	0.0666	0.94245	0.888
战略管理	200	1.9250	0.0767	1.08409	1.175
营销学	200	2.1600	0.0721	1.01961	1.040
企业与环境	200	2.1000	0.0702	0.99243	0.985
风险管理	200	2.5850	0.0840	1.18736	1.410
企业信息系统	200	3.1700	0.0793	1.12133	1.257
信息环境下的内部控制	200	3.0800	0.0765	1.08141	1.169
电子商务知识	200	2.9450	0.0734	1.03796	1.077
财务和管理软件的应用知识	200	3.9550	0.0781	1.10412	1.219
财务会计与报告	200	3.7650	0.0705	0.99737	0.995
成本管理会计	200	3.7000	0.0698	0.98736	0.975
税收	200	3.5000	0.0709	1.00251	1.005

项　　目	N	Mean		Std	Variance
	Statistic	Statistic	Std. Error	Statistic	Statistic
法律	200	3.3800	0.0714	1.01030	1.021
审计与鉴证	200	3.0200	0.0733	1.03681	1.075
财务管理	200	3.0000	0.0743	1.05144	1.106
沟通及协调能力	200	3.0250	0.0748	1.05829	1.120
团队合作能力	200	3.7450	0.0780	1.10275	1.216
人际交往能力	200	3.3050	0.0751	1.06189	1.128
应对压力及合理安排时间能力	200	3.2400	0.0738	1.04300	1.088
系统分析能力	200	2.7500	0.0715	1.01124	1.023
逻辑性和批判性思维能力	200	2.8300	0.0734	1.03754	1.076
决策能力	200	2.3350	0.0710	1.00390	1.008
解决问题的能力	200	3.1400	0.0757	1.07057	1.146
人才培养能力	200	2.0300	0.0783	1.10690	1.225
国际竞争能力	200	2.0150	0.0822	1.16255	1.352
管理和监督能力	200	2.2700	0.0835	1.18071	1.394
遵循法律、法规	200	4.3850	0.0675	0.95464	0.911
正直	200	4.3500	0.0697	0.98608	0.972
客观	200	4.2450	0.0738	1.04424	1.090
关注公众利益和社会责任	200	3.2650	0.0999	1.41236	1.995
终身学习的责任	200	4.2150	0.0740	1.04606	1.094
政策水平	200	3.1500	0.0823	1.16373	1.354

根据统计结果，均值超过 3 的能力项目有 20 项，说明被调查者对初级会计人员的能力要求较低。这 20 项能力按均值从大到小排列如表 4-21。

表 4-21　初级会计人员能力项目调查结果重要性程度排序表

重要性程度	能力项目
重要(均值在 4～5 之间)	遵守法律、法规
	正直
	客观*
	终身学习的责任*
比较重要(均值在 3～4 之间)	财务管理和软件的应用知识*
	财务会计与报告
	团队合作能力*
	成本管理会计
	税收*
	法律*
	人际交往能力*
	关注公众利益与社会责任*
	应对压力及合理安排时间能力*
	企业信息系统*
	政策水平*
	解决问题能力*
	信息环境下的内部控制*
	沟通及协调能力*
	审计与鉴证*
	财务管理*

注：表中带*的项目标准差大于 1。

从表 4-20 和表 4-21 可知，这 20 项中，标准差小于 1 的仅 4 项：遵循法律与法规、正直、财务会计与报告和成本管理会计，被调查者对这 4 个项目的看法是一致的。其余的 16 项标准差都大于 1。说明被调查者对这 16 个项目指标的评价观点不一致，初级会计人员是否应具备这些能力实务界的看法并不一致。

进一步将有关初级会计人员能力的问卷结果按类别汇总进行描述性统计,结果如表 4-22。

根据表 4-22,6 类职业能力中有信息技术知识、会计、财务及相关知识和职业价值观 3 类的评价均值超过 3,说明被调查者认为初级会计人员必须具备这 3 类能力。初级会计人员应具备的各类能力按重要性程度从大到小依次顺序为:职业价值观、会计、财务及相关知识、信息技术知识。

表 4-22 初级会计人员能力调查分类描述性统计

项　　目	N	Mean		Std	Variance
	Statistic	Statistic	Std. Error	Statistic	Statistic
一般知识	200	2.1650	0.0564	0.79786	0.637
组织行为和经营管理知识	200	2.3239	0.0547	0.77316	0.598
信息技术知识	200	3.2875	0.0598	0.84538	0.715
会计、财务及相关知识	200	3.3942	0.0543	0.76735	0.589
职业技能	200	2.7895	0.0542	0.76591	0.587
职业价值观	200	3.9350	0.0588	0.83120	0.691
Valid N(listwise)	200				

根据表 4-20 与表 4-22 可知:

(1)被调查者较注重初级会计人员的职业价值观。但职业价值观项目 6 项指标中,除遵循法律、法规与正直两个指标外,其余各项均值的标准差都大于 1,说明被调查者对初级会计人员应否具备这些价值观的看法不尽一致。

(2)被调查者认为初级会计人员的会计财务及相关知识的重要性程度比较高。这一现象与初级会计人员所从事的主要工作具有相关性。

(3)从总体上看,被调查者认为,初级会计人员是否具备一般知识、组织行为和经营管理知识等职业知识及职业技能并不重要。

由此可见,实务界对初级会计人员的能力要求相对较低。一般情况下,初级会计人员处于职业的进入阶段,在工作中往往承担较为简单的工作任务和角色,无需太多的经验性知识与技能。

(四)各级会计人员能力差异分析

1.研究思路

在上述研究中,根据问卷调查的结果,初步判断各能力要素对各级会计人员的重要性,但我们无法根据均值之间的差异判断这些能力元素对各级会计人员能力的重要性有实质性差异。各级会计人员在这些能力要素上得分均值的差异不一定能够真实地反映各级会计人员的实质性差异。为此,笔者根据调查的数据,采用独立样本 t 检验的方法,检验各能力要素对高、中、初各级会计人员重要性评分是否存在显著性差异。

2.问卷分析

首先提出假设。由于是就 40 个能力要素对高、中、初级会计人员的重要性进行对比,所以实际上对应着 120 个假设。这里为了简单起见,只笼统地提出包括这 120 个假设的 3 个假设。

假设 1:各能力要素对高级会计人员和中级会计人员的重要性存在显著性差异。

假设 2:各能力要素对中级会计人员和初级会计人员的重要性存在显著性差异。

假设 3:各能力要素对高级会计人员和初级会计人员的重要性存在显著性差异。

检验结果如表 4-23、表 4-24 和表 4-25。

根据表 4-23 统计结果分析得到:除了财务会计与报告和成本管理会计两项因素之外,其余 38 项能力因素对于高级会计人员和中级会计人员的重要性存在显著性差异,且这些因素除税收因素(在 5%的水平上显著)外均在 1%水平上显著,所以接受原假设 1。其中,财务和管理软件的应用知识项目的 t 值为−4.478(在 1%水平上显著),可见财务和管理软件的应用知识对中级会计人员比高级会计人员更为重要。对于会计人员而言,财务和管理软件的应用知识是一项操作性的能力。这一结果说明相对于高级会计人员,中级会计人员更需要具备操作层面的能力,这与当前及将来高级会计人员与中级会计人员的工作职能相一致。

这一结论并不表明这 38 项能力要素对中级会计人员不重要,从均值得分上看,对中级会计人员来说,这 38 项中除了营销学、人文知识、自然科学知识、艺术知识外其余 36 项的均值都大于 3,所以这些能力对中级会计人员来说也是比较重要的。

表 4-23 各能力要素对高级会计人员和中级会计人员重要性差异 t 检验

能力项目	t	df	Sig. (2-tailed)	Mean Difference	95% Confidence Interval of the Difference	
					Lower	Upper
人文知识	9.357	389.561	0.000***	0.99	0.782	1.198
自然知识	6.477	381.007	0.000***	0.69	0.477	0.893
艺术知识	4.704	381.117	0.000***	0.58	0.335	0.815
外语	6.855	394.857	0.000***	0.72	0.517	0.933
经济学	10.544	397.540	0.000***	0.93	0.753	1.097
数量方法和统计学	3.679	388.911	0.000***	0.38	0.177	0.583
组织行为学	14.250	383.164	0.000***	1.32	1.138	1.502
金融市场	14.052	392.447	0.000***	1.14	0.981	1.299
管理学	15.029	397.605	0.000***	1.20	1.043	1.357
战略管理	20.927	336.637	0.000***	1.61	1.459	1.761
营销学	8.661	393.632	0.000***	0.90	0.700	1.110
企业与环境	14.581	397.876	0.000***	1.32	1.142	1.498
风险管理	17.155	294.340	0.000***	1.28	1.138	1.432
企业信息系统	4.347	397.845	0.000***	0.41	0.225	0.595
信息环境下的内部控制	7.639	375.892	0.000***	0.64	0.475	0.805
电子商务知识	4.399	396.035	0.000***	0.43	0.238	0.622
财务和管理软件的应用知识	−4.478	386.612	0.000***	−0.46	−0.655	−0.255
财务会计与报告	−0.232	387.397	0.817	−0.02	−0.190	0.150
成本管理会计	−0.911	374.575	0.363	−0.08	−0.253	0.093
税收	3.357	395.698	0.001**	0.28	0.116	0.444

能力项目	t	df	Sig. (2-tailed)	Mean Difference	95% Confidence Interval of the Difference	
					Lower	Upper
法律	10.015	339.635	0.000***	0.72	0.579	0.861
审计与鉴证	6.201	390.041	0.000***	0.56	0.379	0.731
财务管理	7.438	383.530	0.000***	0.59	0.430	0.740
沟通及协调能力	12.891	352.823	0.000***	0.86	0.725	0.985
团队合作能力	5.751	390.089	0.000***	0.45	0.296	0.604
人际交往能力	9.877	368.451	0.000***	0.74	0.597	0.893
应对压力及合理安排时间能力	9.735	389.300	0.000***	0.75	0.603	0.907
系统分析能力	11.606	394.541	0.000***	0.84	0.698	0.982
逻辑性和批判性思维能力	13.239	365.330	0.000***	0.94	0.800	1.080
决策能力	19.268	252.370	0.000***	1.33	1.190	1.460
解决问题的能力	9.178	397.988	0.000***	0.72	0.570	0.880
人才培养能力	15.361	322.177	0.000***	1.26	1.094	1.416
国际竞争能力	12.429	394.125	0.000***	1.31	1.103	1.517
管理和监督能力	15.068	288.981	0.000***	1.16	1.008	1.312
遵循法律、法规	5.282	313.317	0.000***	0.29	0.182	0.398
正直	4.043	385.855	0.000***	0.25	0.128	0.372
客观	3.525	395.554	0.000***	0.26	0.117	0.413
关注公众利益和社会责任	8.372	341.669	0.000***	0.77	0.593	0.957
终身学习的责任	3.514	385.061	0.000***	0.27	0.121	0.429
政策水平	10.312	368.326	0.000***	0.83	0.672	0.988

注:表中***、**和*分别表示在1%、5%和10%的水平上显著(双尾t检验)。

表 4-24　各能力要素对中级会计人员和初级会计人员重要性差异 t 检验

能力项目	t	df	Sig. (2-tailed)	Mean Difference	95% Confidence Interval of the Difference	
					Lower	Upper
人文知识	5.566	396.720	0.000***	0.56	0.362	0.758
自然知识	4.400	397.896	0.000***	0.41	0.227	0.593
艺术知识	3.456	397.664	0.001***	0.37	0.159	0.581
外语	7.115	397.185	0.000***	0.74	0.532	0.938
经济学	9.406	385.671	0.000***	0.90	0.708	1.082
数量方法和统计学	5.684	378.344	0.000***	0.62	0.402	0.828
组织行为学	10.844	396.338	0.000***	1.07	0.872	1.258
金融市场	11.791	395.462	0.000***	1.06	0.879	1.231
管理学	12.398	389.340	0.000***	1.09	0.917	1.263
战略管理	12.090	387.614	0.000***	1.22	1.017	1.413
营销学	7.469	397.614	0.000***	0.75	0.553	0.947
企业与环境	9.542	395.281	0.000***	0.91	0.723	1.097
风险管理	8.712	379.006	0.000***	0.94	0.724	1.146
企业信息系统	6.590	385.366	0.000***	0.68	0.477	0.883
信息环境下的内部控制	8.017	389.743	0.000***	0.81	0.611	1.009
电子商务知识	4.792	394.341	0.000***	0.48	0.280	0.670
财务和管理软件的应用知识	2.111	386.131	0.035**	0.21	0.015	0.415
财务会计与报告	7.007	377.923	0.000***	0.63	0.453	0.807
成本管理会计	6.978	373.694	0.000***	0.62	0.442	0.788
税收	7.956	389.677	0.000***	0.75	0.561	0.929

能力项目	t	df	Sig. (2-tailed)	Mean Difference	95% Confidence Interval of the Difference	
					Lower	Upper
法律	6.090	387.417	0.000***	0.57	0.386	0.754
审计与鉴证	7.969	395.456	0.000***	0.80	0.599	0.991
财务管理	11.142	382.862	0.000***	1.07	0.881	1.259
沟通及协调能力	10.252	364.266	0.000***	0.95	0.768	1.132
团队合作能力	5.520	343.836	0.000***	0.51	0.331	0.699
人际交往能力	6.589	380.569	0.000***	0.63	0.446	0.824
应对压力及合理安排时间能力	6.892	379.171	0.000***	0.65	0.465	0.835
系统分析能力	12.876	368.702	0.000***	1.15	0.974	1.326
逻辑性和批判性思维能力	10.210	375.720	0.000***	0.95	0.767	1.133
决策能力	12.615	394.404	0.000***	1.21	1.021	1.399
解决问题的能力	9.398	366.652	0.000***	0.89	0.700	1.070
人才培养能力	13.393	393.618	0.000***	1.41	1.203	1.617
国际竞争能力	8.729	396.979	0.000***	0.99	0.767	1.213
管理和监督能力	12.175	384.683	0.000***	1.32	1.107	1.533
遵循法律、法规	2.175	358.701	0.030**	0.18	0.017	0.343
正直	2.312	350.750	0.021**	0.20	0.029	0.361
客观	2.115	368.498	0.035**	0.20	0.014	0.376
关注公众利益和社会责任	4.111	375.133	0.000***	0.52	0.271	0.769
终身学习的责任	1.992	382.213	0.047**	0.19	0.002	0.378
政策水平	7.652	376.481	0.000***	0.80	0.594	1.006

注：表中＊＊＊、＊＊和＊分别表示在1%、5%和10%的水平上显著(双尾t检验)。

根据表 4-24 统计结果分析得到:各能力因素对于中级会计人员和初级会计人员的重要性存在显著性差异。财务和管理软件的应用知识、遵循法律与法规、正直、客观和终身学习的责任这五个因素在 5%水平上显著,其余各项能力因素均在 1%水平上显著,所以接受原假设 2,且各能力要素对中级会计人员的重要性都大于初级会计人员。但这一结论并不表明这些能力要素对中级会计人员都很重要、对初级会计人员都不重要,前面已从均值角度对各能力的重要性做过分析。

表 4-25 各能力要素对高级会计人员和初级会计人员重要性差异 t 检验

能力项目	t	df	Sig. (2-tailed)	Mean Difference	95% Confidence Interval of the Difference	
					Lower	Upper
人文知识	14.287	394.721	0.000***	1.55	1.337	1.763
自然知识	10.419	378.568	0.000***	1.09	0.888	1.302
艺术知识	7.818	376.651	0.000***	0.95	0.707	1.183
外语	13.515	397.228	0.000***	1.46	1.248	1.672
经济学	18.857	389.733	0.000***	1.82	1.630	2.010
数量方法和统计学	8.615	395.607	0.000***	1.00	0.768	1.222
组织行为学	26.738	391.008	0.000***	2.38	2.210	2.560
金融市场	25.827	383.105	0.000***	2.19	2.028	2.362
管理学	26.393	385.533	0.000***	2.29	2.119	2.461
战略管理	32.464	305.036	0.000***	2.83	2.654	2.996
营销学	15.616	395.807	0.000***	1.65	1.447	1.863
企业与环境	23.572	394.025	0.000***	2.23	2.044	2.416
风险管理	24.531	261.755	0.000***	2.22	2.042	2.398
企业信息系统	10.478	387.831	0.000***	1.09	0.885	1.295
信息环境下的内部控制	15.722	348.967	0.000***	1.45	1.269	1.631
电子商务知识	8.832	397.730	0.000***	0.91	0.704	1.106
财务和管理软件的应用知识	−2.178	397.994	0.030**	−0.24	−0.457	−0.023

能力项目	t	df	Sig. (2-tailed)	Mean Difference	95% Confidence Interval of the Difference	
					Lower	Upper
财务会计与报告	6.320	396.188	0.000***	0.61	0.420	0.800
成本管理会计	5.433	397.989	0.000***	0.54	0.341	0.729
税收	11.293	379.630	0.000***	1.03	0.847	1.203
法律	15.859	307.463	0.000***	1.29	1.130	1.450
审计与鉴证	14.385	379.544	0.000***	1.35	1.165	1.535
财务管理	18.480	348.134	0.000***	1.66	1.479	1.831
沟通及协调能力	21.555	293.389	0.000***	1.81	1.640	1.970
团队合作能力	9.861	371.007	0.000***	0.96	0.773	1.157
人际交往能力	15.750	326.292	0.000***	1.38	1.208	1.552
应对压力及合理安排时间能力	15.711	352.262	0.000***	1.40	1.229	1.581
系统分析能力	22.999	351.015	0.000***	1.99	1.820	2.160
逻辑性和批判性思维能力	22.353	316.939	0.000***	1.89	1.724	2.056
决策能力	33.853	243.325	0.000***	2.54	2.387	2.683
解决问题的能力	17.130	365.647	0.000***	1.61	1.425	1.795
人才培养能力	30.089	302.500	0.000***	2.67	2.491	2.839
国际竞争能力	21.208	389.343	0.000***	2.30	2.087	2.513
管理和监督能力	27.533	262.567	0.000***	2.48	2.303	2.657
遵循法律、法规	6.468	260.639	0.000***	0.47	0.327	0.613
正直	5.548	315.552	0.000***	0.45	0.287	0.603
客观	5.125	353.740	0.000***	0.46	0.283	0.637
关注公众利益和社会责任	11.574	294.340	0.000***	1.29	1.075	1.515
终身学习的责任	5.208	349.468	0.000***	0.46	0.289	0.641
政策水平	17.096	321.020	0.000***	1.63	1.442	1.818

注：表中***、**和*分别表示在1%、5%和10%的水平上显著(双尾t检验)。

根据表 4-25 统计结果分析得到：各能力因素对于高级会计人员和初级会计人员的重要性存在显著性差异。除了财务和管理软件的应用知识(在 5% 水平上显著)项目外，其余各因素均在 1% 水平上显著，所以接受原假设 3。从表 4-25 还得知，财务和管理软件的应用知识项目(在 5% 水平上显著)的 t 值为 -2.178，说明相对于高级会计人员而言，财务和管理软件的应用知识对初级会计人员更为重要。因为初级会计人员的工作职责要求其应具备较强的实务操作能力。除财务和管理软件的应用知识项目外，高级会计人员对其他各项能力的要求都比初级会计人员高。这一结论并不表明这些能力要素对高级会计人员都很重要、对初级会计人员都不重要，前面已从均值角度对各能力的重要性做过分析。

对比表 4-2 和表 4-1，2010 年实务界对各级会计人才能力需求较 2005 年有所增加。

3. 比较分析

实证结果表明，各级会计人员应具备的能力存在显著性差异，而且对高层次会计人员能力的要求程度比低层次会计人员高。高级、中级、初级会计人员的问卷调查结果比较分析如下：

(1)职业价值观是各层次会计人员应具备的首要能力，已成为各级会计人员的基本能力要求，其中遵循法律、法规受到最大的关注[①]。这在一定程度上反映了在会计诚信缺失环境下，面对外界对会计职业道德行为的压力，会计人员已充分认识到职业价值观的重要性，认识到只有遵循法律、法规，才能保证会计信息的真实、可靠，维持正常的经济秩序，才能在社会对会计人员高度期望下更好地保护自己。同时，职业价值观也是保护公众利益的重要保证，是社会对会计人员的要求。

(2)越是高层次的会计人员对职业技能的要求越高。①高级会计人员必须具有很强的职业技能，调查结果显示被调查者对 11 项职业技能的评价均值都在 4 以上，除国际竞争力指标外，其余 10 项的评价均值都在 4.6 以上。②

---

① 我们的调查结果与林志军、熊晓燕等人 2005 年的调查结果基本一致。林志军、熊晓燕等将职业态度(professional demeanor)归到技能(skills)类，评价均值居技能类之首，仅次于知识类(knowledge)的财务会计(financial accounting)、金融(finance)、管理会计(management accounting)、税收(taxes)项目(Z. Jun Lin，Xiaoyan Xiong，Min Liu，2005)。

中级会计人员也应拥有较强的职业技能。调查结果表明,11 项指标的评价均值都超过 3,其中团队合作能力、解决问题能力的评价均值大于 4,被调查者认为这两项技能对于中级会计人员来说是重要的技能。③对初级会计人员的职业技能要求较低。11 项指标中,被调查者评价值超过 3 的指标仅有团队合作能力、人际交往能力、应对压力及合理安排时间能力、解决问题能力及沟通协调能力(均值都在 3～4 之间)。其中被认为最重要的能力是团队合作能力。根据调查结果可知,实务界认为所有的会计人员都应具有团队合作能力、人际交往能力、应对压力及合理安排时间能力、解决问题能力及沟通协调能力。

(3)各层次会计人员对职业知识的要求不同。对高级会计人员而言,职业技能的重要性程度要大于职业知识(包括一般知识、组织行为和经营管理知识、信息技术知识和会计、财务及相关知识)。中级会计人员的会计、财务及相关知识及信息技术知识比职业技能重要;初级会计人员较关注会计、财务及相关知识与信息技术知识,是否具备组织行为和经营管理知识、一般知识对初级会计人员来说并不重要。而且,实证结果表明,越低层次的会计人员对操作性知识的要求越高。这一结论与当前我国各级会计人员所从事的主要工作内容具有较大的相关性。

通过对招聘信息及问卷结果的分析,我们已初步了解了会计人员的能力框架现状及实务界对各级会计人员的能力需求。实证结果表明,各能力要素对各级会计人员的重要性存在显著性差异,总体而言,对高层次会计人员各项能力的要求程度比低层次会计人员高。这一结果有力地证明了分层次构建我国会计人员能力框架的必要性和重要性。职业价值观已成为各级会计人员的最重要能力;越是高级的会计人员对职业技能的要求越高,对高级和中级会计人员而言,职业技能的重要性程度要高于职业知识;低级会计人员主要应具备会计、财务及相关知识和信息技术知识等实务操作所必需的知识。下一章将以此为基础,构建各级会计人员的能力框架。

第五章 我国会计人员能力框架的构成设计

在第四章对我国各级会计人员能力现状调查分析的基础上，本章综合考虑我国各级会计人员的主要工作任务的变化，借鉴国际先进经验，采用以能力要素法为主、结合应用功能分析法的分析框架，构建出了涵盖职业知识、职业技能、职业价值观三大模块的各层次会计人员能力框架。在此基础上，探讨了职业知识、职业技能和职业价值观并重的能力评价体系，进而构建出评价指标体系，并对该指标体系的运用进行了说明。

第一节 会计人员能力框架的构建方法与能力要素分析

一、会计人员能力框架构建的方法

在导论部分已明确本研究的目的之一就是要为会计教育（学校教育及后续教育）以及会计教育由知识型向能力型转型提供理论指导框架。考虑各相关学科的内在关系，作为会计教育课程体系设计的支持框架，职业能力框架应以能力要素法为基础。在能力要素法下，研究基点是能力（capabilities），而不是胜任能力（competencies）。能力可按知识、技能和价值观来分类。这种能力模式的设计便于适应各实务层次不断增加的责任，且便于确定后续职业教育的发展方向[①]。陈小悦教授曾用这么一个比喻来生动说明价值、知识和技能三者的关系[②]:从业人员的工作类似于车夫驱赶马车,知识是马,靠知识来拉车;技能是车夫的鞭子,用来驾驭;品质[③]是车夫对方向、道路、马车运行的速度和平稳性的把握。三者结合使马车能够高速、平稳(不翻车)地到达目的地。第一章已经对当前会计人员能力框架的构建方法——功能分析法和能力要素法进行了分析。本研究对会计人员能力框架的搭建融合采用两种方法:主要采用能力要素法,同时结合采用功能分析法对各层次会计人员的岗位职责予以分析。

第一章已经对当前会计人员能力框架的构建方法——功能分析法和能力要素法进行了分析。本研究对会计人员能力框架的搭建融合主要采用能力要素法,同时结合采用功能分析法对各层次会计人员的岗位职责予以分析。

本章以第四章的研究成果为基础,结合对我国各层次会计人员的工作任务与角色的研究,构建我国高、中、初级会计人员的能力框架。

功能分析法和素质能力法之间存在着明显的差异,这种差异不仅体现在两种方法对能力的定义上,同时也体现在两种方法的应用过程中。

1. 使用功能分析法可以得到非常详细的胜任能力表(detailed lists of competence),胜任能力表中列出会计人员在工作中承担可观察到的角色和任务,并将其分解为单位和元素,对每一个元素都会介绍其业绩标准,以此作为评价职业会计人员的工作是否达到实际工作要求的标准。而使用素质能力法则会得到高层次的素质能力列表(list of high-level capabilities),并将素质能力按照一定的方法进行分类描述。

2. 功能分析法注重的是工作胜任能力,这种胜任能力是由会计人员的工作结果来体现的;而素质能力法则强调从事工作所需要的素质能力,如知识、技能和职业价值观念。

3. 单独应用功能分析法或素质能力法会带来不同的问题。在应用功能分析法的时候,由于只能通过观察职业会计人员在工作场所的表现来推断他们

---

① 参见 IEP2 Towards Competent Professional Accountants(IFAC,2003)。

② 陈小悦. 知识经济时代的注册会计师职业能力框架.《中国会计年鉴》,2003, pp. 303～304。

③ 这里的品质在本书中称为价值观。

的能力，因此具有一定的局限性。同时，功能分析法试图充分详细地界定工作中所需的能力，以便于客观地评估判断被评估者是否应该进入职业领域或保持执业资格。然而从另一个方面来说，过多的细节会使能力评估变得繁琐而复杂，反而不利于达到预期的目标。同样的，单独使用素质能力方法的支持者也会发现他们需要通过不断地对职业会计人员的实际工作表现进行观察，以此来确定适当的素质能力要求。

二、分层次构建会计人员能力框架的必要性

(一)会计人才是分层次的

会计人员是我国专业技术人才队伍的重要组成部分，是引导资源合理配置、维护社会主义市场经济秩序、保护社会公众利益、促进经济社会协调可持续发展的重要力量。会计人才是一个整体，会计人才又是分层次的，科学评价、严格选拔不同层级的会计人员，是充分发挥会计职能作用不可或缺的重要内容。按照《会计人才规划》，我国会计人才发展的战略目标是到 2020 年力争使各类别高、中、初级会计人才比例达到 10 ∶ 40 ∶ 50，使会计人才的分布、层次和类别等结构趋于合理。

加强会计人才队伍建设，着力培养高层次会计人才，并以此引导和带动我国会计人才队伍发展，不仅关系到提高会计行业核心竞争力、确保会计工作促进经济社会发展的职能作用有效发挥，而且关系到全国实施人才战略、建设创新型国家的大局。

随着人才强国战略的深入实施，会计人才在推动企事业单位现代化管理、提升企事业单位核心竞争力、引导社会资源合理配置、保障社会公众利益、维护国家经济安全和市场经济秩序等方面发挥着越来越重要的作用。目前，高级会计师、总会计师、全国会计领军人才、教授职称以上的会计教育工作者等高层次会计人才，在我国经济社会发展过程中发挥着重要的引领、辐射和带动作用，日益受到社会各界的重视和尊重。追求自初级会计人才成长为中级会计人才，自中级会计人才成长为高级会计人才，已经成为我国会计人才发展奋斗的层级目标。

随着我国改革开放的不断深入和市场经济的快速发展，会计职能范围不断拓展，会计工作日渐成为经济管理工作的重点内容之一。在经济管理工作

中，既需要相当数量的高层次会计人才，也需要大量从事日常工作的初中级会计人才。推进会计人才建设，不能仅仅抓住会计人才中的一个侧面或一个部分，要在抓好重点领域高端会计人才建设的前提下，统筹兼顾，推动其他各类各级会计人才的均衡发展。其他各类各级会计人才包括在企事业单位中未取得高级专业技术资格的会计人员、会计师事务所中高级经理职务以下的从业人员、科研院校中副教授和副研究员职称以下的教师、农村财会人员以及其他专门会计人才，等等。从我国会计人才的结构现状和未来发展趋势看，在短时间内，这些会计人才将仍然占我国会计人才总量的较大比重。他们数量多，分布广，既承担着企事业单位经营管理、会计核算、内部控制、信息化建设以及社会中介审计、会计理论研究等领域各项基础性工作，又是各领域高端会计人才的重要储备；既服务于企事业单位、注册会计师行业、会计理论研究等经济管理领域，又服务于新农村建设、反腐倡廉等社会管理领域。无论是从我国经济社会发展的大局，还是从会计人才发展的全局来看，都应当高度重视其他各类各级会计人才建设。

我们在强调会计人才建设"高端引领"作用的同时，也不能忽视初中级会计人才的协调发展。只有这样，才能与经济社会发展和单位内部经营管理需要相匹配。会计人才建设强调"整体开发"，就是要实现会计人才结构的整体开发，实现会计人才素质的整体开发，实现会计人才分布的整体开发。为统筹推进各类别、各层级会计人才队伍建设，促进会计人才队伍整体协调发展，《会计人才规划》指出，要"统筹各类别、各层级会计人才资源开发，培育会计人才爱岗敬业、诚实守信、廉洁自律、客观公正、坚持准则、参与管理的会计职业道德精神，实现会计人才队伍全面协调健康发展"。《会计人才规划》提出"要突出重点，兼顾一般，在着力培养高级会计人才的同时，重视会计从业人员、会计初中级人才的培养，促进会计人才资源结构优化、布局合理，努力打造一支职业道德水准高、业务娴熟、技能综合、职业判断能力强的会计人才队伍"，力争将我国不同类别、不同层级的会计人才整体素质提升到一个新的高度。

(二)建立分层次的能力框架体系是适应我国经济社会发展的重要举措

改革开放30多年来，我国经济社会发展取得了巨大成就，国家综合实力显著增强。我国经济总量已跃居世界第三位，GDP连续30多年保持高速增长。2008年国际金融危机引发世界格局重大调整，中国经济加速融入世界经济体系,中国的国际地位加速上升。经济越发展,会计越重要。会计工作是经济社会发展的基础性工作;会计人才是经济社会发展所必需的基础性、管理型人才。加快我国不同级次会计人才培养和发展,完善不同级次会计人员知识结构和能力框架,不断提升会计人员专业水平和业务素质,有利于促进我国经济社会持续健康发展,有利于会计改革事业顺利推动,有利于深入贯彻实施人才强国战略。

(三)深化会计职称制度改革需要分层次能力框架作为指导

会计职称制度作为会计人才评价的主要手段,是进行人才配置和使用的基础。《会计人才规划》明确提出,深化会计职称制度改革,要不断完善和提升不同层级会计专业技术人才的知识结构和能力框架。为满足经济社会发展对会计人才的迫切需求,必须认真总结我国会计人才评价工作经验,深入贯彻实施《会计人才规划》,加快推进会计职称制度改革。《会计人才规划》明确指出:"着力改革现行会计专业技术资格制度,增设正高级会计专业技术资格,形成初级、中级、高级(含副高级和正高级)等层次清晰、相互衔接、体系完整、逐级递进的会计专业技术资格体系。"

三、能力要素分析

个体的能力是多种能力要素的有机综合体,卓越的绩效是多种能力要素共同作用的结果,依靠单个能力要素不可能取得理想的业绩。一个会计人员要想成为有能力的会计师,必须要拥有一定数量的执业所需的知识、一定的技能、运用知识解决实际问题的能力以及职业工作方法。参照 IFAC 的研究成果,本研究将会计人员的能力分为职业知识、职业技能和职业价值观。

(一)职业知识

知识是胜任能力的基础。一个知识渊博的人,往往见解深刻,思考问题比较周密,处理问题的能力比一个没有知识或知识面狭窄的人更强,成功的把握更大。凡不以知识为基础的能力充其量只能是一种低级的技能,甚至是本能。正是由于已掌握的知识的广泛迁移,个体才形成系统化、概括化的心理结构,从而形成某种能力。21 世纪市场运作往往会出现各行业相互渗透、相互交叉的情况,这就需要会计人员具备多元化的知识结构。总体来说,会计人员需要具备的知识包括基础知识和专业知识两部分。

1.基础知识

从科技发展趋势来看,知识更新是快的,但所更新的并不是基础知识,因为基础知识是知识更新的原动力。知识的更新除主观努力外,还依赖于扎实的基础知识。有了扎实的基础知识,才能有较强的应变能力和自学能力。只有知识面宽广才能触类旁通,很快地吸收新知识,获得创造力。有深厚文化基础的人们,即那些能够进行有效地思考、有效地交流、能够进行抽象性的逻辑思维和批判性分析的人们都具备扎实的基础知识。有基础知识作为文化背景的人能够进行更好的决策、判断且具备更强的专业胜任能力。所以,我们要求会计人员应有深厚扎实的基础知识和广阔的知识面。

会计人员应具备的基础知识主要包括人文知识、自然科学知识、艺术知识、外语等。会计依存于一定的社会经济、政治、法律和文化等环境。文化历史、社会政治、数理经济甚至美学艺术,都有助于会计人员了解其与其他专业之间复杂的相互依赖关系,并与各种不同背景的人交往。人文科学知识对会计人员开阔眼界、开启智力、陶冶情操起着重大的作用,对确立和改造人生观、价值观起巨大的影响作用。人文教育的核心,就是要培养学生完善的人格、独立的个性、健康的心理、强烈的社会责任感。当今世界,学科之间渗透和交叉不可避免。在知识经济时代,会计人员的专业素质与文化素质是相辅相成的,会计职业在走向市场的过程中,需要有文化底蕴的积淀作为配套,才能使得专业知识技能得以更有效的发挥。

随着世界经济一体化的逐步形成和会计国际化趋势的加强,会计要真正成为"国际通用的商业语言"、会计人员要真正参与企业的经营与决策,都迫切要求会计人员至少精通一门以上的外国语言。经济全球化和商品交易日益国际化的趋势下,国际交易中充斥着大量英语的商业信函、合同文本、支付手段等,使得外语的重要性凸显。同时,金融国际化的快速发展也使掌握外语的重要性提高。

基础知识的掌握有利于会计人员全面素质的提高,会计人员全面素质的提高又有利于提高其专业发展潜力。在竞争不断加剧的社会经济环境中,会计人员应努力拓宽专业视野,熟悉相关学科知识。社会科学和自然科学知识的学习,会加深对本专业知识内涵的认识和了解,使知识结构更趋合理。

问卷结果表明,被调查者认为只有高级会计人员应具备人文知识、自然科学知识和外语能力,而对中级及初级会计人员都无此需求。我们认为,基于以上分析，人文、自然科学、艺术、外语等知识是高素质会计人员的必备条件。中级会计人员作为会计队伍的主力军、高级会计的后备人才，也应具有多元的知识结构。

2.专业知识

专业知识构成会计职业的主题以及其他商业学科的主题，并且共同组成会计人员知识的最主要部分。会计人员是从事很强的专业性工作的人才，因此，专业知识是其知识结构的核心部分，也是其知识结构的特色所在。会计人员需要有精深的专业知识，所谓精深，是指会计人员对自己所要从事专业的知识和技术的理解具有一定的深度，有质和量的要求，对基本概念、理论体系、研究方法、学科历史和现状、国内外最新信息等都要了解和把握。同时，对其专业邻近领域的知识也要有所了解和熟悉，善于将其所学的领域与其他相关知识领域紧密联系起来。

专业知识包括：组织行为和经营管理知识，会计、财务及相关知识和信息技术知识。

(1)组织行为和经营管理知识。组织行为和经营管理知识提供了会计人员工作的具体环境。关于企业、政府及非营利组织的广泛知识对高层次会计人员十分重要。组织行为和经营管理知识包括企业怎样组织、融资及管理，以及企业运营的全球环境等。这类知识为会计人员进行职业操作提供了背景知识，提供了有关企业经营运转的环境背景知识，加强会计人员对经济、法律、商业及组织运作环境的广泛理解。组织行为和经营管理知识应包括以下学科领域：经济学、数量方法和统计学、金融市场、组织行为学、管理学、战略管理、营销学、企业与环境、风险管理。随着市场经济的全球化趋势以及投资和经营界限的扩大，高、中级会计人员需要用一种更广泛的全球视野来了解国际商业和其他组织经营的情况，才能更好地履行工作职责。组织行为和经营管理知识是高、中级会计人才应具备的专业知识。

(2)信息技术知识。信息技术已经改变了传统会计人员的角色。信息技术的发展使会计人员的工作任务和角色发生了变化，会计人员不仅要能运用会计信息系统、熟练掌握 IT 控制技能，而且还应在设计和管理信息系统中发挥重要作用。网络的发展，使得经济交易及方式发生了很大变化，从网上支付、网上销售到网上理财等都与传统商品交易方式有着许多不同的地方。新技术、新观念将贯穿于新的商品交易和商品结算过程中，使会计人员的知识面临严重冲击。会计人员必须懂得信息技术、网络技术、软件开发与设计、软件操作等一系列新的技能和知识。越高层次的会计人员对信息技术知识的要求越高。初级会计人员可能只要掌握基本的会计财务软件应用知识,而高级会计人员则要提出会计信息系统设计的思路、组织会计信息生产。

(3)会计、财务及相关知识。会计、财务及相关知识提供了会计职业的厚实的技术背景,是会计人员执业需要的最核心的知识基础,这对于成为成功的职业会计师十分重要。根据《会计法》,会计核算、会计监督是会计人员的主要职责,会计人员要想做好本职工作,就必须掌握必要的会计、财务及相关知识。但会计人员需要的会计、财务及相关知识也会随着会计环境的变化而变化,新的专业知识点不断涌现以满足市场需求的迅速变化。财务会计与报告、成本管理会计、税收、审计与鉴证、财务管理这些都是与会计人员财务职能的履行密切相关的知识,只是对不同层次的会计人员来说在重要性程度上有所差别。法律知识之所以重要,是因为在我国商业诉讼经常发生,但在不完善的立法系统下,要解决这些问题却相当困难,会计人员应熟悉、理解相关法律知识,才能应付各种诉讼,更好地解决问题。因此,在当前,法律知识对会计人员来说相当重要。

一个完美的会计人员必须同时具备深厚的基础知识和精深的专业知识。但是我们不可能要求所有会计人员都同时具备这些知识。各级会计人员具备的能力应能满足其所从事的工作。如作为一名称职的高级会计人员,应有广泛的知识视野,在具备公司高级管理人员的"基础性"能力的同时,还要具备高级会计专业人员能力。而作为初级会计人员,则具备会计、财务及相关知识就能较好地完成本职工作。

总之,会计人员需要宽阔的知识视野,这些知识是职业技能发展的基础。会计人员需要的知识会不断变化和拓展,而且不同的情况、不同的条件可能需要不同的知识,因而我们在本研究中给出的主要是宽基础的知识项目,这些知识在会计师的职业生涯中将不断得到更新、提升。

(二)职业技能

知识可能会随着时间的推移和环境的变化而过时,但技能却是支持会计人员在越来越复杂、苛刻的环境中履行工作职责的必备能力。

技能是胜任能力的重要组成部分,恰当的职业技能能够帮助会计人员正确地运用他们通过教育所获得的知识。技能通常不是通过学习一门具体的课程而学到的，而是通过会计课程和会计实践的综合作用而获得的。

国际会计师联合会（IFAC）的《国际教育准则》第 3 号“职业技能内容”提出，会计职业技能包括：智力技能（intellectual skills）、技术与功能性技能（technical and functional skills）、个人技能（personal skills）、人际交往与沟通技能（interpersonal and communication skills）、组织和企业管理技能（organizational and business management skills）等 6 项。适当的职业技能为会计人员提供了竞争优势。职业技能并非都从学校教育中获取，也并非所有的技能都能在进入职业时就拥有，很多技能是在后续教育中、在不断积累的经验中得以发展的，是通过终身学习得来的。

相关技能能够使职业会计师在市场中具有竞争优势。将技能纳入能力结构的重要性在许多的研究中得到了证实。Lee & Blaszczynski（1999）就曾调查了《财富》杂志 500 强企业的主管对会计毕业生所必须具备的技能的理解。这些主管人员认为随着时间的消逝，会计毕业生会计知识的重要性在减弱，而计算机技术、沟通技术及团队技术的重要性在不断增强。职业技能是具有长期发展价值的能力，而不是迅速变化的知识内容。

综合第三章、第四章的分析，笔者认为一个高层次的完美的会计人员应拥有沟通及协调能力、管理和监督能力、系统分析能力、解决问题的能力、逻辑性和批判性思维能力、团队合作能力、人际交往能力、人才培养能力、应对压力及合理安排时间能力、决策能力、国际竞争能力等。

1. 沟通及协调能力

有效的沟通使职业会计师能够接收、传达信息，并由此形成合理的判断和进行有效的决策。沟通与协调能力包括：通过正式的、非正式的、书面的和口头的交流有效地提出、讨论、报告和辩论观点；有效地倾听和阅读，包括对文化和语言差异的敏感性；借助周围人群、书面资料和电子渠道，寻找、获得、组织、报告和运用信息的能力等。

会计部门一般是企业的一个综合性管理部门，除对外与股东、银行、工商、税务等部门的沟通外，作为信息掌握者和提供者的会计人员，还应与企业内部业务部门人员进行相互沟通，良好的沟通为会计人员参与经营决策提供了良好的契机。有效的沟通者传递出的信息明确、强有力、具有说服力。会计人员的工作始于最贴近公司生产一线的经营工作，所以企业所有的会计人员都必须具备该项能力。高级会计人员更要具备该项能力，他们应能有效地与股东、企业CEO等高层领导或经营部门的负责人进行沟通，协调各方利益；他们需要与政府主管或监管部门、银行、中介机构等及时沟通，为公司争取良好的外部环境；他们还需要代表企业走进国内外资本市场，努力使自己成为资本市场沟通的桥梁纽带。

2. 解决问题能力

良好的解决问题的能力是当问题接踵而来而且复杂度不断升高时，能够系统地找出问题的成因，以最有效率的方式予以解决。人才已经成为企业取得竞争优势的关键，而人才的价值又体现于解决问题的能力上。一个人才的竞争力必须表现为卓越的解决问题的能力。解决问题的能力反映的是个体在遇到具体问题时的认知过程、认知路径、认知模式和认知图的有效程度。这一能力是人进行各有关活动的基本能力，解决问题能力的强弱对其他能力具有直接的影响和制约作用。对瞬息万变的社会，会计人员应能够在不熟悉的环境下发现存在的问题并解决问题。解决问题能力包括：对信息进行有效、可靠的评价，应用经验和比较形成各种意见，征求不同意见并在适当时候予以统一，恰当估计所需的时间和资源，考虑各种问题的非常规的解决方案等。解决问题不仅是高层会计人员的事，即使最初级的会计人员也应能解决日常的会计处理问题。

3. 团队合作能力

在高速运转的工作环境下，团队成为主要的作业方式，现代企业的成功更加依赖于整个团队的表现。团队就是一种为了实现某种目标而由相互协作的个体组成的工作群体。团队合作模式对个人的素质有较高的要求，除了应具备优秀的专业知识以外，还应该有优秀的团队合作能力，这种合作能力有时甚至比专业知识更加重要。团队合作能力是现代高素质人才必备的能力。

会计工作岗位分工明确，每一岗位都有其明确的职责。有分工就有合作，必须对团队内各成员具体负责的工作进行有机整合，以实现整体财务目标。尽管各级会计人员职称层次不同，各自的职责不同，从事的工作范围大小不同，但都必须从整体出发，紧密配合，共同做好本职工作。会计人员常常要通过团队合作来解决具体财务问题，这可能包括在本部门内合作和与其他部门的财务专家的合作。高级会计人员还应是一个团队的创建者，应团结并鼓励组织内所有人员互相配合，在团队合作中还要负起监督的责任，促使财务部门各成员都负责地完成好本职工作。

4. 人际交往能力

人际交往能力实际上就是与他人相处的能力。人际交往技能使职业会计师为了组织的共同利益而与其他人一起工作。人际交往能力包括：与他人在协商过程中工作，以抵挡和解决冲突；与不同文化和知识背景的人员相互影响；在专业背景下商谈可接受的解决方案和协议；在一个跨文化的环境中有效地工作等。

美国前总统罗斯福曾说：成功的公式中，最重要的一项因素是与人相处。现代社会分工越来越细，越来越复杂，职务越来越专业化。在知识转化为生产力的过程中，需要不同行为者之间进行大量的交流与合作，人际交往能力已成为现代人一种非常必要的素质能力。卡耐基认为，如果人的能力和成功以100%来衡量，其中知识占人的能力和成功的15%，而那剩下的85%在于人的人际交往能力。会计人员之所以要具备坚实的人际交往能力，是因为他得与企业的每一个人打交道、与企业外部打交道。会计人员需要具备人际交往能力与合作能力，才能完成自己的专业工作和与之相关的创新工作。能否正确、有效地处理好人际关系，不仅影响到他们对环境的适应状况，而且影响着他们的工作效能、心理健康和事业的成败。人际交往能力是每个会计人员都必须具备的能力。

5. 应对压力及合理安排时间能力

压力是个体基于外界刺激产生的一种紧张状态。随着经济的迅速发展、社会的不断变化，各层次会计人员都面对越来越大的压力。对于高层会计人员来说，他们的压力主要来源于个人责任、社会责任、角色冲突、人际关系和日常烦扰等，个人责任是其首要的压力来源，由于他们的职位决定了他们的任何一个决定都可能影响企业的经营。高级会计人员能力发展中变得越来越重要的部分是压力管理，他们得应对来自管理层、投资者及其他利益相关者的压力。而且，如今由于效率的提高很多任务被外包出去，信息技术的发展使得会计人员从繁琐的财务会计与报告中脱离出来，高级会计人员越来越需要根据如何为企业提供增值服务这一标准重新定义他们的工作。财务效率的重点变为高级会计人员自身能为企业提供多少价值的压力。而对中级及初级会计人员来说，他们的压力主要来源于职业发展。会计改革的深化也使会计人员应面对不断变化的制度、准则及层出不穷的新事物和新业务等压力源。面对重重压力，会计人员要有效地运用时间，提高工作效率，力争在相同的时间里做更多的事，而且做得更好，成为一名出色的会计人员。

6.管理和监督能力

对会计人员来说，管理和监督能力已经越来越重要。会计职能的转换，使得会计人员被要求在组织每日的管理中起到更加积极的作用。管理与监督能力包括：战略计划、项目管理、人力资源管理和决策制定；组织和委派任务、激励和发展人员的能力；领导能力；专业判断和识别能力等。

以前会计人员的角色主要是为其他信息使用者提供信息，而现在，高级与中级会计人员应对企业财务活动进行管理和监控，他们必须履行传统的“管家”职能，而且还应对各项财务计划或战略计划实施事前、事中和事后监督。高级会计人员通常还是决策制定小组中的成员，参与公司的决策过程、资源管理、业绩管理的监督等。法律也赋予会计人员一定的监督职责，实施会计内部监督制度。

7.系统分析能力

系统分析能力是以系统的思维去分析、理解问题的能力。在分析过程中，涉及对具体事物的分解、整合以及在众多因素中分清主次，抓住主要、关键因素和矛盾，明确事物之间的联系和事物本身的内部结构关系。在分析过程中，应能建立和运用模型，进行财务分析，提供决策支持。系统分析能力包括：调查能力（发现和评估数据），分析商业和财务数据，系统分析和评论，运用成熟的分析模型支持决策。

我国由于法人治理结构不完善及各方监管的压力很大，高级会计人员和中级会计人员无论是出于自我保护的需要还是出于实现公司的理财目标的需要，都必须具备系统分析能力。而且，高级会计人员还应具有对国际经济、宏观政策、产业发展、金融市场等的系统分析和判断能力，还应能利用分析技术对市场、生产、销售等多方面进行专业判断和宏观决策。

8.逻辑性和批判性思维能力

会计职业通常要求辨别事务的本质并确定解决问题和做出判断的原则和采取的方法。思维能力在整个会计工作过程中起着指导和调节的作用，对会计工作质量控制有着重要的影响。逻辑性和批判性思维能力是与抽象思维、推理演绎、批判性分析等相关的技能。这一技能使数据、知识与洞察力紧密联结在一起，以进行高质量的战略决策。中、高级会计人员如缺乏逻辑性和批判性思维能力，就很难提供有价值的分析报告，或提出逻辑严密的决策建议。会计人员提供建立决策模型、提供决策分析、参与或制定决策、解决各种财务问题等,都需要该项能力。

9.决策能力

决策能力是指根据既定目标认识现状,预测未来,决定最优行动方案的能力;是管理者的素质、知识结构、对困难的承受力、思维方式、判断能力和创新精神等在决策方面的综合表现。管理者必然是决策者。决策能力不仅是人的某一方面能力的表现,从某种程度上说,它是人的各种能力的综合体现。它是建立在人们观察、注意、分析的基础上,运用判断思考、逻辑推理做出的决断。决策能力通常包括适应环境并能促成一些具有建设性的变革,提出各种可供选择方案并予以评价,对抽象化与概念化问题的仔细、有效的思考,分析各种潜在行动的影响。

高级会计人员角色的转换决定了他们必须具备决策能力。企业价值的增加,离不开会计决策。现代财务主管在企业中作为企业的高层管理者要参与企业的经营决策、投资决策、融资决策和股利分配决策等工作。高级会计人才决策能力主要体现为其进行财务决策及参与其他战略决策的能力。

10.人才培养能力

为了给企业的战略创造最大的增值,即使企业招聘的是最好的人才,也要尽量开发他们的潜能。会计人员在校时所受的财务会计教育远不能适应国内外迅猛发展的资本市场、货币市场和信息技术的需要。高级会计人员不仅是企业的财务人员,还是企业的领导者。高级会计人员作为领导者,为了正确、快速进行决策,他们必须依靠整个团队,要善于培养、发掘人才,最好地发挥他们的作用。培训技能是高级会计人员最为根本的人力资源开发与管理能力,尤其在这不断变革的时代更是如此。高级会计人员不一定要亲自进行人才培训和开发,但应具备这方面的能力,如:安排并领导培训和开发,开发符合企业要求的能力,招聘合格的人才。

11.国际竞争力

《会计人才规划》依据会计人才建设的指导方针和发展目标,提出了未来我国会计人才工作的“四大”主要任务:着力培养造就大型企事业单位具有国际业务能力的高级会计人才;着力培养造就具有国际认可度的注册会计师;着力培养造就具有国际水准的会计学术带头人;着力统筹开发其他各类各级会计人才。四大主要任务,有三大与“国际”有关。

经济全球化浪潮不可逆转，我国经济与世界经济已深度融合，这既为我国企业广泛参与国际经济活动提供了巨大机遇与舞台，也为我国会计行业培育具有国际业务能力的高级会计人才提出了迫切需求。为贯彻"走出去"战略，我国建立并实施了与国际趋同的企业会计准则体系，并响应G20会议提出建立全球统一的高质量会计准则的目标，制定发布了《中国企业会计准则与国际财务报告准则持续全面趋同路线图》，需要企业会计人才既能熟练运用会计准则，又能参与国际标准的制定。积极实施"走出去"战略，企业管理的触角已由单纯的境内逐步向全球进行延伸，企业会计人才身在其中，既需要具有国际视野，掌握境外的会计规则和法律制度，又需要具有跨文化交流能力，熟悉国际商务谈判规则和相关宗教、文化背景。与此同时，行政事业单位同样面临着巨大变革和挑战。事业单位企业化转制已列入议事日程，并已逐步推开，迫切需要事业单位会计人才转变传统观念，提升能力素质，按照企业会计人才的能力素质要求进行知识更新。为加强政府绩效考核，强化资产管理，政府会计改革已探索多年，并将列入改革议程，我国广泛参与国际政府会计制度研究，积极借鉴国际上先进的政府会计理念，企业会计准则中成熟理念被逐步应用到政府会计之中，由此需要行政单位会计人才不断更新知识能力体系，积极应对。

经济全球化后，企业面临的不只是国内竞争，同时还面临着更激烈的国际竞争。个人的国际竞争力主要体现为个人的创新能力①。创新能力是人们改造自身与客体的能力，是人们的智慧、能力、心理的最集中的反映，也是指人们发明、设计和管理的能力(张忠元、向洪，2002)。经济全球化及我国加入WTO后，会计工作就会面临更多的新问题。会计人员应具备掌握新知识、新技能并将之用于会计实践不断创新的能力。会计创新主要是会计管理思想的创新，即会计人员在项目决策、筹资理财、内部控制等方面为企业提供建设性建议和信息的能力。会计创新必然会带来管理效率的提高和生产成本的降低，从而提高企业的经济效益，增强企业的竞争力。高级会计人员参与企业的决策过程，这就要求高级会计人员应具备开拓性思维，在会计实践中不断创新，以增强企业的国际竞争力。

① 人才的国际竞争力评价指标体系中，牵涉到人才个人能力的是人才的创新能力。人才创新能力要素是人才国际竞争力评价指标中的一类核心要素(桂召明，2002)。

学历是评价人才国际竞争力的重要指标[①]，高级会计人才的国际竞争力很大程度上依赖于其所受的教育，学历高其国际竞争力一般都会更强。国际竞争力也是高级会计人员区别于其他层次会计人员的主要技能之一。

除此之外，会计人员完成工作任务、履行社会责任过程可能还需要其他的技能，而且技能要素也是不断发展的。但是，我们不能要求所有会计人员都能具备这些技能，根据各级会计人员所从事的主要工作，我们认为越高层次的会计人员需要的技能越多。而且如果能在职业道德的保障下，会计人员职业技能将得以更好的发挥。

（三）职业价值观

价值观是一个人最基本、最深层次的能力，它直接决定了其他能力的形成。职业价值观是会计人员职业能力的前提和基础。职业价值观指职业价值、道德和态度，包括遵循法律与法规、正直、客观、终身学习的责任、关注公众利益和社会责任等。会计人员工作的环境是不断变化的，良好的公司治理和公共管理在很大程度上取决于对职业价值、道德与态度的坚持。对会计人员来说，恰当的职业道德与职业技能一样重要，良好的职业价值观保证会计人员从社会利益和职业利益角度出发进行职业判断、履行工作职责。

会计是一个对国家经济发展非常重要的行业，不断出现的财务丑闻，也使人们开始意识到会计是一个高风险的职业。为了确保市场经济有序运行，维护自身声誉和利益，会计人员必须遵循法律、法规，必须正直、客观。这是对所有会计人员的基本要求。我国在从业资格考试中增加职业道德科目实际上正体现了社会对会计人员职业道德的需求。

职业价值观的建立，使得会计人员了解职业道德、能恰当进行职业判断、具有充分的准备以探讨与诚实、客观性、适度性和公共利益有关的问题。职业价值、道德和态度是会计人员追求的一种境界。职业价值观的重要性正如爱因斯坦所说[②]："仅仅用专业知识教育人是不够的，通过专业教育，学生可成为一种有用的机器，但不能成为一个和谐发展的人，要使学生对价值（社会伦理

---

① 按照国际通行做法，教育、学历和科技人才数量是评价人才国际竞争力的三个量化指标。借鉴这一方法，对个体的国际竞争力也可通过其所受教育、学历指标来评价。

② 转引自：李成、李超、姬建军.现代金融专业人才知识能力结构研究[J].陕西广播电视大学学报.2002(9).vol.4 .No.3.

准则)有所理解并产生热烈的感情,那是最基本的。"

会计人员应有终身学习的责任。从长远来看,灌输终身学习的承诺远比任何知识重要,终身学习是一种需要掌握的技能,一种需要开发的思想态度和社会所认同的价值观。在知识经济时代,技术变革的快速和知识淘汰的加速意味着必须经常不断地进行知识更新。如果说,在农业或工业时代不识字是文盲的话,那么,到了知识经济时代,不会再学习的人就会成为现代文盲而被这个时代所淘汰。会计人员有效发挥作用所需的知识在以极快的速度继续扩大和变化,他们面临着增长知识和技能的期望。美国会计教育改进委员会(AECC)在其 1990 年公布的第一号公告《会计教育的目标》中就强调"会计教育最重要的目标是教导学生独立学习的素质。大学教育应是提供学生终身学习的基础,使他们在毕业后能够以独立自主的精神持续地学习新的知识。因此,终身独立自学能力就成为会计专业人员生存与成功的必备条件。"强烈的求知欲,加上极强的学习能力,这是保证不落后于时代、始终能够把握行业发展动向、并站在行业发展前端的重要本领。21 世纪真正的成功管理者和领导者的决定因素不再是他们知道什么,而是他们能以多快的速度学习。终身学习的能力是会计人员自下而上与成功的必备条件。要称之为知识工作者,在迅速变化的、复杂的经济环境面前,会计人员就必须成为终身的学习者!

高、中级会计人员还应具备一定的政策水平。他们必须熟悉国家财经法律、法规、规章制度,掌握财务会计理论及本行业业务的管理知识,以适应经济发展、会计改革对会计工作的需要,更好地胜任本岗位的工作。高、中层次会计人员应关注国家对于经济体制改革的精神,关注会计改革,关注政策变化。中国的会计改革与国家的经济体制改革密切相关,会计工作受国家经济体制改革和宏观调控的影响,会计改革的力度随着经济改革步伐的加快而加大。我国高、中层次会计人员应当关注宏观政策,把握重大会计政策出台的背景、意义、原则和理念,以及需要解决的主要问题。

综上,会计人员必须具备职业知识、职业技能及职业价值观,并应能很好地整合这些要素。"四大"用人对学历和证书并不看重,主要参考的是人的能力和综合素质,实际上就说明了这一情况。

第二节 制度变迁与会计角色的演变

前已述及,本研究对会计人员能力框架的搭建融合采用能力要素法和功能分析法。功能分析法着眼于会计人员的工作结果,而工作结果可以通过分析会计师的角色与任务而得到。

会计对经济的发展虽然起着十分重要的作用,但从深层次上看,会计的发展始终依赖于经济环境的变化,会计制度作为经济制度结构中的组成部分,处于一种“配角”地位,而高度依存于其他制度安排。早在1967年,Mueller就提出了存在于一个国家的会计规则的类型是该国经济、政治和其他环境因素的产物,这些因素决定了会计体系的性质。[①] 因此,会计在不同的经济、政治和其他环境中可能扮演不同的角色。会计人员在履行职责的过程中受到经济、政治和其他环境因素的影响,尤其是经济制度和企业组织的影响。在制度(经济)变迁中,会计角色也随之演化。要研究会计人员在不同的经济发展时期应具备何种胜任能力,就必须了解会计人员在制度变迁的各个阶段中扮演的角色、占据的地位和发挥的作用。一般说来,一个国家有什么的政策,就会出现出什么样的会计角色;政策变化了,会计角色也将发生相应的变化。

一、制度与制度变迁:分析的理论基础

(一)科斯定理:交易费用的存在及其对经济运行的影响

科斯[②]在《企业的性质》一文中,用交易费用理论来解释企业存在的原因。科斯认为,市场交易是有成本代价的,交易活动本身因而也像其他经济问题一样具有稀缺的特性;当市场交易费用达到一定的高度时,采用按等级原则集中化起来的企业组织取代市场机制便是合算的;企业协调投入要素进行生产需要付出一定的管理费用,企业的管理费用与市场交易费用的权衡决定了企业

① Mueller, G. G. (1967). *International Accounting*, Part Ⅰ, Macmillan.

② 科斯(Ronald Coase)因其《企业的性质》(1937)和《社会成本问题》(1960)而登上1991年诺贝尔经济学奖宝座。

规模的限度。科斯认为，交易费用应包括度量、界定和保障产权的费用，发现交易对象和交易价格的费用，讨价还价、订立合同的费用，督促契约条款严格履行的费用等等。由于经济学是研究稀缺资源配置的，交易费用理论表明交易活动是稀缺的，市场的不确定性导致交易也是冒风险的，因而交易也有代价，从而也就有如何配置的问题。所以，一定的制度必须提高经济效率，否则旧的制度将会被新的制度所取代。由于市场活动不是一个点，而是一个过程，这一过程要发生一定的费用，这就使得制度安排显得必要[①]。交易费用的提出，使制度分析被真正纳入到经济学分析之中。

科斯的《社会成本问题》进一步说明了交易费用对制度形式的影响以及交易费用、产权界定和产权调整对效率的影响。科斯不仅揭示了交易费用的存在及其对经济运行的影响，还间接说明了经济活动本身能发现更有效、交易费用更低的制度安排。具体地说，在微观层面，企业家为了寻求更高的收益，不断发现或创新各种制度安排。按科斯定理可以推出：各种形式的企业组织安排，实际上是人们追求更高市场收益的结果。基于科斯定理，制度的经济分析有两个路径方向：一个是微观层面的研究，讨论组织形式的演变；二是宏观层面的制度变迁研究，研究一个时期社会经济、法律等制度的选择与变迁。

(二)诺斯：制度与制度变迁

任何经济增长过程都是在一定的制度环境和制度安排下发生的，都不可能脱离大的制度背景而独立存在，因此制度因素贯穿于经济增长的全过程。新制度经济学派认为资本积累、技术进步等因素与其说是经济增长的原因，倒不如说是经济增长本身，而经济增长的根本原因在于制度因素，制度是经济发展的决定性因素。新制度学派对经济增长提出了全新的观点，科斯和诺思等人把制度因素作为决定和影响经济增长的一个重要内生变量。美国著名经济学家、诺贝尔经济学奖获得者道格拉斯·诺斯是新经济史学派的杰出代表，其所著的《制度、制度变迁与经济绩效》认为，制度是经济增长的决定性因素。

制度变迁，就是制度的替代、转换和交易过程。诺斯认为，“变迁”一词就是指制度的创立、变更及随时间的变化而被打破的方式。制度和制度变迁是由人们之间的利益冲突及冲突的解决过程和方式决定的，制度变迁就是行为主体为了获取最大的潜在利润、实现更高的制度效率而寻求动态的制度均衡

---

① 刘峰．会计准则变迁．中国财政经济出版社，2000．

的过程。[①] 制度变迁一定是向更有效率的制度演化。制度变迁是一个动态的现实过程，在这个过程中，涉及谁发动制度变迁、为什么要进行制度变迁、如何进行制度变迁、制度变迁的效果如何等问题。因此，制度变迁的理论应该包括：制度变迁的主体、制度变迁的动力、制度变迁的方式、制度变迁的效率评价等方面。

诺斯在《制度变迁与美国经济增长》一书中，给出了制度环境这一术语。制度环境是一套用于确立生产交换与分配基础的基本政治、社会和法律的根本规则。如：构成经济制度环境的一套根本规则包括约束选举、产权和合约权利等。通常，在一个以判例为主的国家（如英国），制度环境主要是通过一系列法庭判例所形成的。而以成文法为主的国家（如中国），制度环境主要是建立在一系列相关法律、法规之上的。比如，我国从 1978 年开始的经济体制改革，其目标实际上是建立市场经济。但是，在没有正式的法律确立市场经济模式与社会主义经济可相互依存发展之前，这一尝试得不到法律保障。而当前确定我国社会主义市场经济这一大的经济制度环境的根本规则，包括来自宪法、公司法、证券法等一系列相关法律、法规体系。[②]

诺斯认为：经济增长的关键在于建立有效率的经济组织，而有效率的组织的产生需要在制度上作出安排和确立产权。使私人收益接近社会收益，即消除"搭便车"行为，保证创新活动的行为主体得到最低限度的报偿，其目的就是对人的经济活动造成一种普遍的激励效应。如果一个社会没有实现经济增长，那就是因为该社会没有为经济方面的创新活动提供激励，没有为私人收益确定产权制度的保证。诺斯不仅用上述观点解释了西方世界的兴起，还具体说明了英国和尼德兰在西方世界中首先崛起的原因。那就是这两个国家最早进行了产权结构方面的变革，从制度上激发和保护了经济领域内的创新活动。

我国学者也结合中国的经济发展实际，对新制度经济学理论的发展作出了有益的探索。以林毅夫为代表的"发展战略说"，通过实证检验了这一假说，对发展战略以怎样的机制通过各种途径影响不同地区的资本积累、技术进步和技术使用效率的提高，进而促成了地区经济发展的差距，作出了理论解释。

推动制度变迁与技术进步的行为主体都是追求利益最大化的。当然，不

---

① 金静红.会计制度变迁的思考.财会通讯(学术版),2005.3:35～38

② 刘峰.会计准则变迁.中国财政经济出版社,2000.

同的行为主体，如个人、团体或政府推动制度变迁的动机、行为方式及其产生的结果可能是不同的。可他们都要服从制度变迁的一般原则和过程，制度变迁的成本与收益之比对于促进或推迟制度变迁起着关键作用。只有在预期收益大于预期成本情况下，行为主体才会推动直至最终实现制度变迁。在美国历史上，金融业、商业和劳动力市场方面的制度变迁都是为了实现社会总收益的增加而同时又不使个人收益减少。否则，这些变革就不可能实现。

二、制度变迁与会计角色定位的发展趋势

在自然经济和资本主义萌芽时期，由于经济活动（市场活动和家务活动）目标的多重性和非可逆性，导致手段和目标的不一致，理性行为的发展受到限制。只有市场活动与家务活动完全分离，经济理性和利润最大化的实施才开始统治企业。资本主义企业的出现是使经济活动从传统和习惯过渡到理性的转折点。[①] 奥斯卡·兰格指出，随着资本主义生产方式的发展及理性行为的普遍化，导致理性活动的目的和手段的可测量性和有公度性（metrizability），利润成为资本主义企业活动的一致的、可以测量的目标。会计角色或者职能的体现（发挥）只能通过对交易事项的计量、记录和报告来实现。通过“会计”可以把企业生产经营活动的手段（各种成本费用支出）和目的（利润或者财富的最大化）充分联系起来，使得从数字上考量经济理性目标的实现程度成为可能。

随着现代公司财产制度的发展和成熟，产权的分散性和高度可转让性导致所有权与控制权相互分离，代理问题也随之出现。会计必须扮演好这一角色：客观公正地反映代理责任的履行情况，并传递给有关方面。因而会计角色的主要义务就是记录、计量企业的经营活动过程和结果，并报告形成具有一定用途的信息，传递给有关方面，以解除财产管理人受托管理财产的责任。另一方面，现代企业制度中，企业管理当局作为代理人，完成代理任务的关键在于作出科学、正确的决策，决策已成为现代企业管理的核心。现代管理系统主要有决策制定系统、决策执行系统和决策支持系统。依据企业的性质来看，企业管理当局是决策制定系统。决策执行系统是企业的一般雇员。为了使决策科学化，必须建立决策支持系统，它介于决策者与执行者之间，依据会计的性质

① 马骏，龙小海. 制度变迁与会计角色演变. 会计研究，2002.1

和在企业中的地位来看，会计就扮演着决策支持者的角色，这一角色的义务与责任就是为决策提供信息和决策备选方案。[①]

三、我国制度变迁与会计角色的演变

由于会计角色及其扮演状况往往受到一个国家经济、政治以及其他环境因素的影响和制约，因此，在不同的历史时期和社会环境下，会计可能扮演不同的社会角色。随着时代的变迁、技术的进步和经济的持续发展，会计在经济工作中的角色也在不断地变迁、演进和发展。

经济发展水平对会计的影响表现在它决定了会计目标，即人们是否需要会计、需要什么水平的会计、需要会计干什么。中国经济形态从整体上看经历了计划经济阶段、计划经济向市场经济的过渡阶段及已进入市场经济建立阶段。与之相应，主流的企业产权制度则经历了公有制、多种所有制并存到作为公有制代表的国有企业逐渐退出这三个阶段。

(一)计划经济阶段:1949 年新中国成立后到 1958 年[②]

1949 年新中国成立后到 1958 年，受当时国际、国内环境的制约，我国主要借鉴苏联社会主义经济建设经验，实行高度集中的计划经济体制，建立了统一的行业和所有制形式的会计核算制度，实现企业会计方法应用的统一性、一致性。推行由政府有关部门组织领导全国会计工作的政策，建立统一管理的会计机关和配备相应的会计人员。

计划经济条件下，企业是按计划办事，财务由主管部门安排，盈利作为利润上交财政，亏损则由财政部门拨款补贴。这一时期，会计工作是为计划经济

---

① 王开田.现代会计角色论——从企业的性质看会计的地位与扮演的角色，会计研究，1998

② 按照郭道扬教授的观点，把中国会计改革的进程分为两个大的阶段，即仿效苏联计划经济体制下的会计模式，建立新中国基本会计制度的阶段(1949.10—1958.06)与由计划经济体制下的会计向市场经济体制下的会计转轨变形的全面改革阶段(1978 年至今)。从 1958 年到 1978 年近 20 年期间，是中国历史和中国会计史演进的特殊期间，这一时期的会计核算制度从不断的简化到有名无实，所有的会计核算制度自动失去其约束力，会计功能自动丧失，几乎任何人都可以成为会计核算员。这一时期强调会计的阶级性，把会计视为'管、卡、压'的工具。会计人员和会计理论工作者遭到迫害，甚至出现了无账会计的荒唐现象。因而本书不探讨这一时期的会计角色。

服务的，会计的角色被定位为对生产和分配的核算和监督。会计核算与业务核算、统计核算一样是整个国民经济统一核算体系中的组成部分，核算的目的是反映企业完成国民经济计划的情况。在这种情况下，会计的任务就是计算收入、成本、确定应上交的利润，确保国民经济计划的完成，是一种核算型（报账型）会计模式。会计扮演的角色主要是：完成会计核算。这一时期会计主要关注生产过程的核算，强调集中统一核算，对外提供财务报表，忽视会计核算为企业内部管理服务的功能。在当时的历史条件下，会计严格执行国家统一会计制度，强调集中统一核算，再加上社会主义企业的公有制性质决定了利润最大化不是企业的最终目标，而成为从属于计划体制的“一般社会目标”，企业没有自己的个别目标，而是通过计划协调来实现公有制企业的整体目标，企业之间缺乏竞争。企业也就失去了经济上的独立性和自主权，它们（尤其是国有企业）的供、产、销、财务等一切都被高度“计划化”了，企业只是完成上级交给的生产、销售任务而已，成了执行国家计划的职能部门。企业会计遵循的是“分所有制、分行业、分部门的统一会计制度”，运用簿记原理和方法建立了国民经济核算的平衡表体系，在会计科目、记账方法和报表上实现高度的统一，在事实上把企业会计纳入了一个覆盖整个社会再生产过程的计划管理框架中。这一时期，我国会计实际上扮演的是“公有财产的核算和监督人”，成为“满足计划体制要求的另类会计角色”。

（二）计划经济向市场经济的过渡阶段的会计角色：1978 年至 1991 年[①]

改革开放以来，我国逐步实现由计划经济向社会主义市场经济的过渡，也开始逐步建立具有中国特色的市场经济会计。在由计划经济向社会主义市场经济过渡阶段，企业逐渐成为自主经营、自负盈亏和自我发展的法人，会计角色也逐渐发生着巨大的变化。从我国《会计法》的制定和修订过程，也可看出我国会计角色的变化。我国 1985 年制定的《会计法》和 1993 年修订的《会计法》规定会计人员必须依法“进行会计核算，实行会计监督”，规定会计人员承担监督会计信息质量的责任，对本单位的会计违法行为负有责任。这一时期，

① 这一分段与我国会计制度的变迁进程相吻合，与政府的整体改革目标从“计划经济为主，市场调节为辅”（1979—1984.10），到实行“有计划的商品经济”（1984.10—1987.10），再到“国家调节市场，市场引导企业”（1987.10—1989.6）以及“计划与市场调节的有机结合”（1989.6—1991）的转换是相协调的。而且从会计规范角度看，我国 1992 年开始实施会计改革。

依然把会计视为一种经济核算工具，会计人员的工作主要是单一的核算、监督工作职能。但同时会计法也明确指出“参与拟订经济计划、业务计划，考核、分析预算、财务计划的执行情况”也是会计人员的主要职责，表明会计人员的工作已从单一的会计核算向简单的财务管理拓展。

(三)社会主义市场经济体制下的会计角色:1992 年至今

1992 年党的十四大明确了社会主义市场经济的发展道路。这一时期，传统意义上的企业经济核算制度被现代企业制度所取代，经济核算观念也必然被经济理性所取代。随着社会主义市场经济体制的确立和资本市场的发展，人们更多地开始关注会计信息在资本市场上的作用，关注会计信息披露的完整性和真实性。在制度变迁中会计也必然转变自己的角色，从传统的核算和管理的角色转向信息生产和报告的角色。

1992 年之前，国内企业的财务部门被框死在会计核算领域，毫无价值创造的业务空间，甚至连现在普通的中小企业财务经理所负责的资金管理和税收筹划等工作，也无从谈起。因为当时的国有企业资金属于财政拨款制，税收则按照利税上缴方式实现，不需要任何税收筹划。随着 1992 年社会主义市场经济发展道路的确定，财务会计制在社会主义市场经济进程中开始了伴生性演变。1992 年 11 月 30 日，我国出台了《企业会计准则——基本准则》和《企业财务通则》。其间，1999 年政府对《会计法》的再次修订，成为我国会计角色演变的一个重要转折点，表明政府已经放弃了对传统监督观的路径依赖，转向在现代企业制度框架内充分披露原则的要求，对会计信息质量实施社会化监管，使会计角色从传统的核算和管理的角色转向信息生产和报告的角色，我国会计角色开始逐步向现代企业会计角色迈进。这一时期，会计历经了信息技术的冲击、承受了现代产权制度对其的影响。

四、信息技术对会计角色的冲击

随着现代信息技术的高速发展，企业依靠互联网络平台进行商务贸易和集团控制管理已成为发展趋势，网络技术在会计领域的应用和发展，对会计人员来说是机遇，也是挑战。网络会计从根本上改变了财务与业务互不对称的滞后现状，可以实现企业的资源配置与业务运作协调同步，有利于企业资源配置最优化。而且随着 ERP 在企业中运用的推广，使得会计人员资料收集和输入等基础工作量减少,也使得记账及报表编制工作量减少,客观上使广大会计人员从繁杂的、重复的日常会计事务中解脱出来。

但是,在ERP系统中,会计人员资料修正的工作量有所增加。在ERP系统中,会计信息来源延伸到各业务部门,为了保证会计信息收集的正确,作为会计工作主导的会计人员需要对前端输入信息的业务人员进行会计指导,使前端工作人员了解会计流程及工作要领,并减少录入的错误,保证数据的准确。而且,目前的ERP系统自动生成的报表质量存在诸多不尽如意之处。因此,ERP系统中的会计人员并不能完全依赖自动生成的会计报表,而需要利用自己的专业综合技能对所生成的报表予以审查和修正。

在ERP系统中,会计信息的分析与咨询工作量也有所增加。在ERP环境下,会计信息的获取可以由各部门的管理者直接从系统中取得,但是由于这些管理者专业知识的不足而无法充分理解和运用这些信息,此时会计人员就需要扮演会计信息分析解读及运用的顾问角色,让会计信息的使用者了解会计信息的内涵,因而会计人员的分析与咨询工作量增加。

总之,在信息技术的推动下,会计人员已将其工作重点转移到参与预测、决策和经营分析等方面,使会计工作向更高的层次发展,在经济管理中扮演更加重要的角色,会计核算职能呈现出向管理职能方向发展的趋势。

五、现代产权制度对会计角色的影响

会计的角色演变是企业制度变迁的结果,企业产权关系决定着会计角色的作用内涵。任何时期的会计都建立在一定产权关系上。在我国的制度变迁中,会计角色的变迁依赖于市场主体对于会计在企业组织和市场经济体制中的作用及地位的经验和认知,在我国制度变迁中,既存在着以单一国有产权为基础的公有制企业组织,又存在着以多元化的排他性产权为基础的现代企业组织。①

1993年十四届三中全会上通过的《中共中央关于建设社会主义市场经济体制若干问题的决议》把建立现代企业制度作为国有企业改革的方向,并将"产权清晰、权责明确、政企分开、管理科学"列为现代企业制度四大特征。时隔十年,2003年十六届三中全会审议通过的《中共中央关于完善社会主义市

① 马骏、龙小海.制度变迁与会计角色演变,会计研究,2002.1:16~24

场经济体制若干问题的决定》提出建立健全"归属清晰、权责明确、保护严格、流转顺畅"的现代产权制度,明确指出"这是完善基本经济制度的内在要求,是构建现代企业制度的重要基础"。《决议》指出:"公司制是现代企业制度的一种有效的组织形式。公司法人治理结构是公司制的核心。要明确股东会、董事会、监事会和经理层的职责,形成各负其责、协调运转、有效制衡的公司法人治理结构。"国有企业在完成现代公司制的转轨变型后,以资本为纽带的新型企业,所有权和经营权分离。现代公司由于两权分离而产生了公司治理。所谓公司治理或公司治理结构是公司内外部的一种契约或制度安排。按照OECD在《公司治理结构原则》中的定义:"公司治理结构是一种据以对工商业公司进行管理和控制的体系。公司治理结构明确规定了公司的各个参与者的责任和权利分布,诸如董事会、经理层、股东和其他利害相关者。并且清楚地说明了决策公司事务所应遵循的规则和程序。同时,它还提供了一种结构,使之用以设置公司目标,也提供了达到这些目标和监控运营的手段"。也就是说,通过公司治理结构的安排,使因两权分离产生的目标差异所造成的效率损失(交易或代理成本)尽可能降低,把这种损失控制在最低限度。具体而言,公司治理涉及三个方面的内容:一是企业控制权的配置和行使;二是对董事会、经理人员和工人的监控以及对他们工作绩效的评价;三是激励方案的设计和推行(钱颖一,1995)。公司治理的这三个方面,就是对权责利的一种安排。权力是经营者履行受托责任的前提。责任是经营者必须承担的任务,是联结权力和利益的纽带,同时也是公司治理的一个核心。在计量经营者履行受托责任的完成情况过程中,会计的作用就凸显了。

会计作为"当今公司治理结构的语言"(Joel Seligman ,1993)日益发挥着巨大的作用。企业作为一个契约的结合体(Jensen and Meckling ,1976),它包括签约、履约、计量和评价、再签约这一系列过程。在这一系列过程中,可将企业会计分为财务会计和管理会计。计量和评价的工作是由财务会计来完成的,财务会计作为一个信息系统,它在减少信息的不对称方面起着至关重要的作用,它是企业作为一个合约结构得以运行的关键一环。管理会计为监督合约条款的实施,保障合约的有效运行如提供及时、可靠的成本与财务信息,维护资产的安全,促进企业经营活动的合理化、管理决策的科学化、加强信息交流与沟通等都发挥着重要的作用。

我国2005年开始的资本市场的"特殊"制度变迁——股权分置改革,赋予了流通股小股东以否决权，当时国内 1 300 余家上市公司不得不与以机构投资者为代表的流通股股东进行股权分置改革方案的讨论。在这一过程中，多数上市公司的财务负责人被赋予了主持股权分置改革方案的设计、论证与投资者沟通等环节的权力，进而成为上市公司面对公众投资者路演的设计师和核心成员。可以说，在这场第一次触动国内上市公司治理结构的股权分置改革中，CFO 第一次登上了公司治理结构的舞台。

在建立现代企业制度进程中，依然要发挥会计的监督职能，执行国家法律、法规，维护国家利益。现代企业运作的目标是实现资本价值最大化，为了使企业在市场竞争中处于优势地位，企业会计监督除了具有保证执行国家法律、法规的职能外，还应当成为企业的自我约束机制，要把监督寓于服务之中，改变单纯的事后制止，转为事前、事中、事后的全过程控制。也就是说，这一期间，企业会计人员要积极参与拟订生产经营计划、投资规模计划、资金运作计划，参与经济决策，对计划、决策的合理性、合法性实施事前监督；要强化经济活动运行中的事中监督，使经济活动按照计划正常运转；要考核、分析预算的执行情况，加强对经济活动的事后监督，使财务监督成为国有企业管理和控制重大经济问题的手段，更好地为提高企业经济效益服务。

在进行公司制改革的进程中，我国会计体系完成了从传统计划模式转向现代市场模式的重大变迁。我国从 1992 年起的会计改革的首要目的便是确立会计在市场经济中的服务对象和角色作用。现代企业制度的建立，使会计的服务对象发生了变化，会计从为管理者服务转向为投资者服务，从为政府部门服务转向为全社会服务，从而决定了会计作为国有资产代理人的核算者和监督者转变为企业会计信息的提供者，其服务对象的变换决定了会计角色的变迁。

六、中长期人才发展规划定位会计角色

我国《会计行业中长期人才发展规划（2010—2020 年）》（以下简称《会计人才规划》）[①]指出，会计职业领域已从传统的记账、算账、报账为主，拓展到内

① 根据《国家中长期人才发展规划纲要（2010—2020 年）》，财政部于 2010 年 9 月 21 日颁布了《会计行业中长期人才发展规划（2010—2020 年）》（以下简称《会计人才规划》）（财会[2010]19 号）。

部控制、投融资决策、企业并购、价值管理、战略规划、公司治理、会计信息化等高端管理领域。

企业内部控制基本规范及其配套指引的贯彻实施，需要企业会计人才既懂会计，又懂现代企业管理。为加快推进企业现代化管理进程，财政部于2009年印发《财政部关于全面推进我国会计信息化工作的指导意见》，并于日前发布了可扩展商业报告语言(XBRL)技术规范系列国家标准暨企业会计准则通用分类标准，并将此作为实现企业内部管理科学化精细化的重要支撑，需要企业会计人才既熟悉会计实务，又掌握信息技术。在后国际金融危机时代，我国将大力发展虚拟经济，金融创新所带来的衍生金融产品必然增加资本市场的风险，必须加强会计管理，推动会计管理创新，这需要企业会计人才既精通会计专业技术，又熟知金融知识和金融市场管理。

我国仍处在改革过程中，处在由传统经济向社会主义市场经济的过渡过程中，用诺斯的专门术语讲，就是处在“制度变迁”中。在我国的制度变迁中，决策权由政府转移到企业和个人，当投资者面对资本市场的风险和不确定性因素时，取得可供选择的会计信息尤为重要，由此产生的信息需求成为促进资本市场有效运行的内在动力。会计在我国国民经济运行中发挥着越来越重要的作用。

第三节 高级会计人员能力框架的构建

会计人员在整个职业生涯都必须不断更新能力要素，并且随着社会经济的发展，能力是要不断增加的。随着职业层级的升高，大多数能力要素的等级都会随之而有更高的要求。此外，随着层级的升高，还可能淘汰某些仅适用于基层职位的能力要素，而增加某些新的要素，去除某些不需要的要素(彭建锋等，2004)[①]。随着职位的升高，要素等级的要求提高，高层与低层相比，可能会降低对操作层要素的需求程度，增加中层管理类及高层管理类要素。在上一节能力要素分析的基础上，在本章的第三节和第四节，笔者将结合运用功能

---

① 彭剑锋、张望军、朱兴东、罗军著.职位分析技术与方法.北京：中国人民大学出版社，2004。

分析法，对各级会计人员的工作职责进行分析，构建高级、中级与初级会计人员能力框架。

一、高层次会计人才的缺乏

中国是一个人力资源大国，但不是人才资源大国，人才是奇缺的、稀有的，尤其是高层次人才严重稀缺。截至 2009 年底，全国有近千万会计人员，其中，具有高级职称的 9.4 万人；注册会计师行业 30 多万从业人员中有 9.2 万执业注册会计师；副教授职称以上会计教育工作者约 1 万人[①]。但五年来，我国会计人才队伍已经不断壮大。相比较，2004 年底，全国执有会计从业资格证书的会计人员共有 956 万，其中具有高级会计师资格证书的只有 6.8 万，占 0.7%；具有会计师资格的有 115 万，占 12%；具有助理会计师及会计员资格的有 395 万，占 41.3%。执证会计人员中，具有大专学历的有 303 万，占 31.7%；具有本科学历的有 113 万，占 11.8%；具有硕士(含其他专业)以上学历的人数仅 3.2 万，占 0.33%。2005 年底，全国颁发会计从业资格证书累计突破 1 000 万，达到 10 558 610 人，其中取得高级会计师专业技术资格的人数为 80 567 人，约占总数的 0.8%，具有大学本科、专科学历的人数约为 518 万人，约占总数的 49%，具有硕士研究生以上学历的人数为 33 829 人，约占总数的 0.3%[②]。由此可见，我国高级会计人才十分匮乏，特别是既有专业知识，又懂得经济管理手段的高级人才尤其缺乏。经济越发展，改革越深化，高层次的会计人才需求量越大。随着我国市场经济的发展和对外开放程度的提高，我国企业面临更大的不确定性和更为激烈的国内乃至国际竞争，迫切需要一大批高层次应用型会计专业人才。后金融危机时期，金融创新、虚拟经济、强化监管、全面风险控制成为时代主旋律，高端会计人才的培养成为当前和今后一个时期经济社会发展的关键要素和迫切要求。[③]

---

① 资料来源于我国《会计行业中长期人才发展规划(2010—2020 年)》。

② 中国财经报记者周凝.全国会计从业资格人员突破一千万.中国财经报，2006 年 3 月 24 日第 1 版。

③ 刘玉廷.我国会计行业人才发展进程中新的里程碑.会计研究，2010.10：3～8.

二、高层次会计人才的培养：会计人才队伍建设的主要任务

按照《会计人才规划》，我国会计人才队伍建设的主要任务是着力培养造就大型企事业单位具有国际业务能力的高级会计人才。大型企事业单位具有国际业务能力的高级会计人才，是指大型企事业单位中精通财会业务、熟悉市场规则，掌握金融、法律、内部控制、信息技术等相关专业知识，具有国际视野和跨文化交流能力，能参与战略经营和管理决策、把握行业发展趋势、解决复杂经济问题的高层次经营管理人才。着眼于提高我国大型企事业单位现代化管理水平，加大高级会计人才建设力度。到 2015 年，新增大型企事业单位具有国际业务能力的高级会计人才 30 000 人；到 2020 年，在 2015 年的基础上再新增 30 000 人。

但是，在会计人才队伍中，高级会计人才不能太多，但也不能太少，而是应当与我国经济社会发展需求相适应。为实现到 2020 年高层次会计人才在会计人员中达到 50% 的发展目标，《会计人才规划》指出，要"以全国会计领军(后备)人才工程为重要平台，培养造就一批具有国际视野、知识结构优化、实践经验丰富、创新能力突出、职业道德高尚的高层次会计人才，带动会计人才队伍整体发展"。

随着人才强国战略的深入实施，会计人才在推动企事业单位现代化管理、提升企事业单位核心竞争力、引导社会资源合理配置、保障社会公众利益、维护国家经济安全和市场经济秩序等方面发挥着越来越重要的作用。同时，我们也应清醒地认识到，当前我国会计人才发展的总体水平同世界先进国家相比仍存在较大差距，与我国经济社会发展需求相比还有一些不相适应的地方，主要是：高层次复合型会计人才缺乏，会计人才结构和布局不尽合理，会计人才发展的体制机制有待完善，会计人才市场管理有待加强，等等。①

《会计人才规划》指出，会计人才队伍建设的主要政策措施包括加快会计领军人才培养，强化总会计师地位和职能。会计领军人才是高级会计人才中能够发挥引领和辐射作用的高端会计人才，是会计事业发展壮大的重要推动

① 《会计行业中长期人才发展规划(2010—2020 年)》。

力量。总会计师是单位主要管理人员，承担着经济预测、决策、控制、分析等工作，应当具备战略规划、资本运作、财会、金融、法律等专业水平和管理能力。高层会计人才的培养，已经成为会计人才队伍建设的主要任务。

三、环境的影响

在社会经济环境诸因素中，企业目标的变化和企业经营环境的变化是目前决定高级会计人才能力框架及其发展的主要因素。

1.经营环境的变化

在市场经济中，企业运营的任何结果都将在财务环节得到反映。公司高层会计人员在履行其职责过程中面临着外部环境和内部环境的制约。从外部环境来看，国内现行的财务会计制度(指含有法律法规意义的硬约束的制度体系)、国内的资本市场变迁等两大因素，构成了中国财务高管生存的外部环境。从中国财务高管所处的内部环境来看，国内企业当前的公司治理水平、企业在不同发展阶段下组织结构的进化等两大因素，构成了中国公司财务高管生存的内部环境。

虽然改革开放已有30多年的历史，但本土企业走向与国际接轨的现代化财务战略管理的进程实质上却要短得多。2005年开始的国内资本市场股权分置改革，第一次触动国内上市公司治理结构，CFO因此第一次登上了公司治理结构的舞台。2008年5月《企业内部控制基本规范》由五部委高调推出后基本销声匿迹，2010年4月26日，财政部会同证监会、审计署、国资委、银监会、保监会等部门发布《企业内部控制配套指引》才使得企业内部控制重新焕发生机。《企业内部控制配套指引》将自2011年1月1日起首先在境内外同时上市的公司施行，自2012年1月1日起扩大到在上海证券交易所、深圳证券交易所主板上市的公司施行；在此基础上，择机在中小板和创业板上市公司施行；同时鼓励非上市大型企业提前执行。CFO在公司治理结构舞台上表演的机会又多了些。

经济全球化及持续性的对外开放政策将吸引更多的国际公司进入中国市场，更多的中国公司参与国际竞争。科技革命正在迅速发展，许多科技领域，如信息技术、生物和生命工程、新能源技术正在取得不断的突破，并应用于生产经营。国内企业面临着空前激烈的市场竞争。残酷的市场现实对国内企业在规模扩张、资本规划、融资筹资、资金管理等方面提出了更高的要求。一个成功的企业离不开集会计、管理、预测、决策于一身,计算机技术和网络技术以及新的会计思想和理念为一体的综合性高级人才。因此,高级会计人才不仅要熟谙本土的经营环境、科技进步及市场发展趋势,还要具有国际视野和参与国际竞争的能力。

知识已成为21世纪生产要素的一个独立成分。首先,哪个国家能在技术创新和制度创新方面走在世界的前列,这个国家就能在21世纪的国际竞争中立于不败之地。其次,技术创新和制度创新需要受过良好教育的高素质的公民和让每一个公民的才能得以充分发挥的社会环境。知识经济对会计人才创新提出要求。知识经济时代要求会计从业者不仅要精通信息技术和会计专业知识,还要熟悉经济学、管理学、法学、金融学、投资学、税收学及国际商务等方面的理论和实务。会计从业者的数量将趋于减少,工作复杂性程度将逐步提高,职业竞争压力将越来越大,会计将发展成为集信息技术和会计专业知识于一身的管理型专家。

2. 企业目标的变化

在西方发达国家,公司的首要经营目标是股东价值最大化。于是,CFO承担着股东价值管理的责任,从而成为CEO的战略伙伴。按照普华永道会计师事务所2000年对CFO的调查,CFO在欧美发达国家已经完成了战略转型,从传统的财务功能演变成为CEO的合伙人,与CEO共同肩负股东赋予的受托责任,一起负责企业的财务报告责任和生产经营责任。由此,CFO起到了企业设计师的作用。

基于普华永道的全球性调查所形成的《CFO 2000调查》显示:CFO在四个领域的变革中起到领导作用,其中排在第一位的是战略和股东价值管理。2003年9月,IBM业务咨询服务部完成了对来自35个国家的450名CFO的调查。调查发现,CFO们把“支持股东价值”和“衡量/监控商业绩效”作为其首要的战略性优先中心领域。随着资本市场的发展,财务人员的分工越来越细,对高级财务人员的需求和要求越来越高。现代企业大多通过合并收购来扩大规模,在此过程中,CFO起着非常关键的作用。CFO不仅要管好企业的财务工作,同时要配合企业的整体发展,综合考虑市场发展潜力、盈利能力和收益前景等诸多问题。

在我国,目前尚未形成一种主流的公司经营目标。我国所有者与经营者的契约关系不明，股东缺位现象明显，股东价值最大化、利益相关者价值最大化等经营目标都未被普遍接受。但随着经济体制改革的进一步深入，我国明确了国家股东的代理人——国有资产管理机构，通过业绩合同，国有资产管理机构与经营者建立受托责任契约，从而股东缺位的问题得到了一定改善。在这一情况下，股东利益应予以考虑，同时还应考虑债权人、政府、职工、顾客等利益。在我国现阶段，企业在一定程度上还担负着稳定社会的重任，因而企业的主要经营目标应是价值的创造，并应关注利益相关者的价值。可以说，具有持久生命力的企业需要兼顾各方利益相关者。这就要求 CFO 不仅是管家型的，更应是战略型的，既要当好 CEO 的助手，又要管理好价值创造活动。

四、CFO 角色与定位

探讨财务总监定位问题应该包括三个方面的内容：组织定位，包括在公司治理结构和组织结构中的定位问题，也就是岗位设置和任免；角色定位，即财务总监是决策者还是执行者，还是二者兼有的问题，即在执行职责时的上下级关系的定位问题；职责定位，到底哪些工作是财务总监的职责范围之内的事，该对什么工作结果负直接责任的问题。我国的 CFO 和发达资本市场中的 CFO 在定位上的差异，使得我国 CFO 在职能上与发达资本市场的 CFO 有所区别。

（一）发达资本市场中 CFO 角色与定位：股东价值管理的引领者

在以美国为代表的发达国家中，随着企业经营环境的改变，CFO 逐渐成为股东价值管理的中枢。CFO 除进行会计核算和提供财务报告外，还逐步参与公司战略制定，并在领导财务变革、提供内部服务及降低财务运行成本等方面扮演着重要角色。在国外特别是发达国家的证券市场上，上市公司的目标是使股东价值最大化。近年来，机构投资者已逐步成为股票市场的主力军，他们本身需要持续地向其投资者提供高回报或者满足现金支出的需求，因而他们希望公司的经营者关注股东的利益，使股东价值最大化。在机构投资者的重压下，公司经营者必须用财务数据迎合他们的需求，CFO 因而便成为公司与股东的桥梁。

股东价值管理的核心是业绩管理。在公司内部，CFO 是公司业绩管理的主要负责人。公司的业绩管理目标必须反映股东的预期或与股东的利益相一致,CFO将股东的预期精确地传递给公司高层。而且,公司的业绩指标多以财务指标为主,CFO作为财务的最高负责人对公司业绩负主要责任。再者,公司的股东价值的确定,是以财务数据为基础的。CFO及其下属的工作,直接影响或决定股东价值的正确性。公司的业绩评价体系中,不管CFO选择的是传统的指标每股收益或净资产收益率,还是如预期般采用经济增加值和自由现金流,都与CFO及其团队的工作息息相关。业绩指标将股东价值转换为有形的数量目标。公司的战略,如收购兼并、战略投资、产品定价、营销、供应链、新产品开发及IT等等,是否增加股东价值,都是公司是否选择这些决策的前提。CFO几乎参与了所有与股东价值创造相关的公司战略,并提供了决策支持。[①]

在CFO致力于提供决策支持、降低公司财务运行成本、引领财务变革的同时,提供透明的财务报告及精确的盈利预测仍然是其本职工作。

(二)中国CFO地位:在公司治理结构转变中提升

五年前的《首席财务官》杂志所进行的"2005中国CFO生存状况调查"中[②],有57%的受访CFO认为自己属于公司的决策层。而在《首席财务官》杂志2010年的最新的调查中,对于同样的问题,有83%的受访CFO认为自己属于公司的决策层。换句话说,五年的时间,进入公司决策层的比例整整提高了26个百分点。这不能不说是一项巨大的进步。但2005年的调查,大部分CFO认为自己位高权不重。尽管有68%的受访者认为自己属于公司的决策层,但能够直接向董事会汇报的CFO仅占受访者的15%,这个数字意味着中国公司治理结构远未形成有效的"信托责任制",而"信托责任制"失范,恰恰是本土企业经营权和所有权分离不充分、不规范造成的。2010年调查中34%的受访CFO表示,其主要的工作汇报对象是董事会。调查显示,2010年向副总裁汇报的CFO比例比五年前下降了接近一半,这表明越来越多的CFO已经是副总裁行列的一员,至少在职能线上与其他条块的负责人可以等量齐观了。

---

① 本部分的分析主要基于Deloitte Consulting, 2003 Deloitte Consulting/Business Week(2003): Empowering the CFO—Key Findings from the Deloitte Consulting / Business Week Survey of Corporate Executives, The Conference Board, The Global Investor and Corporate Governance, 2001,及上海国家会计学院的研究报告等《成为胜任的CFO》。

② 本部分的分析数据来源于《首席财务官》杂志社2005年和2010年的"中国CFO生存状况调查"。

如此巨大的变化，最核心的原因在于日益强烈的分权需求促使本土 CFO 全面进入决策核心。但在 2010 年的调查中，高达 90.12%的受访 CFO 表示，自己对公司重大决策的参与仍只限于建议权，能真正具备决策权的只有 19.75%，而标志着公司治理结构均衡性的否决权只有 14.81%。

2010 年的调查表明，除了资金管理和纳税筹划这些由于中国经济结构中的固有问题导致 CFO 不得不高度关注的两个环节，内部控制、全面预算管理、投融资、战略成本管理，甚至信息化环节都成为当前本土 CFO 们发挥主导性的领域。2010 年调查结果显示，综合财务管理、税收筹划和风险控制三个环节占据了中国 CFO 绝大部分精力。除了前面已经论述过中国企业面临的三大财务风险之外，国内长期以来企业的畸高税负（根据福布斯公布的 2009 年全球税负痛苦指数排行榜，中国大陆位列全球第二），使得绝大多数规模以上的企业都存在着或多或少的税务问题，因此 CFO 不得不拿出相当的精力去筹划和化解这方面的问题。目前大多数的中国企业的发展已经进入一个高财务风险区域，其面临的主要财务风险和危机大致有以下三个：外部经营环境处于剧变期、短期现金流风险和外部并购风险。在上述风险存在的基础上，中国 CFO 们的管理范畴正变得前所未有的宽广。2010 年的调查中，资金管理、内控与风险管理、纳税筹划、全面预算和投融资等都成为超过半数的受访 CFO 现阶段具有工作主导权的主要领域。

不过，风险控制倒是一个具备极大伸缩性的职责领域。事实上，内部控制作为应对企业经营中的系统性风险的“安全程序”已经上升到国家层面的制度建设了。类似如此重大的立法举措聚焦在企业运营的一个独立环节，在国内罕有同样的案例。这从另外一个方面也说明了，内部控制对于正在大规模推进精细化、资本化乃至全球化的本土企业来说，已经成为无法逾越的门槛。因此中国 CFO 完全可以在现有的工作职能和精力分配格局下，通过全面的风险控制管理逐渐理顺业务流程中的不合理环节，进而推动企业向精细化运营进化。

已有相当一批 CFO 已经站在了价值创造的主阵地上，这必将推动中国企业运用资本手段进行股东价值创造的新时代的形成。对照五年前的中国 CFO 生存状况调查，我们能清晰地看到，从成本管理、风险管理再到市值管理，不同企业发展阶段的环境要素约束下的 CFO 角色构成了其从单纯的财务管理者到业务流程的调度者再到企业价值的创造者这一完整的进化路线。

我国加入 WTO 后，企业竞争在全球范围内展开，信息通信技术的快速发展对企业的影响加大，企业经营节奏加快。

五、我国高级会计人员的工作现状

高级会计人员的角色随着企业环境的变化在不断发展。随着经济与新技术的发展，高级会计人员对于企业的生存与发展、绩效与成功、稳定与安全都有举足轻重的作用。高级会计人员的角色内涵在不断变化，虽然这角色的许多主要方面没有变，但在企业发展过程中，得到了不断的更新和发展，增强了其适应性。高级会计人员不仅是企业的财务人员，同时也是企业的高层管理人员，应同时具备高级管理人员的能力和高级财务人员的能力。甚至有学者认为一个完美的高级会计人员应集“三师”（财务分析师、管理会计师、注册会计师）能力于一身。高级会计人员应是企业的财务分析师，履行其理财与分析的职责；还应是企业的管理会计师，发挥其管理控制职能和履行经营责任；同时还应是企业的注册会计师，发挥其监督职能并履行法律责任。

然而，我国的CFO或总会计师都在做些什么？

（一）本书的问卷结果

上海国家会计学院和中国总会计师协会的调查表明[①]，我国的CFO或总会计师的主要职能仍以财务职能为主。在接受上海国家会计学院调查的143家国内企业CFO中，有133个样本企业CFO承担了“重要”财务职能、司库职能和部分财务总监的职能，占样本总体93.01%；有121家样本企业承担了“基本”财务职能，占总体84.62%。调查表明，目前中国CFO承担的职责仍旧以“基本”和“重要”的财务职能为主。中国目前的CFO离真正成为CEO的战略合作伙伴的目标还有一定距离。2003年，中国总会计师协会对中国大陆各单位现职总会计师或财务总监、财务主管或财务机构负责人现状进行的首次权威性调查结果表明：(1)多数总会计师工作精力放在财务管理、参与及实施经营决策和组织会计核算上，有24%的总会计师以开会、应酬和对付各种检查为主。(2)总会计师的职责范围仍以传统的会计核算、会计监督、财务收支管理、筹资与投资管理、计划管理、企业战略管理为主，价值管理、风险管理、

① 上海国家会计学院．成为胜任的CFO》（《中国CFO能力框架》研究报告）．经济科学出版社，2006。

信息管理和人力资源管理涉足较少，职责范围和工作重点与市场经济发展不匹配。(3)多数总会计师承担管理者经营责任、监督责任和融资责任，权小责大。

本书2005年的问卷调查的结果与上述情况基本相似。问卷结果(表5-1)显示，被调查者认为，我国高级会计人员不能再将主要精力投入到传统的财务会计与报告工作中，但我国高级会计人员的主要工作仍与财务密切相关。认为财务战略、风险管理、投资管理、融资管理、内部控制、决策支持、税收筹划、业绩评价、成本控制与预算管理、现金流量管理应是高级会计人员主要工作的被调查者占相当大比例，分别为91.5%、84%、80%、78%、75.5%、74%、67.5%、66.5%、66%和63.5%。但是对财务报告工作，参与调查者中只有47.5%的人认为其应是企业高级会计人员的主要工作。会计信息化使高级会计人员从繁琐的传统的账务工作中摆脱出来，从而把更多的精力投入到战略、管理、预测、决策等创造性的工作中来，成为名副其实的管理者。问卷结果显示，我国高级会计人员主要参与的还是财务战略，重视财务战略是全球CFO的共性。但问卷结果表明我国高级会计人员对公司的非财务战略的重视程度不高。

表5-1　高级会计人员主要工作问卷统计结果

主要工作项目	选择该项目的样本数	占总样本的比例(%)
财务战略	183	91.5
风险管理	168	84
投资管理	160	80
融资管理	156	78
内部控制	151	75.5
决策支持	148	74
税收筹划	135	67.5
业绩评价	133	66.5
成本控制与预算管理	130	65
现金流量管理	127	63.5
财务报告	95	47.5
参与人力资源管理	88	44
供应链管理	57	28.5

表 5-1 显示，只有 44％的被调查者认为参与人力资源管理是高级会计人员的主要工作。这在一定程度上说明了我国实务界尚未认识到高级会计人员应是企业财会人员的人力资源总监。高级会计人员应参与企业会计人员的选拔和培训工作，成为企业的人力资源管理者之一。表 5-1 还表明，只有 28.5％的调查者认为高级会计人员应参与供应链管理。实际上，企业从原材料和零部件采购、运输、加工制造、分销直至最终送到顾客手中的这一供应链中，涉及采购战略的制定、供应商的选择、生产成本控制等，这些环节，财务部门的参与至关重要。

笔者对 11 家企业[①]的财务部负责人岗位职责[②]进行分析。分析表明：各企业在财务岗位设计中，主要强调总会计师、财务经理的财务会计职能，他们的本职工作与财务密切相关。大部分企业认为财务经理与总会计师的主要职责是：财务报告、成本与预算管理、资金管理、内部控制。其中两家企业在岗位职责中涉及经营决策，一家提到财务经理的岗位职责包括经营决策，具体要求是其应经常向公司领导报告公司经营进度、财务状况和经营成果，提出完善经营管理的建议，另一家仅提到参与集团主要经济事项的分析与决策，并无具体的职责描述。由此可见，高级会计人员在公司中的业务主要局限于财务部门内部，即使是参与公司战略也是偏重财务战略。

随着企业经营环境和企业目标的变化，企业高级会计人才的工作重心必将从财务转向战略，与此相适应，其能力也将由侧重财务向侧重经营转变。高级会计人员在公司内部应参与到公司战略和经营决策中去，对外主要是要及时提供透明的财务报告。澳大利亚会计师协会（NIA）所做的一项有关 CFO 的调查列出了以下技能是将来会计从业的首要必备条件：战略管理、会计和财务（包括知识和环境管理）、人力资源管理（包括社会、项目、国际化管理）、信息技术。2000 年澳大利亚注册会计师协会（ASCPA）有关 CFO 的调查发现：被调查的 CFO 们把一些诸如交流、一般管理、人力资源管理和知识管理及会计技能等较“软性”的技能排列在诸如成本和项目管理、企业评估和税收等传统

---

① 11 家企业为福建三明化工厂、福建三明钢铁厂、福建泉州中泉集团、福建省电力总公司、福建省电建二公司、福建省电建二公司结算中心、福建交通控股集团、福建电子信息集团、利嘉（上海）股份有限公司、美的家电集团风扇财务部、矽感科技（深圳）有限公司。

② 包括总会计师、财务经理、财务副经理的岗位职责。

会计职能之上。普华永道的全球性调查形成的《CFO 2000 调查》显示：CFO未来三年应具备的主要能力中，排在前几位的是：问题解决能力/创造性、财务会计/控制、团队精神、业务/行业经验、管理变革、财务信息系统（技术）、沟通/语言。

（二）2010 年财政部的调查

为贯彻落实《国家中长期人才发展规划纲要（2010—2020 年）》，摸清会计人员在企业管理决策中的地位、职责和作用，为会计人才培养、选拔和评价提供基础数据，2010 年 8 月，财政部会计资格评价中心、上海国家会计学院对部分国有大中型企业进行了调查并形成《会计师在管理决策中的角色及会计资格考试对其能力提升的情况调查——对 77 家国有大中型企业会计人员访谈问卷分析》。①

调查结果显示，高级会计人员工作内容主要涉及：战略决策、管理会计、信息披露、财务管理、风险控制和其他（如税收筹划、招投标管理等）。从参与程度来看，高级会计人员参与战略决策与管理工作的程度最高。其中，战略制定和投融资决策的参与程度分别为 65%和 73%，业绩考核和成本管理的参与程度分别为 89%和 83%，但预算管理仅为 17%。高级会计人员应用最多的是内部控制相关知识，其频度为 87%，其次是会计准则为 79%，成本管理为 73%，审计为 51%，投资决策为 48%，而财务战略与估值、金融工具、财务会计信息化等均不到 5%。调查基本结论是：总会计师、财务总监等高级会计人员的工作主要集中于战略决策、业绩评价、成本管理、信息披露、预算控制等决策活动与管理活动，在工作中对会计准则、成本管理、审计、内控和投资等知识应用较多。

（三）保监会的首席财务官制度：值得肯定的尝试

保监会于 2008 年初出台了《保险公司首席财务官任职资格规定（意见稿）》（以下称《规定》）②，第一次建立了保险公司的首席财务官制度。《规定》把首席财务官界定为：保险公司负责会计核算、财务管理等企业价值管理活动

---

① 摘自财政部会计资格评价中心《研究资料》第 3 期。

② 为加强和完善对保险公司董事和高管人员的管理，强化公司内部治理和外部监管，促进保险公司稳健经营和保险行业健康发展，2006 年 7 月，保监会发布了《保险公司董事和高级管理人员任职资格管理规定》（保监会令〔2006〕4 号），其中第 52 条规定保险公司财务负责人（首席财务官）的管理办法由保监会另行制定。

的高级管理人员,即与企业价值管理有关的事宜都是首席财务官的职责范围。本《规定》针对保险机构财务负责人制定专门的任职资格管理办法,不仅在于财务负责人任职所需要的专业标准明显区别于其他高管人员,更是确保财务数据真实性、提升公司管理水平、完善公司治理、加强和改进监管的迫切需要。而且《规定》明确,首席财务官应当由董事会任命,保险公司应当要求首席财务官出席或列席董事会会议,同时也规定了首席财务官的报告路线。完善的公司治理结构首先应当保证公司有畅通的信息披露渠道,保证投资者能够及时全面掌握公司的财务状况。本规定明确了首席财务官应向董事会和总经理报告工作,同时每半年至少一次直接向董事会报告公司的财务状况。此外特别值得注意的是,《规定》还明确首席财务官有获取履行职责所需信息的权力,对职责范围内所负责的决策事项有一票否决权。同时,《规定》主要从职业操守、专业水平和管理能力三个方面对首席财务官的任职资格条件提出了具体的要求。

首席财务官的任职资格条件:(1)职业操守和品行条件:首席财务官应当具备正直、诚信、勤勉的品行,具备良好的职业道德操守记录和个人信用记录。(2)专业知识、从业经历和管理能力条件:首席财务官应当具备履行职务必需的专业知识、从业经历和管理能力,包括:大学本科以上学历;从事金融工作5年以上,或者从事经济工作8年以上;具有在企事业单位或者国家机关担任领导或者管理职务的任职经历;具备国内或国际认可的会计、财务、投资、精算等相关专业资格或会计、审计系列高级职称;熟悉履行职责所需的法律法规和监管规定,在会计、精算、投资、风险管理等方面具备良好的理论基础和专业经验;对保险业的经营规律有较深入的认识,有较强的专业判断能力、组织管理能力和沟通能力;能够熟练使用中文进行工作。

针对保险机构财务负责人制定专门的任职资格管理办法,不仅在于财务负责人任职所需要的专业标准明显区别于其他高管人员,更是确保财务数据真实性、提升公司管理水平、完善公司治理、加强和改进监管的迫切需要。

《规定》明确,首席财务官应当由董事会任命,保险公司应当要求首席财务官出席或列席董事会会议,同时也规定了首席财务官的报告路线。完善的公司治理结构首先应当保证公司有畅通的信息披露渠道,保证投资者能够及时全面掌握公司的财务状况。本规定明确了首席财务官应向董事会和总经理报告工作，同时每半年至少一次直接向董事会报告公司的财务状况。

从保监会首席财务官的任职资格条件及在公司治理结构中的地位，很容易让人想起我国长期以来设置的"总会计师"。总会计师是单位主要管理人员，承担着经济预测、决策、控制、分析等工作。《中华人民共和国会计法》明确规定，"国有的和国有资产占控股地位或者主导地位的大、中型企业必须设置总会计师。"但我国《总会计师条例》颁布实施至今已近 20 年，可以说已经陈旧不堪了。有些大型国企虽然没有像保监会那样有明确的、规范的首席财务官任职资格规定，但这些有先见之明的企业或权力部门正在努力营造市场化的 CFO 标准。比如，央广传媒发展总公司①在财务总监与投融资总监公开招聘信息中，也对财务总监的任职资格、工作职责做了具体要求。《总会计师条例》的修改迫在眉睫。

（四）高级会计人员能力框架

虽然我国企业生存的环境与发达国家存在一定差异，但从股东利益最大化目标出发，其基本职能应该是相近的。而且，2004 年 4 月，欧洲货币（中国）发出了 960 份调查表，调查对象为中国销售 1000 强公司和那些收入不高但发展前景非常好的公司的 CFO。调查显示，中国的 CEO 们正在逐渐把职责下放给 CFO，相应地，CFO 也在制定公司战略发展方向等方面发挥着越来越积极的作用。因此，在考虑高级会计人员应具备的能力时，我们可以借鉴国际先进经验。

高级会计人员工作重点正从业务处理和控制转向决策支持和全球战略发展，高级会计人员正成为企业的团队合作者、全局管理者，而不仅仅是会计专家。综合考虑各种因素，我们认为高级会计人员应具备宽厚的职业知识、广泛的职业技能及良好的职业价值观。

高级会计人员应同时掌握宽厚的基础知识和精深的专业知识。这些知识包括一般知识，组织行为和经营管理知识，信息技术知识与会计、财务及相关知识。

---

① 央广传媒发展总公司是隶属于中央人民广播电台（以下简称"中央台"）的大型全资国有企业，经中央台授权，从事中央台全部可经营性资源的开发和经营活动。

作为企业管理层的成员，拥有各种“非会计的能力”(non-accounting capabilities and skills)是高级会计人员与其他层次会计人员的主要区别，是与高级会计人员履行其职能息息相关的技能。我们认为，高级会计人员应具备决策能力、沟通及协调能力、管理和监督能力、系统分析能力、解决问题的能力、逻辑性和批判性思维能力、团队合作能力、人际交往能力、人才培养能力、应对压力及合理安排时间能力、国际竞争能力。

综合以上分析，借鉴国际经验，充分考虑招聘信息及问卷结果分析，我们认为高级会计人才一方面要强化专业知识，另一方面要不断提高综合能力。借鉴 IFAC 的观点并基于我国的实际，本研究将我国高级会计人员的能力分为职业知识、职业技能和职业价值观三个模块，尝试构建我国高级会计人才能力框架如表 5-2。

表 5-2 高级会计人员能力框架

职业技能										
沟通及协调能力	决策能力	系统分析能力	逻辑性和批判性思维能力	团队合作能力	解决问题能力	管理和监督能力	人际交往能力	应对压力及合理安排时间能力	人才培养能力	国际竞争力

职业知识			
一般知识	组织行为和经营管理知识	信息技术知识	会计、财务及相关知识
人文知识 自然科学知识 艺术知识 外语	风险管理、战略管理、管理学 金融市场、组织行为学、经济学 企业与环境、数量方法和统计学 营销学	企业信息系统 信息环境下的内部控制 电子商务知识 财务和管理软件的应用知识	财务会计与报告 成本管理会计 税收、法律、财务管理 审计与鉴证

职业价值观					
遵循法律、法规	正直	客观	政策水平	终身学习的责任	关注公众利益和社会责任

第四节　中级会计人员的能力框架

中级会计人员是企业会计人员的主要力量，他们是企业对外提供的会计信息的主要编制者，每一独立核算单位都应有一名或数名会计师作为财会部门的业务骨干，主持企业的财务或某一方面的工作。

根据表 5-3，我们发现：

(1)分别有 85%、81%、78.5%、71.5%、69%的被调查者认为成本控制与预算管理、财务报告、现金流量管理、税收筹划和内部控制是我国中级会计人员的主要工作，这些工作项目都与财务与控制工作相关；

(2)选择业绩评价、供应链管理、融资管理、风险管理、决策支持、投资管理、参与人力资源管理、财务战略等项目的被调查者分别为 42.5%、41.5%、40%、32.5%、25%、24.5%、16%、11.5%，都未超过 50%，其中只有 11.5%的被调查者认为财务战略是中级会计人员的主要工作。

笔者对 11 家企业[①]的财务部主办会计岗位职责进行分析。分析表明：各企业在岗位设计中主要强调主办会计的财务报告职能。各企业基本上都规定主办会计负责编报会计报表、搞好全面会计核算工作，部分企业还要求主办会计参与内部控制、提供决策支持。

由此可见，我国中级会计人员还主要从事与财务相关的报告、控制与管理工作，较少参与企业的战略决策与管理。

表 5-3　中级会计人员主要工作问卷统计结果

主要工作项目	选择该项目的样本数	占总样本的比例(%)
成本控制与预算管理	170	85
财务报告	162	81
现金流量管理	157	78.5

① 11 家企业为福建三明化工厂、福建三明钢铁厂、福建泉州中泉集团、福建省电力总公司、福建省电建二公司、福建省电建二公司结算中心、福建交通控股集团、福建电子信息集团、利嘉(上海)股份有限公司、美的家电集团风扇财务部、矽感科技(深圳)有限公司。

续表

主要工作项目	选择该项目的样本数	占总样本的比例(%)
税收筹划	143	71.5
内部控制	138	69
业绩评价	85	42.5
供应链管理	83	41.5
融资管理	80	40
风险管理	65	32.5
决策支持	50	25
投资管理	49	24.5
参与人力资源管理	32	16
财务战略	23	11.5

对比表5-1、表5-3,我们认为高、中级会计人员所从事的工作有其相似之处:有75.5%的被调查者认为内部控制是高级会计人员的主要工作,69%的被调查者认为内部控制是中级会计人员的主要工作;有67.5%的被调查者认为税收筹划是高级会计人员的主要工作,而有71.5%的被调查者认为税收筹划是中级会计人员的主要工作;有63.5%的被调查者认为现金流量管理是高级会计人员的主要工作,有78.5%的被调查者认为现金流量管理是中级会计人员的主要工作。可见,对高级与中级会计人员来说,内部控制、税收筹划与现金流量管理都是比较重要的日常工作。

高、中级会计人员所从事的主要工作的最主要区别在于财务战略项目,被调查者认为高级会计人员最主要的工作是财务战略,认为中级会计人员最不重要的工作是财务战略。对投资管理、融资管理、风险管理、决策支持等选项,被调查者针对高级与中级会计人员的选择也不同。但随着经济的发展,随着CFO合作伙伴地位的确立,随着高级会计人员战略地位的巩固,中级会计人员必然也会涉及投资管理、融资管理、风险管理领域,这些知识对中级会计人员来说也是必需的。

综合以上分析,借鉴国际经验,充分考虑招聘信息及问卷结果分析,我们将我国中级会计人员的能力分为职业知识、职业技能和职业价值观三个模块,尝试构建我国中级会计人才能力框架如表5-4。

表 5-4　中级会计人员能力框架

职业技能							
沟通及协调能力	系统分析能力	逻辑性和批判性思维能力	团队合作能力	解决问题能力	管理和监督能力	人际交往能力	应对压力及合理安排时间能力

职业知识			
一般知识	组织行为和经营管理知识	信息技术知识	会计、财务及相关知识
人文知识 自然科学知识 外语	管理学、经济学、数量方法和统计学、金融市场、风险管理	企业信息系统 信息环境下的内部控制 电子商务知识 财务和管理软件的应用知识	财务会计与报告 成本管理会计 税收、法律、财务管理 审计与鉴证

职业价值观					
遵循法律、法规	正直	客观	政策水平	终身学习的责任	关注公众利益和社会责任

第五节　初级会计人员的能力框架

如今，会计工作的范围越来越大，而且越来越专业化，因而要求每个人在进入职业界时都具备会计师预期应有的所有能力是不可能的。我们拟从我国初级会计人员所从事的主要工作出发，综合以上分析，构建我国初级会计人员的能力框架。初级会计人员能力要求也是我国会计人员准入的最基本要求。

表 5-5 显示，有 79.5%的被调查者认为我国初级会计人员的主要工作是“财务报告”。分别有 63%、52%、50%的被调查者认为成本控制与预算管理、内部控制和现金流量管理应是初级会计人员的主要工作。而对其他工作项目，只有少数被调查者认为它们是初级会计人员的主要工作。可见，我国初级会计人员的工作比较简单，主要从事传统的财务会计与报告工作。我国职称评定条例也只要求初级会计人员“能担负一个方面或某个重要岗位的财务会计工作”，我们收集的招聘信息也反映了我国大部分企业也只要求初级会计人员能从事某一方面的财务会计工作。

表 5-5 初级会计人员主要工作问卷统计结果

主要工作项目	选择该项目的样本数	占总样本的比例(%)
财务报告	159	79.5
成本控制与预算管理	126	63
内部控制	104	52
现金流量管理	100	50
供应链管理	88	44
税收筹划	56	28
风险管理	27	13.5
业绩评价	23	11.5
决策支持	19	9.5
融资管理	16	8
投资管理	12	6
参与人力资源管理	11	5.5
财务战略	4	2

对供应链管理工作项目，只有28%的被调查者认为高级会计人员应参与这一工作，而有41.56%的被调查者认为中级会计人员应参与这项工作，有44%的被调查者认为初级会计人员应参与这项工作。我们可以从供应链的各环节来分析出现这种现象的原因。供应链管理涉及采购战略的制定、供应商的选择、生产成本控制等工作，而这些工作与初级、中级会计人员的日常财务工作更相关。总之，供应链管理工作与高、中、初级会计人员的工作都有相关性。

笔者对11家企业[①]的财务部一般会计岗位职责进行分析。分析表明：各企业的岗位职责中对一般会计岗位的职责基本都是按岗位来描述，如分为存货会计、固定资产会计、往来账会计、工资劳保会计等岗位分别制定其职责。综合各企业情况，一般会计人员的岗位职责主要是审核原始凭证，编制会计分录，进行明细分类核算，负责资产盘点、对账等。

结合能力要素分析及初级会计人员主要从事工作的分析，我们尝试构建我国初级会计人员能力框架如表5-6。

表5-6　初级会计人员能力框架

<table>
<tr><td colspan="6">职　业　技　能</td></tr>
<tr><td>团队合作能力</td><td>解决问题能力</td><td>人际交往能力</td><td>应对压力及合理安排时间能力</td><td colspan="2">沟通与协调能力</td></tr>
<tr><td colspan="6">职　业　知　识</td></tr>
<tr><td colspan="2">信息技术知识</td><td colspan="4">会计、财务及相关知识</td></tr>
<tr><td>企业信息系统</td><td>财务和管理软件的应用知识</td><td>财务会计与报告</td><td>成本管理会计</td><td>税收</td><td>法律</td></tr>
<tr><td colspan="6">职　业　价　值　观</td></tr>
<tr><td>遵循法律、法规</td><td>正直</td><td>客观</td><td>终身学习的责任</td><td colspan="2">关注公众利益和社会责任</td></tr>
</table>

职业知识、职业技能和职业价值观三者辩证统一，成为各级会计人员能力框架的基本架构。这三者之间的关系可以用金字塔图式来表示（参见图5-1）。

在能力金字塔中，越是底层的能力维度越具稳定性，越是上层的能力专用性越强。下一层的能力对上一层有影响和决定作用，上层能力发展到一定程度反过来会使下层能力缓慢地发展和迁移。职业价值观是职业知识和职业技能的灵魂，是能力框架得以稳固的保障，如果没有良好的职业道德、职业责任感，渊博的知识、高强的技能就无法得以正常发挥。职业知识是会计人员能力

① 11家企业为福建三明化工厂、福建三明钢铁厂、福建泉州中泉集团、福建省电力总公司、福建省电建二公司、福建省电建二公司结算中心、福建交通控股集团、福建电子信息集团、利嘉（上海）股份有限公司、美的家电集团风扇财务部、矽感科技（深圳）有限公司。

图 5-1

框架的基础，没有职业知识，职业技能就无从谈起。职业技能是职业知识的实践和升华，是各级会计人员能力差异的最主要表现。在会计人员职业生涯中，职业技能以及职业价值、道德与态度远比在取得资格时获取的专业知识基础重要。

上述我国各级会计人员能力建设框架，汇集了各层级会计人员的主要能力。这些能力的发挥，应该基于特定岗位的具体职责和特定行业及企业的特定情况和背景而对各模块中的要素进行整合，以突出各该行业、企业及岗位的重点和主导。这样的能力框架的要素组合，应该因应企业的发展阶段、企业所处行业所在周期而有所差异。同时，会计人员能力框架是个动态系统，随着社会经济的发展和企业生产经营组织结构的变化以及其他领域的发展和创新，各级会计人员能力框架也将发生相应的变化。

需要特别指出的是，各级会计人员能力框架的构建，要求会计教育部门对现有课程设置、教学内容、教学方法等方面进行反思，以推出适应这样的能力框架要求的教学产品。同时，会计人才的成长，最关键的问题在于心理素质的培养。正如能力本身属于心理学范畴一样，各级会计人才作为社会人力资源的重要组成部分，在社会认知和心理素质方面的加强始终是会计管理机构和教育工作者需要特别关注的方面，在我国经济和会计国际化程度日益提高的情况下尤其如此。

第六节　我国会计人员能力的评价

会计人员拥有“能力”暗示着其能够胜任工作。但究竟应如何判定会计人员是否具备各项能力？这些能力在工作中是否得以发挥？要回答这些问题，必须要对会计人员进行能力评价。能力评价，是通过一种或多种途径取得职业活动绩效的证据，并把这些证据对照特定职业能力标准，从而判断职业能力水准的过程。确定能力标准、搜集能力表现的证据和根据能力标准做出判断，是能力评价的三个基本环节。

一、IFAC对胜任能力评价的说明

IFAC(2009)①指出，评价学习和发展有效性可以运用很多种方法，主要包括投入基础评价、程序基础评价、产出基础评价三种方法。投入基础评价法主要关注学习和发展中的投资。例如个人应参加多少学时的课程或主要领域的更新，因为胜任能力发展的指标很容易评价和证实，一般用投入基础评价法评价，但是投入基础评价法不用来评价已经获取的胜任能力。程序基础评价法主要关注学习和发展的设计和传递。例如，一门课程是否定期复核和更新，与投入基础评价法不同，程序基础评价法主要作为已经获取的胜任能力的评价指标。产出基础评价法主要关注职业会计师是否发展了规定的胜任能力，包括工作业绩、工作相似度、笔试以及自我评价等方法。选择评价方法时，应考虑下列几方面的特点：(1)合法性——是否评价了需要被评价的方面；(2)可靠性——是否在同样的环境下，它能持续提供同样的结果；(3)成本效益——是否收益超过评价成本。产出评价直接关注胜任能力，它被认为是最具真实性的方法。根据成本效益原则，在评价系统中产出评价法无需大量的投资就能使用。因为合法性、可靠性及成本效益原则之间存在内在妥协，因此投入、

① IFAC(2009) Framework for International Education Standards for Professional Accountants 中的第22，23“Assessment：Measurement of the Effectiveness of Learning and Development…”

程序、产出评价方法经常被同时使用。但是，产出评价法是与会计教育目标——胜任能力的发展最相关的评价方法。

二、现有评价体系

目前我国关于会计人员能力的评价主要由《中国总会计师条例》、《会计从业资格管理办法》、《会计专业职务试行条例》来指导，评价体系主要是政府或职业团体建立的，评价指标主要是学历和职称。从第三章的分析我们可知，各级会计人员主要是通过考试选拔出来的，因而会计系列考试的基本框架实际上就是目前评价体系的一个基准。我国目前的会计考试主要有：会计从业资格证考试、会计职称证书考试、注册会计师资格证书考试。从目前考试的科目和内容看，会计系列考试主要侧重于财务会计及相关领域知识的考查①。这与现代企业对会计人员的能力要求已不相适应。按照分级会计人员能力框架，建立适应我国市场经济要求、满足现代企业需要的会计人员能力评价体系，是提高各级会计人员执业水平的重要环节。

三、建立综合评价体系

对会计人员能力的评价，并不存在单一的最优办法，主要方法有：学历、笔试、口试、工作记录、项目报告、模拟现场、直接观察、间接观察、自我评价、高层管理人员评价、他人评价（包括同事评价与下属评价）等。各种方法可以综合使用，也应有所侧重。但评价必须是有效的、可靠的，同时还应考虑成本与效益原则。其实，这种评价体系的建立有一定难度。比如，有时很难确定会计人员的考试成绩与他的工作业绩之间的关系。

会计人员的能力框架的研究为建立科学的评价体系奠定基础。对会计人员能力的评价应涵盖知识、技能与职业价值观，我们应建立知识、技能和职业价值观并重的评价体系。对知识、技能和职业价值观可分别采用不同的评价

---

① 有关内容参见第三章。

方法，如表5-7[①]所示。

表5-7　会计人员能力评价方法

评价方法＼能力	知识	技能	价值观
以前的学习档案	√	√	
笔试	√	√	√
口试	√	√	√
项目报告	√	√	√
工作记录	√	√	
自我评价			√
工作模拟	√	√	√
工作现场观察		√	√
间接观察		√	
高层管理人员考评		√	√
他人考评		√	√

注：打"√"代表每种评价方法所能评价能力的相应内容。

各种评价方法各有利弊，我们可综合使用多种方法，建立合理的评价体系。评价体系的建立和评价的实施需要各利益相关者（如职业界、企业及学术界等）共同努力。

除了政府与职业团体外，各企业或机构也应有自己的关于各级会计人员的评价标准。

四、会计人员能力评价指标体系

建立评价指标体系，是评价工作的基础和核心工作，如果没有指标体系，评价工作将无从入手。建立会计人员能力评价指标体系，有利于政府、职业界或企业对会计人员能力的考核。

（一）建立评价指标体系应遵循的原则

1. 系统性原则。指标的设计应能全面反映会计人员能力的综合情况，找

① 本表所列的评价方法主要参考 IEP2-Towards Competent Professional Accountants(IFAC，2003)中的评价方法。

出主要指标，以保证评价的全面性与可信度。

2.可测性原则。指标应含义明确，计算指标所需数据应便于收集，计算方法简便、易于掌握。

3.定性指标与定量指标相结合的原则。定量指标采用的是量化的方法，使评价具有客观性，定性指标使评价较深入。两者相结合，则可弥补单纯定量指标或定性指标的不足，以防有失偏颇。

4.层次性原则。指标要有层次，这样有利于确定指标的权重。不同岗位的评价指标侧重点不同，指标权重也不一样，准确、合理的权重可使评价者能够集中主要精力完成重要而复杂的指标评价，也能使评价者更客观地考查各级会计人员的综合素质。

（二）评价指标体系的建立

评价指标体系的建立可以采用层次分析法（analytic hierarchy process，简称 AHP）。AHP 法是一种定性与定量相结合的决策分析法，是一种将复杂系统的决策思维过程模型化、数量化的过程。层次分析的具体步骤如下：(1)建立问题的层次结构，一般可分为三层：目标层、指标体系层和对象层；(2)在每层内，运用配对比较法对各相关要素进行两两比较评分，得到若干两两比较判断矩阵；(3)计算各判断矩阵权重排列并作一致性检验；(4)进行综合运算和层次总排序。

会计人员胜任能力框架是一个“标杆”，依据这一标杆来评估各级会计人员的能力。本章第四节构建的各级会计人员能力框架中的能力要素可以作为对各级会计人员能力进行评价的指标。

1.构造评估指标体系

利用 AHP 法对会计人员能力特征内容进行分析，分别建立了高级会计人员能力评价指标体系（表 5-8）、中级会计人员能力评价指标体系（表 5-9）和初级会计人员能力评价指标体系（表 5-10）。

本研究对高、中、初级会计人员能力评价指标体系均在第一层总目标下设立了三个一级指标，即：“职业知识”，是指为了胜任本职工作，会计人员应具备的基本知识；“职业技能”，是指会计人员是否具备胜任某项具体工作的能力；“职业价值观”，主要是指会计人员的职业价值、道德和态度。除一级指标之外，还设立了二级和三级指标，各层次会计人员能力评价指标体系中二级、三级评价指标项目不尽相同。

表 5-8 高级会计人员能力评价指标体系

第一层（总目标）	第二层（一级指标）	第三层（二级指标）	第四层（三级指标）	
能力 C	职业技能 C_1	一般技能 P_1	团队合作能力 P_{11}	量化可操作指标
			解决问题能力 P_{12}	
			人际交流能力 P_{13}	
			应对压力及合理安排能力 P_{14}	
			沟通与协调能力 P_{15}	
		特殊技能 P_2	决策能力 P_{21}	
			系统分析能力 P_{22}	
			逻辑性和批判性思维能力 P_{23}	
			管理和监督能力 P_{24}	
			人才培养能力 P_{25}	
			国际竞争力 P_{26}	
	职业知识 C_2	一般知识 P_3	人文知识 P_{31}	量化可操作指标
			自然科学知识 P_{32}	
			艺术知识 P_{33}	
			外语 P_{34}	
		组织行为和经营管理知识 P_4	风险管理 P_{41}	
			战略管理 P_{42}	
			管理学 P_{43}	
			金融市场 P_{44}	
			组织行为学 P_{45}	
			经济学 P_{46}	
			企业与环境 P_{47}	
			数量方法和统计学 P_{48}	
			营销学 P_{49}	
		信息技术知识 P_5	企业信息系统 P_{51}	
			信息环境下的内部控制 P_{52}	
			电子商务知识 P_{53}	
			财务和管理软件的应用知识 P_{54}	
		会计财务及相关知识 P_6	财务会计与报告 P_{61}	
			成本管理会计 P_{62}	
			税收 P_{63}	
			法律 P_{64}	
			财务管理 P_{65}	
			审计与鉴证 P_{66}	
	职业价值观 C_3	职业价值观 P_7	客观 P_{71}	量化可操作指标
			公正 P_{72}	
			遵循法律、法规 P_{73}	
			政策水平 P_{74}	
			终身学习的责任 P_{75}	
			关注公众利益和社会责任 P_{76}	

表 5-9 中级会计人员能力评价指标体系

第一层（总目标）	第二层（一级指标）	第三层（二级指标）	第四层（三级指标）	
能力 C	职业技能 C_1	一般技能 P_1	团队合作能力 P_{11}	量化可操作指标
			解决问题能力 P_{12}	
			人际交流能力 P_{13}	
			应对压力及合理安排能力 P_{14}	
			沟通与协调能力 P_{15}	
		特殊技能 P_2	决策能力 P_{21}	
			系统分析能力 P_{22}	
			逻辑性和批判性思维能力 P_{23}	
			管理和监督能力 P_{24}	
			人才培养能力 P_{25}	
	职业知识 C_2	一般知识 P_3	人文知识 P_{31}	量化可操作指标
			自然科学知识 P_{32}	
			艺术知识 P_{33}	
			外语 P_{34}	
		组织行为和经营管理知识 P_4	管理学 P_{41}	
			组织行为学 P_{42}	
			经济学 P_{43}	
			企业与环境 P_{44}	
			数量方法和统计学 P_{45}	
			营销学 P_{46}	
		信息技术知识 P_5	企业信息系统 P_{51}	
			信息环境下的内部控制 P_{52}	
			电子商务知识 P_{53}	
			财务和管理软件的应用知识 P_{54}	
		会计财务及相关知识 P_6	财务会计与报告 P_{61}	
			成本管理会计 P_{62}	
			税收 P_{63}	
			法律 P_{64}	
			财务管理 P_{65}	
			审计与鉴证 P_{66}	
	职业价值观 C_3	职业价值观 P_7	客观 P_{71}	量化可操作指标
			公正 P_{72}	
			遵循法律、法规 P_{73}	
			政策水平 P_{74}	
			终身学习的责任 P_{75}	
			关注公众利益和社会责任 P_{76}	

表 5-10　初级会计人员能力评价指标体系

第一层（总目标）	第二层（一级指标）	第三层（二级指标）	第四层（三级指标）	
能力 C	职业技能 C_1	一般技能 P_1	团队合作能力 P_{11}	量化可操作指标
			解决问题能力 P_{12}	
			人际交流能力 P_{13}	
			应对压力及合理安排能力 P_{14}	
			沟通与协调能力 P_{15}	
	职业知识 C_2	信息技术知识 P_2	企业信息系统 P_{21}	量化可操作指标
			财务和管理软件的应用知识 P_{22}	
		会计财务及相关知识 P_3	财务会计与报告 P_{31}	
			成本管理会计 P_{32}	
			税收 P_{33}	
			法律 P_{34}	
	职业价值观 C_3	职业价值观 P_4	客观 P_{41}	量化可操作指标
			公正 P_{42}	
			遵循法律、法规 P_{43}	
			终身学习的责任 P_{44}	
			关注公众利益和社会责任 P_{45}	

2. 运用 AHP 法分别构造判断矩阵

通过多方讨论、专家咨询等，确定各指标的重要性程度。根据表 5-11，对各指标进行两两比较，采用 AHP 法，构造出判断矩阵，确定其权重。评价指标两两比较的结果，是由专家根据其主观经验确定的，可能会因不同的专家而有所不同，因此可以请多位专家分别给出比较结果，然后取其众数作为专家组一致的意见，亦可采用其他方式，如讨论协商等，达成一致的协议。

表 5-11　判断矩阵中各元素的确定

a_{ij}	两指标相比	解释
1	同等重要	指标 i 和 j 同样重要
3	稍微重要	指标 i 比 j 略微重要
5	明显重要	指标 i 比 j 重要
7	重要得多	指标 i 比 j 明显重要
9	极端重要	指标 i 比 j 绝对重要
2、4、6、8	介于两相邻重要程度间	
以上各数的倒数	两目标反过来比较	

以初级会计人才评价指标体系中的第二层指标(一级指标)为例,说明判断矩阵的构造。假定通过多方讨论及专家咨询,认为对初级会计人员来说 C_2 比 C_1 和 C_3 重要,C_3 比 C_1 重要。假定根据表 5-11,专家组对各指标进行两两比较,构造出判断矩阵如表 5-12。

表 5-12　初级会计人员能力评价一级指标判断矩阵及权重

C	职业技能 C_1	职业知识 C_2	职业价值观 C_3	W_i
职业技能 C_1	1	2/7	2/5	0.142
职业知识 C_2	7/2	1	3/2	0.510
职业价值观 C_3	5/2	2/3	1	0.348
$\sum_{i=1}^{3} C_{ij}$	7	41/21	29/10	

用同样的方法可以构造出第三层对第二层、第四层对第三层的每一个项目的判断矩阵。

3. 确定各指标权重

(1)层次单排序权重的确定

权重就是以数量形式权衡被评价总体中诸因素相对重要程度的量值。权重表示在评价过程中,是从被评价对象的不同侧面的重要程度的定量分配,对各评价因子在总体评价中的作用进行区别对待。某一指标的权重是指该指标在整体评价中的相对重要程度。各级会计人员能力评价指标体系中,各个指标在整个体系中的重要程度不同,占有总分的比值也就不同,为此要确定每个指标的权重。

权重是要从若干评价指标中分出轻重来,一组评价指标体系相对应的权重组成了权重体系。一组权重体系$\{V_i \mid I=1,2,\cdots,n\}$,必须满足下述两个条件:

①$0<V_i\leqslant 1$;$i=1,2,\cdots,n$;

②其中 n 是权重指标的个数 $\sum_{i=1}^{n} V_j = 1$ 。

在本书所确定的指标体系中,运用 AHP 法确定各指标的权重,首先要确定的是职业技能、职业知识和职业价值观这三大类指标的权重，然后再用同样的方法确定每一大类指标内部各个分指标的权重。

仍然以初级会计人才评价指标体系的二级指标为例，根据表 5-12，确定各指标权重。

①首先将判断矩阵的每一列元素作归一化处理，其元素的一般项为

$$\overline{C}_{ij} = \frac{C_{ij}}{\sum_{k=1}^{n} \overline{C}_{kj}}$$

列向量归一化得到矩阵 $\begin{bmatrix} 0.1429 & 0.1463 & 0.1379 \\ 0.5 & 0.5122 & 0.5172 \\ 0.3571 & 0.3415 & 0.3448 \end{bmatrix}$

②将各列归一化后的判断矩阵按行相加

$$\overline{W}_i = \sum_{j=1}^{n} C_{ij}\ (i,j = 1,2,3,\cdots,n)，得到\overline{W}_i = \begin{pmatrix} 0.4271 \\ 1.5294 \\ 1.0434 \end{pmatrix}$$

③再将向量 $\overline{\boldsymbol{W}} = [\overline{W}_1, \overline{W}_2, \cdots, \overline{W}_n]^T$ 归一化，得到

$$W_i = \frac{\overline{W}_i}{\sum_{j=1}^{n} \overline{W}_j} \qquad (i,j = 1,2,3,\cdots,n)$$

得到的 $\boldsymbol{W} = [W_1, W_2, \cdots, W_n]^T$ 即为所求特征向量。

$$W_1 = \frac{0.4271}{0.4271 + 1.5294 + 1.0434} = 0.142$$

$$W_2 = \frac{1.5294}{0.4271 + 1.5294 + 1.0434} = 0.510$$

$$W_3 = \frac{1.0434}{0.4271 + 1.5294 + 1.0434} = 0.348$$

④计算判断矩阵的最大特征根为

$$\lambda_{\max} = \sum_{i=1}^{n} \frac{(CW)_i}{nW_i},$$

式中：$(CW)_i$ 为 CW 的第 i 个分量素。

$$(CW)_1 = 1\times 0.142+2/7\times 0.510+2/5\times 0.348=0.4269$$

$$(CW)_2 =7/2\times 0.142+1\times 0.510+3/2\times 0.348=0.317$$

$$(CW)_3 =5/2\times 0.142+2/3\times 0.510+1\times 0.348=1.043$$

$$\lambda_{max} = \sum_{i=1}^{n} \frac{(CW)_i}{nW_i} = \frac{0.4269}{3\times 0.142} + \frac{1.529}{3\times 0.510} + \frac{1.043}{3\times 0.348} = 3$$

最大特征值λ为3。

⑤进行一致性检验

理想的判断矩阵应满足一致性条件，然而由于受专家知识水平和个人偏好的影响，现实的判断矩阵有时难以满足一致性条件，特别是当 n 较大时更是如此。为保证结果的可信度和准确性，必须对判断矩阵的一致性进行检验。衡量一致性程度的指标叫一致性指标，用CI来表示。当判断矩阵完全一致时，CI=0。

当一致性比率CI数值较小时，判断矩阵的一致性可以接受，当一致性比率数值较大时，判断矩阵应做适当修正。

a. 计算一致性指标CI

$$CI = \frac{\lambda_{max} - n}{n-1} = \frac{3-3}{3-1} = 0$$

b. 由表5-13查找相应的平均随机一致性指标RI(random index)，RI的具体取值与矩阵的阶数的关系如表5-13。

表5-13　随机一致性指标

N	1	2	3	4	5	6	7	8	9	10	11	12	13	14	15
RI	0	0	0.58	0.89	1.12	1.24	1.32	1.41	1.45	1.49	1.52	1.54	1.56	1.58	1.59

查表5-13得，$RI=0.58$。

c. 计算随机一致性比率 CR

$CR = \dfrac{CI}{RI} = 0 < 0.1$，因此判断矩阵具有满意的一致性[①]。

---

① 若以上有没通过一致性检验者，则必须再返回重新构造判断矩阵（叫一致性改进）。

所以（C_1，C_2，C_3）的权重为(0.142,0.510,0.348)。

一般而言 CR 愈小，判断矩阵的一致性愈好，通常认为 $CR<0.1$ 时，判断矩阵满足一致性检验，但在实际应用中，一致性比率临界值可放宽至0.2。否则，必须返回重新构造判断矩阵(叫一致性改进)，对判断矩阵进行适当调整。

用同样的方法得到二级指标对一级指标的权重 W_{ij}，三级指标对二级指标的权重 W_{ijk}。

(2)层次总排序权重的确定

层次总排序是根据各层次的单排序进行加权综合，以计算同一层次元素对于最高层的重要排序。为了评价会计人员的总体能力，还应确定指标体系中第三层次、第四层次的各个评价因素对会计人员总体能力的影响程度，也即要求出第三层次、第四层次的各个评价因素在综合考评能力这一总目标中的权重(即给出层次总排序)。这就需要在各层次单排序的基础上进行系统整体排序，通过层次总排序可求得各因素对总体能力的排序权重。

总排序权重的计算方法如下：(假定指标体系中有 n 个二级指标，m 个三级指标)

设二级指标层中的 n 个指标因素 $C_1,C_2,\cdots,C_n$ 的权重 $a_1,a_2,\cdots,a_j(j=1,2,\cdots,n)$，三级指标层中有 m 项指标因素 $P_1,P_2,P_3,\cdots,P_m$ 的权重是 d_{1j}，$d_{2j},\cdots,d_{mj}$，$(j=1,2,\cdots,n)$，当 D_j 与 C_i 无联系时记 $d_{ij}=0$，那么 D_i 关于总目标的权重就是 $\bar{\omega}_i=\sum_{j=1}^{n}a_jd_{ij}(i=1,2,\cdots,m)$，于是，第三级指标层中 m 个指标因素的总排序，即总的权重向量是 $\boldsymbol{\omega}=(\omega_1,\omega_2,,\cdots,\omega_m)^T$。

层次总排序也要进行一致性检验，设三级指标层中某些指标对 CI_j 单排序的一致性指标为 CI_j，随机一致性指标为 RI_i，则三级指标层总排序的随机一致性比率定义为：$CR=\dfrac{\sum_{j=1}^{n}a_jCI_j}{\sum_{j=1}^{n}a_jRI_j}$，当 $CR<0.1$ 时，认为层次总排序具有满意的程序。

4.对三级指标进行评分

对三级指标的评分可采用多种方式。职业知识项目下的三级指标比较具体，属于可量化指标，可采用考试的方式对会计人员进行评价，考试得分即为该三级指标的最终得分。对各项职业技能和职业价值观的评价可以通过考试、现场观察、间接观察、模拟现场工作、高层管理人员的评价等方式对会计人员的各项能力打分。尔后将考试得分与参与评价人员给出的得分加总求平均分,该平均分即为被评价者的得分。

最后,将最终得分归属于五个级别(如表 5-14),根据所属级别情况确定会计人员的综合能力,并进行相应的奖惩。

表 5-14 综合能力评价表

级 别	优 秀	良 好	中	一般	较 差
得分隶属区间	90～100	80～89	70～79	60～69	60 分以下

(三)能力评价指标体系应用举例

在计算各级会计专业技术人员职业能力评价指标的得分时,首先对三级指标进行评分,在三级指标的得分基础上,根据三级指标总权重计算出总得分。下面,以对 ABC 公司助理会计师李明的胜任能力评价为例,说明会计人员能力评价指标体系的应用。假设一级指标对总目标的判断矩阵和权重同表 5-12。

1. 应用层次分析法构造判断矩阵及权重,并进行一致性检验

构造判断矩阵:一级指标对总目标的判断矩阵同表 5-12;二级指标对一级指标的判断矩阵分别如表 5-15、表 5-17、表 5-20;三级指标对二级指标的判断矩阵如表 5-16、表 5-18、表 5-19、表 5-21。一致性检验见表 5-22。在实际评价工作中,判断矩阵通常由专家评分法给出,本研究采用了相对简化的处理办法,主要在问卷调查结果及对各级会计工作岗位职责分析的基础上进行确定。

表 5-15 “职业技能”二级指标对一级指标的判断矩阵及权重

C_1	一般技能 P_1	W_{ij}
一般技能 P_1	1	1
$\sum$	1	

表 5-16 "职业技能"三级指标对二级指标的判断矩阵及权重

P_1	团队合作能力 P_{11}	解决问题能力 P_{12}	人际交流能力 P_{13}	应对压力及合理安排能力 P_{14}	沟通与协调能力 P_{15}	W_{ijk}
团队合作能力 P_{11}	1	4	2	4	4	0.429
解决问题能力 P_{12}	1/4	1	1/3	1	1	0.099
人际交流能力 P_{13}	1/2	3	1	3	3	0.274
应对压力及合理安排能力 P_{14}	1/4	1	1/3	1	1	0.099
沟通与协调能力 P_{15}	1/4	1	1/3	1	1	0.099
$\sum_{j=1}^{5} P_{1j}$	9/4	10	4	10	10	

表 5-17 "职业知识"二级指标对一级指标的判断矩阵及权重

C_2	信息技术知识 P_2	会计财务及相关知识 P_3	W_{ij}
信息技术知识 P_2	1	2/7	0.222
会计财务及相关知识 P_3	7/2	1	0.778
$\sum$	9/2	9/7	

表 5-18 "职业知识"三级指标对二级指标的判断矩阵及权重(1)

P_2	企业信息系统 P_{21}	财务和管理软件的应用知识 P_{22}	权重
企业信息系统 P_{21}	1	1/4	0.2
财务和管理软件的应用知识 P_{22}	4	1	0.8
$\sum_{j=1}^{2} P_{2j}$	5	5/4	

表 5-19 “职业知识”三级指标对二级指标的判断矩阵及权重(2)

P_3	财务会计与报告 P_{31}	成本管理会计 P_{32}	税收 P_{33}	法律 P_{34}	权重
财务会计与报告 P_{31}	1	3/2	7/2	7	0.466
成本管理会计 P_{32}	2/3	1	5/2	5	0.318
税收 P_{33}	2/7	2/5	1	3	0.151
法律 P_{34}	1/7	1/5	1/3	1	0.065
$\sum_{j=1}^{4} P_{3j}$	44/21	31/10	22/3	16	

表 5-20 “职业价值观”二级指标对一级指标的判断矩阵及权重

C_3	职业价值观 P_4	W_{ij}
职业价值观 P_4	1	1
$\sum$	1	

表 5-21 “职业价值观”三级指标对二级指标的判断矩阵及权重

P_4	客观 P_{41}	公正 P_{42}	遵循法律、法规 P_{43}	终身学习的责任 P_{44}	关注公众利益和社会责任 P_{45}	权重
客观 P_{41}	1	1	1	3	7	0.288
公正 P_{42}	1	1	1	3	7	0.288
遵循法律、法规 P_{43}	1	1	1	3	7	0.288
终身学习的责任 P_{44}	1/3	1/3	1/3	1	5/3	0.091
关注公众利益和社会责任 P_{45}	1/7	1/7	1/7	3/5	1	0.045
$\sum_{j=1}^{5} P_{4j}$	73/21	73/21	73/21	53/5	71/3	

表 5-22 一致性检验表

指　标	C	P_1	P_2	P_3	P_4
λ_{max}	3	5.0166	2	4.03	5.013
CI	0	0.0042	0	0.01	0.0033
RI	0.58	1.12	0	0.89	1.12
CR	0	0.003	*	0.011	0.003

注：一般而言，1 或 2 阶判断矩阵总是具有完全一致性的。

2. 确定层次总排序权重及一致性检验

根据表 5-23 总排序权重表数据，进行总体一致性检验：

$$CR=\frac{\sum_{j=1}^{n}a_jCI_j}{\sum_{j=1}^{n}a_jRI_j}=\frac{0.0058}{0.902}=0.0064<0.1$$

可见，得到的 16 项指标因素对于总评价目标的权重向量是可以接受的。

表 5-23　总排序权重表

<table>
<tr><th>一级指标</th><th>一级权重</th><th>二级指标</th><th>二级权重</th><th>三级指标</th><th>三级权重</th><th>综合权重</th></tr>
<tr><td rowspan="5">职业技能</td><td rowspan="5">0.142</td><td rowspan="5">一般技能</td><td rowspan="5">1</td><td>团队合作能力</td><td>0.429</td><td>0.0609</td></tr>
<tr><td>解决问题能力</td><td>0.099</td><td>0.0141</td></tr>
<tr><td>人际交流能力</td><td>0.274</td><td>0.0389</td></tr>
<tr><td>应对压力及合理安排能力</td><td>0.099</td><td>0.0141</td></tr>
<tr><td>沟通与协调能力</td><td>0.099</td><td>0.0141</td></tr>
<tr><td rowspan="6">职业知识</td><td rowspan="6">0.51</td><td rowspan="2">信息技术知识</td><td rowspan="2">0.222</td><td>企业信息系统</td><td>0.2</td><td>0.0226</td></tr>
<tr><td>财务和管理软件的应用知识</td><td>0.8</td><td>0.0906</td></tr>
<tr><td rowspan="4">会计财务及相关知识</td><td rowspan="4">0.778</td><td>财务会计与报告</td><td>0.466</td><td>0.1849</td></tr>
<tr><td>成本管理会计</td><td>0.318</td><td>0.1262</td></tr>
<tr><td>税收</td><td>0.151</td><td>0.0599</td></tr>
<tr><td>法律</td><td>0.065</td><td>0.0258</td></tr>
<tr><td rowspan="5">职业价值观</td><td rowspan="5">0.348</td><td rowspan="5">职业价值观</td><td rowspan="5">1</td><td>客观</td><td>0.288</td><td>0.1002</td></tr>
<tr><td>公正</td><td>0.288</td><td>0.1002</td></tr>
<tr><td>遵循法律、法规</td><td>0.288</td><td>0.1002</td></tr>
<tr><td>终身学习的责任</td><td>0.091</td><td>0.0316</td></tr>
<tr><td>关注公众利益和社会责任</td><td>0.045</td><td>0.0157</td></tr>
</table>

3. 对三级指标评分

对各项职业知识的评价通过考试进行。李明各项知识考试成绩如表 5-24。

表 5-24 职业知识考试成绩表

科 目	成 绩
企业信息系统	85
财务和管理软件的应用知识	90
财务会计与报告	80
成本管理会计	76
税收	84
法律	75

公司人力资源部经理张天、财务经理李风与主办会计赵云对李明各项技能及价值观的评价如表 5-25。

表 5-25 职业技能评价表

三级指标	张天	李风	赵云	平均分
团队合作能力	85	80	83	82.67
解决问题能力	75	80	82	79
人际交流能力	80	81	84	81.67
应对压力及合理安排能力	86	83	90	86.33
沟通与协调能力	83	82	85	83.33
客观	85	80	84	83
公正	80	76	80	78.67
遵循法律、法规	84	85	90	86.33
终身学习的责任	70	72	75	72.33
关注公众利益和社会责任	76	72	70	72.67

李明综合能力总得分计算如表5-26。

表5-26 综合能力评价表

三级指标	得分	综合权重	得分
团队合作能力	82.67	0.0609	5.03
解决问题能力	79	0.0141	1.11
人际交流能力	81.67	0.0389	3.18
应对压力及合理安排能力	86.33	0.0141	1.22
沟通与协调能力	83.33	0.0141	1.17
企业信息系统	85	0.0226	1.92
财务和管理软件的应用知识	90	0.0906	8.15
财务会计与报告	80	0.1849	14.79
成本管理会计	76	0.1262	9.59
税收	84	0.0599	5.03
法律	75	0.0258	1.94
客观	83	0.1002	8.31
公正	78.67	0.1002	7.88
遵循法律、法规	86.33	0.1002	8.65
终身学习的责任	72.33	0.0316	2.29
关注公众利益和社会责任	72.67	0.0157	1.14
总　分			81.4

从最终得分的计算结果可知，李明的得分属于“良好”级别。

在采用本书提出的会计人员能力评价指标体系及评价方法时，不同决策者针对不同环境、不同企业、不同时期考虑的因素和侧重点会存在差异，因此，在实际运用时，可对本书提出的指标体系根据实际情况予以调整与修正。

五、灰色关联度方法下的会计人员“选优”决策

会计人员素质评级指标体系的建立目的是为了对会计专业人员的综合素质进行评估，来达到企业了解会计人员的素质进行岗位置换、优秀人才的选拔

以及为企业人力资源部门制订员工培训计划提供依据等目的。

灰色关联度法下的会计人员“选优”决策，是在层次分析法确定指标权重的基础上，以灰色关联度分析法建立决策矩阵，以实现对会计人员素质进行综合的评价。具体计算步骤如下：

(一)评价集、评价矩阵的确定

对会计人员的打分可以分为 4 个档次：优秀、良好、合格、不合格，该集合中有 4 个元素，相应的标准所属度为：U＝(0.9/优秀，0.8/良好，0.6/合格，0.5/不合格)。

评价过程中，参与打分人员分别对某位被评人员的 n 项指标进行打分，按项统计打分档次，假定有 X 位评价人员，对会计人员素质的每项指标来说，打优者分别为 $a_1, a_2, a_3, \cdots, a_n$，打良好者 $b_1, b_2, b_3, \cdots, b_n$，打合格者 $c_1, c_2, c_3, \cdots, c_n$，打不合格者 $d_1, d_2, d_3, \cdots, d_n$，其中，$a_1+b_1+c_1+d_1=a_2+b_2+c_2+d_2=a_3+b_3+c_3+d_3=\cdots=a_n+b_n+c_n+d_n=X$(其中以 a 代表评价中打“优秀”分的人数，以 b 代表评价中打“良好”分的人数，以 c 代表评价中打“合格”分的人数，以 d 代表评价中打“不合格”分的人数)，则对于某管理人员工作能力评价矩阵 $\boldsymbol{R}$ 为：

$$R=\begin{bmatrix} a_1/x & b_1/x & c_1/x & d_1/x \\ a_2/x & b_2/x & c_2/x & d_2/x \\ \vdots & \vdots & \vdots & \vdots \\ a_n/x & b_n/x & c_n/x & d_n/x \end{bmatrix}$$

则会计人员的综合素质为 $\boldsymbol{U}_i=\boldsymbol{U}\times\boldsymbol{R}^{\boldsymbol{T}}=[v_1 \quad v_2 \quad v_3 \quad \cdots \quad v_n]$，$m$ 个被评价人员构成的评价方案的评价指标 $\boldsymbol{F}=(f_{ij})_{m\times n}$。

(二)方案的灰色关联度

根据灰色关联决策理论，以评价方案指标向量与相对最优方案指标向量的关联度作为评价方案优劣的准则。

设相对最优方案为 $\boldsymbol{u_0}=(f_{01}, f_{02}, f_{03}, \cdots, f_{0n})$，则按下列公式：

$$f'_{ij}=f_{ij}/f_{0j}=f_{ij}/c$$

进行规范化处理后有 $\boldsymbol{u_0}=(1,1,1,\cdots,1)$，评价方案 u_i 的评价指标 v_j 之间的灰色关联度为

$$r_{ij}=\frac{\xi\max\limits_{i}\max\limits_{j}|f_{ij}-1|}{|f_{ij}-1|+\xi\max\limits_{i}\max\limits_{j}|f_{ij}-1|}$$

式中：$\xi\in(0,1)$为分辨系数，可人为确定，一般取0.5；(其中$i=1,2,\cdots,m;j=1,2,\cdots,n$)

(三)建立决策模型

最终分析得到$m\times n$个构成方案多目标决策的灰色关联度矩阵$\boldsymbol{r}$

$\boldsymbol{r}=\begin{bmatrix} r_{11} & r_{12} & \cdots & r_{1n} \\ r_{21} & r_{22} & \cdots & r_{2n} \\ \cdots & \cdots & \cdots & \cdots \\ r_{m1} & r_{m2} & \cdots & r_{mn} \end{bmatrix}=(r_{ij})_{m\times n}$，$n$个评价指标对于总目标的权重向量$\boldsymbol{W}=[w_1 \quad w_2 \quad \cdots \quad w_n]$，各选择方案$u_i$与相对最优方案$u_0$的加权关联度矢量$\boldsymbol{r}'=\boldsymbol{rW}=(r_{1,}\ r_1\cdots r_m)$，$(r_i=\sum\limits_{j}^{n}r_{ij}w_j)r_{1,}$愈大，说明评价方案越接近于相对最优方案$u_0$，因此当$r_{1,}=\max(r_{1,}\ r_1\cdots r_m)$时，方案$u_i$是评价方案中的最优方案。

在对我国各级会计人员能力现状的调查分析基础上，本章综合考虑我国各级会计人员主要担任的工作角色，借鉴国际先进经验，综合运用定量和定性分析方法，构建出了涵盖职业知识、职业技能、职业价值观三大模块的各层次会计人员能力框架。职业知识是会计人员能力框架的基础，职业技能是能力框架的核心，职业价值观是能力框架稳固的保障。根据实证结果，各级会计人员应具备的能力具有显著性差异，越高层次会计人员应具备的职业知识、职业技能越多。会计人员能力发挥情况的评价，依赖于完善的评价体系及可行的评价指标体系。

第六章 我国会计人员能力框架的实施

分层次的会计人员能力框架的实施，对我国会计职业界、会计人员与会计教育都具有重大的意义。能力框架的有效性取决于实施效果。有效实施分级会计人员能力框架，提高会计人员的能力，要靠政府、职业组织、企业与学校相互配合，共同努力。会计人员能力框架的实施途径包括学历教育、准入制度及后续教育等。

第一节 改革与完善学历教育

教育是获取和发展知识、技能及个体应具备的其他能力的一个系统化的程序，使用这个程序最为典型的是学校，但又不局限于学校使用。[①] 会计人员能力框架是会计教育的理论指导框架。我国会计人员能力框架的构建主要为会计教育提供指南，分层次的能力框架为不同层次的会计教育提供指导框架。国际会计师联合会(1996)提出，会计教育和实践的目的是培养胜任的职业会计师。2009 年 IFAC 再次提出会计教育的总体目标是培养胜任的职业会计师。能力框架是胜任能力培养的基础，没有完整的能力框架，就不会有适当的会计教育、准入标准和后续培训体系，也就不利于会计人员的培育，不利于《会计人才规划》的有效实施。

知识经济时代，会计工作者必须是知识工作者，因此会计人员应接受一定

---

① 引自 IFAC(2009). Framework for International Education Standards for Professional Accountants 的第 17 段对教育的定义。

的正式会计教育，获得应用理论和分析会计实务的能力。会计教育为会计人员奠定知识、技术和职业价值观的基础，这些知识能为他们继续学习和适应贯穿他们职业生涯中所遇到的变化做好准备[①]。有学者研究表明，中国的会计人员中超过一半没有接受过正规的会计教育(Chan & Rotenbery，1999)。因此，加强会计学历教育对提高会计人员的理论和实务能力至关重要。会计学历教育是会计人员职业能力形成的重要时期，根据学历层次的不同，学历教育可分为：专科教育、本科教育和研究生教育。

在市场经济条件下，对不同层次会计人员的素质有不同的要求，有各种准入和评价制度。没有针对不同层次的会计人员确立不同的教育目标，会影响教育、培训工作的实效。以市场为导向、基于能力的会计教育必须做到分层次、分对象进行。

社会需求是当代世界高等教育理念形成的一个主要因素。但是中国的会计教育与西方国家相比更加脱离实务(Lin，Xiong & Liu，2005)。为了满足社会对会计人员能力需求的增长，会计教育应发挥更大的作用，同时也会面临更大的挑战。高等会计教育的水平决定着财会队伍的人员素质和工作质量，又将在一定程度上影响社会经济的发展。美国会计教育改革委员会指出的"学校教学的目的不在于训练学生在毕业时即成为一个专业人员，而在于培养他们未来成为一个专业人员应有的学习能力与创新能力，使其终身学习"点出了教育与培养高素质人才的必然联系。会计教育不是"生产"学历与文凭，而是"生产"有能力的会计人才。

会计本科教育在现行会计教育体系中具有基础作用和长远发展前景(杨金钟，2000)。张俊瑞、刘东霖于 2004 年初至 2005 年 3 月对财经类专业人才的需求状况进行的调查结果显示，用人单位对毕业生的学历需求为：对博士研究生的需求占 0.7%，对硕士研究生的需求占 9.4%，对本科生的需求占 61.6%，对大专生的需求占 20.3%，对大专以下的需求占 8%。由此可见，社会对本科生的需求比例较大，本科会计教育在我国会计人才培养中担负着重要使命。笔者将主要从本科会计教育角度探讨基于能力的会计教育改革，开发培养会计人员的能力。同时，由于实务界高层次会计人才的欠缺，研究生的

---

① 引自 IFAC 的 IEG9—Prequalification Education，Assessment of Professional Competence and Experience Requirements of Professional Accountants 的第 7 段。

教育问题也不容忽视。

一、现代认知心理学的知识观及其对教育的影响

知识的积累是形成能力的基础。本书第二章分析了知识与能力之间的关系。怎样获取知识,并促进知识向能力转化,这是培养和开发会计人才能力应考虑的重要问题。教育是获取知识的最重要的方式。本部分将从认知心理学的知识观出发,探讨会计教育传授知识、并促进知识向能力转化的问题。

(一)现代认知心理学的知识观

现代认知心理学亦称信息加工心理学,是20世纪50年代中期在西方兴起、60年代后迅速发展起来的、影响广泛的一个心理学流派。以信息加工观点研究认知过程是现代认知心理学的主流,它将人看作是一个信息加工的系统,认为认知就是信息加工,包括感觉输入的变换、分析、加工、存储和使用的全过程。信息加工的结果就是获得按一定方式贮存的信息,也就是获得知识。整个过程紧紧围绕着信息和知识来进行,知识是现代认知心理学研究的重要问题之一。

在第二章中介绍过认知心理学家对知识的本质和分类的看法。除此之外,要认识认知心理学的知识观,还应对以下内容有所了解:

1. 知识的表征

所谓表征,就是信息在人脑中呈现和记载的方式。认知心理学家通过广泛实验,包括计算机模拟,已初步揭示陈述性知识和程序性知识在人脑中贮存、激活和提取方式的不同。前者以命题网络或图式的方式表征,后者以产生式①的方式表征。前者的提取是一个有意识搜寻过程,后者的提取是产生式系统的自动激活。知识是作为一个整体进行表征的,各类知识之间存在着深刻的联系,陈述性知识和程序性知识的关系是产生式镶嵌在命题网络之中,共同构成网络知识(加涅,1985);程序性知识必须先以陈述性知识的形式进入命题网络,然后才能转化为产生式表征的程序性知识,而在程序性知识的执行过程中,需要陈述性知识为其提供利用某个产生式的必要条件。这说明,程序性知识的运用过程包括对陈述性知识的使用、加工和改进,而这又有利于陈述

---

① 产生式是指人经过学习,在其头脑中贮存的一系列以"如果/则"形式表征的规则。

性知识更加完善和精炼。现代认知心理学知识观关于知识的表征理论,揭示了陈述性知识与程序性知识的本质区别,揭示了知识与技能的本质差异。

2.知识的习得

知识的习得是指个体运用已有的知识同化、理解新知识,使其在头脑中得到表征并用于解决有关问题的过程。

现代认知心理学把陈述性知识的习得分为三个阶段:习得阶段、巩固阶段和提取与应用阶段。习得阶段,新知识进入短时记忆,与长时记忆中被激活的相关知识建立联系,出现新的意义的建构。在巩固阶段,新构建的意义储存于长时记忆中,如果没有复习或新的学习,这些意义将会被遗忘。在提取与应用阶段,人们运用所学的知识回答"是什么"或"为什么"的问题,再现知识或把新知识运用于新的问题情境、解决问题。整个习得过程用心理学概念表述,即知识的同化、保持和迁移。程序性知识的习得也分三阶段,其中第一阶段与陈述性知识的习得阶段相同,这说明程序性知识的习得首先是以陈述性知识的习得为条件。第二阶段是通过对一系列以"如果/则"形式表示的规则的变式练习,使规则从陈述性形式向程序性形式转化,变式练习使知识转化为技能。最后阶段是指规则已支配人的行动,技能达到相对自动化。

3.与教育相关的主要观点

认知心理学知识观认为:(1)知识不是外在的,而是主体与客体在相互作用的过程中,主动进行意义构建的结果。在现代心理学的知识观中,知识不是直观的反映,是主体通过认知、获得意义和意向形成认知的结果,是个体认知结构的组织和重新组织。也就是说在认知过程中主体不是被动地接受信息,而是一个主动地、带有个人目的性地内化信息的过程。那些没有经过内化的、被动获得的知识是毫无意义的。(2)掌握知识就是发展能力。在现代认知心理学的知识观中,程序性知识包括了平常我们所说的技能,也包括了策略性知识,即方法知识。策略性知识有助于学习者学会学习、记忆和思维,被认为是人的能力的核心成分,因此在现代认知心理学的知识观中,掌握知识就是发展了能力。知识的学习既包括传统知识的储存和提取(陈述性知识的习得),也包括知识的运用(程序性知识,即技能和方法知识的习得)。技能是在练习的基础上形成的,是按某种规则或操作程序顺利完成某种智慧任务或身体协调任务的能力。技能的实质是一个人习得的一套程序性知识,并按这套程序办事,将技能视为知识,并用程序性知识来解释,使技能具有了可操作性。还强调学生原有知识结构对新知识的学习起关键作用。

能力的发展不是独立于知识的。根据冯忠良教授的研究成果，知识与技能是能力结构的基本构成要素，能力作为活动的稳定调节机制是在获得知识、技能（包括心智技能与操作技能）的基础上，通过广泛迁移和不断概括化、系统化而实现的。

我国著名教育心理学家邵瑞珍、皮连生教授综合西方教育心理学家的学习理论和教学理论，建立了"知识分类学习论和目标导向教学论"，该套理论与技术包括三个分理论，即智育目标论、知识分类学习论、知识分类教学论和以新教案规格为中心的一套教学设计的技术。知识分类学习论主要讲述知识学习的过程和条件以及知识怎样转化为个体的认知能力，该理论提出了一个广义知识学习阶段和分类模型。

现代认知心理学的知识观不仅深入探讨了两大类知识各自的习得过程，而且也深入揭示了它们之间的内在联系和相互作用，为科学有效地指导学生的学习提供了有力的帮助。现代认知心理学的知识观对知识分类、知识习得的过程和条件实际上指出了知识转化为个体的认知能力过程，同时也指导我们在教学中知识向能力转化的具体过程和操作方法。

(二)对教育的启示

现代认知心理学对知识本质、知识习得以及在人脑中贮存机制的研究成果，既揭示了传统教学弊端存在的原因，也为克服这种教学缺陷指明了新的发展途径，对会计教育的改革具有重要的理论和实践指导意义。

1.教学是以教学目标定向的活动

教学目标是指教学中学生预期达到的学习结果和标准，在方向上对教与学起着指导作用，并为教学评价提供依据。它是对学生学习结果的描述，是观测学生身心变化的外显行为自身的表述，具有指导教学策略选择的功能（导教），指导学生学习的功能（导学），指导测量与评价的功能（导评）。现代认知心理学的知识观影响到对教学目标的确定。其中一个重要的影响就是导致教学目标从传统的关注教师传授了什么知识到注重学生学习结果的陈述。教学目标陈述时，要以学生为主体，要以学生的学习目标为中心，教学目标不是教师如何教学，而是学生通过学习应达到的目标。如"能做到×××""会×××"等。

2.教学过程要考虑知识的类型

教师首先要有意识地向学生传授有关的知识，使之以陈述性知识形式贮存在学生原有的知识网络中；有意识地创设一系列的练习，使这些知识条件化，转化为“如果/则”形式的产生式；最后通过更加复杂和综合的情境，使习得的众多分散、孤立的产生式在头脑中建构成一个具有连锁反应的产生式系统，使知识达到自动化程度。

具体的教学中，对于陈述性的知识（一般的概念、原理、规则），教学只需要做到让学生理解其意义，并有效地保持、巩固这些知识。而对于程序性的知识的教学，就不能仅限于了解概念、规则，还要有意识地创设一些情境，进行变式练习，使学生能运用这些概念、规则分析问题和解决问题。

3. 教学过程要重视学生主体性的发挥

现代认知心理学的知识观揭示出知识不是对客观世界的直观反映，而是认知主体与客体的接触中主动建构其意义的过程。在教学中，学生对教学活动的主动参与是学生真正习得知识的前提，即学习的主体不是教师，而是学生。学生主体地位的树立，教学的重心必然发生转移，由传统的教师的传授向重视学生的参与转变。现代认知心理学强调学习的情境性和社会性，以调动学生的主体性。教学中应尽量多引用实例，激发学生的学习兴趣。同时，教师还要重视合作学习的开展，因为知识不仅是个体在与客观环境的相互作用中建构起来的，社会性的作用同样重要。而且，受学生个体认知经验、文化生活背景等因素的影响，对同一问题的认识往往有不同的思维方式和见解。合作学习通过不同学习者间的相互沟通和交流、相互讨论，有助于构建起对问题新的理解。同时，共同学习还能培养学生的团队协作精神。

以下，笔者将以现代认知心理学的相关理论为基础，探讨会计学历教育的改革与发展。

二、基于能力的会计本科教育改革

（一）中国会计本科教育的现状

与会计职业的快速发展相比，会计本科教育在教学计划、课程设置、教学方法等方面均显得落后，教学计划的内容多年未变，无法适应会计实务不断发展的需要。会计及相关领域的新知识层出不穷，课程内容受教学时间限制，难以涵盖这些知识。

1. 教育目标

培养目标是会计教育的首要问题。培养目标是确定培养何种人才、应当具备何种素质和技能、将来从事何种工作等。它直接涉及课程的设置及其广度和深度，决定着培养人才的层次。

2005 年，笔者随机抽取不同等级、不同规模和不同地域的有代表性的 20 所 211 工程院校、10 所非 211 工程学校①，对各校的会计专业本科培养目标进行分析。

从 30 所院校的会计专业本科培养目标及其具体培养要求中可以发现，各高校大都比较注重对学生的会计基本理论及实务能力的培养。会计教育的目标主要取决于会计环境对会计人才的需要，从我国经济发展对会计人才的需求来看，会计师事务所(包括外资所)、保险机构、投资银行、证券公司及外资企业对会计人才的需求量大幅增加，从这一角度出发，这些学校的培养目标能够适应社会实务工作的需求。有些院校强调学生外语能力的培养，这与经济全球化及中国加入 WTO 的大环境相适应。各高校的培养目标也比较明确，基本能明确指出培养的人才能够在什么部门或单位从事何种具体工作，使用人单位在吸收人才时的决策有所依据。

分析 30 所院校的会计专业本科培养目标及其具体培养要求得知，211 学校的培养目标更能适应现行经济环境变化的要求，211 工程院校在强调会计基本理论及实务能力的培养的同时，站在全球的角度来看会计教育。

但 30 所院校的培养目标都存在着一定的缺陷：(1)超过一半的院校培养目标定位过高、范围过广。20 所 211 院校中有 11 所将培养目标定位于培养高级会计人才，有 14 所强调以会计实务工作、教学和科研人才为培养方向；10 所非 211 院校都将培养目标定位于培养高级会计人才，有 6 所强调以会计实务工作、教学和科研人才为培养方向。本科生毕业后能否成为高级会计人才，

---

① 从 100 所 211 工程学校中选取了 20 所进行研究，所选的高校为：北京大学、中国人民大学、复旦大学、厦门大学、上海财经大学、中南财经政法大学、西南财经大学、上海大学、北京化工大学、北京工业大学、南京大学、山东大学、内蒙古大学、哈尔滨工业大学、南京理工大学、河海大学、武汉大学、江南大学、云南大学、福州大学等。10 所非 211 财经院校：江苏大学、扬州大学、河北大学、仰恩大学、天津工业大学、中央财经大学、中南财经大学、江西财经大学、浙江财经学院、广东外语外贸大学。资料来源于各高校网站，收集资料时间为 2005 年 8 月 25 日。根据教育部、财政部《211 部协办 2005[6]号》文件精神：自 2005 年 9 月 8 日起，增补中央财经大学、中南财经政法大学等 12 所高校列入国家正式 211 工程建设行列。

取决于其实际工作能力、职称评定情况等，还需要积累一定的工作经验。高校只能培养学生作为会计人员所应具备的各项能力，无法使其一开始就能成为高级会计人才。当前，随着研究生教育的普及①，越来越多的高校要求教师岗位由硕士研究生以上学历的人才担任，很多高校甚至要求必须由博士学位的人才担任。教学工作对本科生的需求越来越少，这也是教育发展的基本规律。而且教学、科研岗位对人才的理论水平及科研能力要求较高，本科阶段的学习无法达成这一目标。(2)各高校大都过于注重对学生会计专业能力的培养，忽视非专业技能和职业价值观的教育。所选取的高校中无一例外地强调了培养具有扎实理论基础和较高实务操作水平的高级财务会计、管理会计和财务管理人才。这种目标存在一定的局限，因为：首先，会计职业所从事的工作范围更加宽广，美国专门进行会计教育研究的 Bedford 委员会曾指出：会计专业已变得广泛而特殊，因为企业会计人员和会计师服务的范围在不断扩大，涵盖了多种领域。会计学生将来面临的将是多元化和开放性工作；其次，社会经济活动的交叉和融合，形成了对“边缘人才”的需求；再次，社会对会计人才的需求已不仅限于具备会计专业知识与能力，随着经济的发展，尤其是经济全球化和资本要素知识化，对会计人员能力素质提出了更高的要求。国务院关于《中国教育改革和发展纲要》中指出，高等学校本科教育教学应将素质教育渗透到专业教育之中，普遍提高大学生的人文素质、科学素质、思想道德素质、创新精神和创业、实践能力②。一个人对社会贡献的大小，取决于一个人的全面素质。而一个人的素质最关键的是取决于学校的教育与培养。我国的会计教育目标应定位在高素质人才培养上，包括基本素质和专业素质的培养，前者是指作为一个成功的社会人所应有的素质，后者则是指作为一名会计人才应具备的专业素质。但从总体上看，我国会计教育仍侧重于专业技术素质教育，而忽视职

---

① 近年来中国研究生教育一直保持快速增长的势头，1998 年全国研究生招生规模是 7 万多人，2003 年是 26 万人，2005 年达到 33 万人，中国研究生教育以每年平均 26%的速度增长。在华东师范大学召开的“2004 年全国博士生学术论坛”上，国务院学位办副主任李军透露，教育部将逐步提高博士生的培养质量，中国本科生、硕士生、博士生的比例现在是 36∶4.2∶1，今后将适度扩大硕士研究生的招生规模，控制并稳定博士生的招生。资料来源：中新网 2005 年 5 月 11 日。

② 引自教育部关于实施“新世纪高等教育教学改革工程”的通知(2000 年 1 月 26 日)教高[2000]1 号。

业道德和人格素质培养，忽视对人才综合素质的培养和对各种能力的培养。(3)忽视经济全球化所需能力的培养。经济全球化使得地区与地区、国与国之间的交往无时不在，所需会计人才并不单纯要求学好一门外语，能够翻译一般的外文资料，而是要能够参与国际上的经济活动，协调各方的经济利益，在这一大环境下，我国高层次会计人才应具备进行国际交往所需的能力，否则，将在一定程度上影响我国经济的发展。

2010年11月，笔者又一次从各学校网站上收集了这30所学校的会计专业本科培养目标并进行分析。历经五年时间，这30所学校的会计本科培养目标都随着经济发展对会计人才需求的变化进行了一定调整：(1)总体来说，30所学校的本科教育目标更突出了实务部门需求导向的能力培养。大部分高校都强调了注重培养实践能力。如部分高校注重培养人才会计职业操守和专业判断能力，部分高校强调要注重分析和解决会计问题的基本能力的培养，部分提出要注重外语能力的培养。但也仍有10所高校提出要培养能从事教学、科研的高级专门人才。(2)对人才的定位的提法多样化。在30所高校的培养目标中，出现了多种人才定位：高级专门人才、高级应用型专门人才(或高级实用型专门人才)、复合型专门人才、现代会计专门人才、高级会计专门人才、国际视野及开拓精神的高级会计或高素质复合型人才、应用型人才、创业型人才、国际会计人才等。从人才定位上，本科阶段应用型人才的社会需求可能会大些。(3)国际化会计人才培养趋势明显。部分高校会计人才培养目标中，突出强调了"国际会计惯例"、"国际视野"和"外语水平"等 。从这些院校的人才培计划中，也能感受到双语课程、国际合作的力度较大。

2.课程体系

建立科学、完善的课程体系是培养会计人才的重要保证。我国会计本科课程内容及课程的设置过于狭窄、陈旧，过于关注技术规则及职业考试。会计课程未能及时适应会计行业变化的需求，未能适应会计人员能力变化的需求。主要表现在以下几个方面：

(1)会计专业课程设置不合理。传统的课程体系结构主要有四种类型：政治理论课、专业基础课、专业课及相关课程。在传统的课程体系中，政治理论课所占比重过大，专业课及专业选修课开设的课程过多、过细、层次不清、内容重复等现象较多，而学科基础课的比重过小。现代社会是一个多元化的社会，对人才的需求也是多样化的，用人单位不仅要求学生具有完整的知识体系、坚实的理论基础和广博的专业知识，而且要求学生具有发现问题、解决问题、与社会各方面的接触、沟通和协调能力。高等会计教育培养的人才理应是一个具备多种知识和能力的多面手。强化基础、淡化专业、扩大知识视野、注重能力培养已成为高等会计教育改革的主旋律，也是经济发展和社会进步的客观要求。当前高校学生知识面狭窄、语言文字表达能力不强、人文知识欠缺、企业文化意识淡薄、综合应对能力及操作能力差等已成为高等会计教育迫切需要解决的问题。

分析所选取的高等学校的课程设置，发现以下问题：不管是综合院校还是财经院校，在必修课中，除了一般的经济学课程、管理学课程外，其余基本都是会计专业课程。课程设置出现会计专业课程所占比重过大，而相关学科课程比重过小；会计理论课程所占比重过大，而会计实践课程所占比重过小；会计理论课程中会计基础课程所占比重过大，会计前沿、边缘学科理论所占比重过小等现象。

会计专业课程内容强调会计法规、会计制度的记忆、对具体会计处理方法和各种指标计算方法的详细介绍，有的甚至向注册会计师考试内容靠拢。这种以技术类知识为重点的课程内容永远跟不上客观形势的变化，而且会造成学生在会计理论上的认识肤浅。

(2)会计专业教材结构不合理。课程设置缺乏整体规划，不同课程间的重复现象严重，主要体现在管理会计与财务管理、成本会计的交叉重复；同一课程教材的不同版本之间存在着内容、体系的重复，不利于提高学生的学习效率。将厦门大学、中国人民大学、上海财经大学和东北财经大学本科会计专业的财务管理、管理会计、成本会计教材进行比较，结果表明：成本会计与管理会计交叉的内容包括变动成本法、标准成本法、作业成本法、成本预测、成本决策、日常业务预算、差异的计算、经济批量；而财务管理与管理会计重复的内容有资金需要量的预测、资金时间价值、投资决策评价指标、经济批量、销售预测、利润预测、预算、资本成本的计量、经营杠杆。从总体上看，3门课程的重复几乎覆盖了管理会计的所有内容，管理会计是交叉重复的核心。此外，经济法和税法等科目也有类似问题。虽然教材内容交叉重复现象严重，但在课程设置上却是各科目间各自为政，忽视彼此的联系，课程的安排完全独立。此外，我国本科会计教育无论是教材的选择还是课程设置，都严重地忽视道德尤其是职业道德教育。我们应该在学生们选择自己的专业的那一刻起就加强学生的职业道德教育，但职业道德教育基本上不纳入我国高校的本科教育体系。

3.教与学的方法

会计教学过于强调课堂讲授和记忆，遵循教师“念经（会计准则）”学生“背经”的教学模式。教学过程过于依赖课本，以教师为中心，缺乏创造性的学习。席酉民(2002)曾对会计在校生和教师进行调查，结果表明有38.4%的被调查者表示教师使用的主要教学方法是以课本—教师为主体的讲授式教学，另外还有一定百分比的被调查者表示教学方法主要是以讲授法为主，并结合其他方法进行教学，其中有11.3%表示是和自学、指导相结合。由于过分强调知识的获得而忽视个人能力的发展，学生只是被动地、消极地接受知识，在目标上只注重“应知”、“应会”，即只要学生掌握会计的基本知识和基本操作技能，不会去主动思考、探索书本以外的知识。教师与学生缺乏沟通和必要的信息交流，完全是一种接受学习、机械记忆、被动模仿的封闭式教学模式。而且有些教师本身不具备实务经验，也仅仅是靠教材的内容来传授知识，未能将我国会计理论和实务中最新知识和技能及时地传授给学生。在知识不断更新的社会，这种模式培养出来的学生的能力与用人单位的要求差距较大。况且有些学生选择会计专业并非出于对会计职业的热爱，而是由于毕业以后可能获得的高额报酬或就业机会大。带着这种功利性质的学习，使得他们的学习也是浅尝辄止，对一些基本的理论和概念没有做到很好的理解和掌握。同时，会计是一门实践性很强的学科。由于缺乏实践教学的辅助，学生往往只是掌握教材上的内容，掌握一些很抽象化的概念、原理和准则，往往形成理论与实践严重脱节的局面。在这种教学模式下，教师可能只教会学生怎样编制分录、怎样编制报表，而忽视让学生掌握如何应用这些知识，学生在如何利用这些生成的信息帮助解决日益复杂的企业与会计问题方面则显得力不从心。

综上，当前会计教育的目标、课程的设置、教与学的方法等都不能满足社会对有能力会计师的需求。

（二）以能力为导向改革会计本科教育

1.重塑会计教育的目标

教育目标的设定受到社会需要的制约，会计教育的目标要适应当前经济改革与发展的需要。美国会计教育改革给我们的最大启示是，必须疏通会计人才供求双方的联系渠道，使会计人才的供给者——会计教育部门能够根据会计人才的需求状况，订立教育目标，培养出符合社会需要的会计人才。我们要将会计本科教育的重点放在能力的培养上，而不是知识的传授上，以全面提高会计专业本科生的能力。

与社会经济的发展速度相比，会计教育的滞后性在某种程度上是不可避免的。知识、理论、方法、技术都在飞速发展，知识更新周期越来越短。18 世纪时知识更新周期为 80～90 年，19 世纪到 20 世纪初，缩短为 30 年，20 世纪初至 20 世纪 90 年代又缩短为 15 年，20 世纪末缩短为 5～10 年，21 世纪初预计为 3～5 年[①]。我们无法准确地预测新经济、新技术将怎样影响未来的会计人员所需的知识与技能，很可能有的大学生还没毕业，他们所学的内容有一部分已经过时了。这就使得会计教育很难把握社会经济发展的需要。而且学生毕业后，还会遇到许多新知识和新问题。这种情况下，培养学生的应变能力和适应能力无疑是一种明智之举。美国卡内基教学改革基金会主席博耶在他的专著《学院：美国本科生教育的经验》一书中提到："今天大学教育最成功之处是培养能力。"我们应强调学生掌握"学会学习"的能力，所谓"学会学习"，用联合国教科文组织前助理总干事纳伊曼的话来说，"学会学习"的概念意味着受过教育的人将会知道从哪儿能很快准确地找到他不知道的东西。

会计教育要密切注意社会需求。从第四章对我国会计人员能力现状分析可知，实务界对会计人员应具备的能力需求较多。以经济全球化为特征的现代社会对会计教育提出了新需求，即会计教育必须"面向全球培养人"，要培养在知识、技能、心理、精神等诸方面能主动适应经济全球化的人才。中国的进一步对外开放、加入 WTO 使得以全球化的视野培养会计人才更加重要，更注重从全球的角度理解会计人才的培养。从这一角度出发，会计教育的目标应满足国际经济发展对会计人才的需求，会计人才的培养应考虑会计人才国际流动的需要。经济发达国家十分重视会计人员的综合能力培养，从美国会计教育的目标看，能力培养是其核心内容。

培养符合社会需求的合格人才，必须强调素质教育。这已是当今世界各国教育改革的热点，也是我国当前教育改革的中心议题。素质教育是中国教育思想与原则的重大变革，是一种崭新的教育理念，素质教育的目的是培养对社会有用的人。从本质上讲，素质教育是一种实用主义教育加上智慧教育，而

---

① 引自秦荣生负责的财政部重点会计科研课题《面向 21 世纪会计后续教育问题研究》，2002。

非单纯的知识教育。所谓智慧教育，包括精神与能力两方面。作为与社会经济发展紧密相连的本科会计教育也要适应高等教育改革的需要，加强学生的素质教育，融知识与能力的培养为一体。

本科会计教育应力争使学生毕业后很快就能成为中级会计专业人才。综上所述，会计本科教育的目标在于能力的培养，主要培养中级会计人员所必须具备的各项职业知识、职业技能与职业价值观，强调全面发展，融知识与能力为一体，培养充分具备会计知识与各项技能的通才，使学生毕业后能迅速适应各类企事业单位、中外会计师事务所、证券、银行、保险公司及政府部门等单位的会计、财务和审计等专业工作。

2.改革会计教学方式

我国的会计教学是典型的机械记忆的教学方法，即老师讲解，学生记忆，课后学生针对老师的讲解做练习(刘国武等，2005)。要适应现代会计人才培养的要求，必须采取灵活多样的教学方法，放弃课堂讲授和死记硬背为导向的传统教学方法，增加原创性分析、思考和解决问题能力培养的教学方法，变传授知识为培养能力。会计本科教学应采用互动式[①]教学方式，这种教学方式有利于培养学生终生学习的能力。所谓互动式教学模式，就是以学生为中心，以需求为动因，以问题为基础，进行发现式、探索性的学习。在互动式教学中，可以采用案例讨论、角色扮演、课堂报告或演讲、小组作业、专题报告等方式。在互动式教学模式下，传统的以教师授课为主的教学方式，会逐渐被学生参与为主、教师授课为辅的教学方式取代。在教学中，教师应降低对讲稿和教科书的依赖，教学不能只停留在课堂的灌输、书本知识的讲授上，启发式教学应贯穿于会计教学的全过程，通过问题启发、讨论启发、对比启发等引导学生独立思考，逐渐培养学生获取知识的能力、分析和解决问题的能力。而学生则主要通过小组协作、案例研究和模拟操作等方式积极参与教学和学习。通过小组作业形式让学生加强合作，以培养其领导能力和团队精神。在这种互动式教学模式中，应广泛运用案例教学的方式。案例教学是一种具有启发性、能提高学生创新意识和综合素质的一种新型教学方法，通过案例教学培养学生处理突发事件的能力和分析能力，加强学生口头和书面的沟通能力的训练。

互动式教学方法的推广，有赖于教师自身素质的提高。会计教师必须全

---

① 这里所指的互动式教学方式，包括启发式教学方法的运用。

面地发展自己，应具有更广的企业和会计知识。会计教师要加强同实务界的联系，以某种方式参与到快节奏变化的商业世界中，了解社会所发生的变化、趋势和节奏，在教学中应从全球的视野考虑问题。教师应具有咨询、会计、审计、高级培训和其他的社会实践经验，同时还应积极开展科研活动，提高理论水平。为了培养具备综合能力的会计人才，会计教师还应加强与其他学科教师的交流，甚至可以推行跨学科小组教学(team teaching)。

3.加强实践教学

在教学内容上，应加强实践教学，提高学生的实践操作能力。获取的会计专业知识主要有陈述性知识和程序性知识。陈述性的知识主要是通过教师传授一些会计的理论知识，教师在传授这些理论知识时不仅是传授怎样做的规则即完成某项会计工作应遵守的步骤和程序；更重要的是要讲述为什么要有这种规则，说明为什么要执行这些步骤，这些步骤之间是如何联系的。变传授知识为传授方法，实现从传授技术性的专业知识到传授概念性的知识的转变。

而程序性知识的获得，对会计学生来说，主要是通过参加实践活动来实现的。会计是一门实践性很强的学科，会计教学中，系统的理论讲述和讨论是必要的。但是，学生如不去具体操作和实践，是很难真正掌握好会计知识的。只有通过实践把所学到的理论知识创造性地进行运用，才有利于学生在实践中培养创新能力、实际操作能力。而实践能力培养要从封闭式的课堂教学为主转向开放式的社会教学，将第一课堂和第二课堂、第三课堂的学习相结合。第一课堂即课堂学习。第一课堂应加强会计理论知识和基本方法、技能的学习，还应结合案例教学、模拟实习培养学生的实践能力。除会计核算的模拟实习外，还应加强会计管理的模拟实习，增加财务管理、审计和管理会计等课程的模拟实习。实践能力、操作能力的培养还必须依托于第二课堂、第三课堂。第二课堂即课外活动，通过合理组织“课程实验”、“案例研究”和“实地研究”等会计课外活动，培养学生实践能力。第三课堂即社会实践。毕业实习是社会实践的主要形式，但是社会实践的形式和时间应多种多样。除毕业实习外，还可进行会计课程实习，也可根据学生的情况组织假期实习。让学生在学习完相关会计课程后，到企业实地考察，了解会计系统的运行情况，会计技术在实际系统中的使用等。毕业论文是学生创新精神与实践能力的检验，也是强化和提高其能力与素质的重要教学环节，应严格毕业论文的要求，提高毕业论文质量。

通过这种实践性的教学也有利于学生在学习方法上的转变，从浅尝辄止的“表面方法”(surface approach)转向“深入方法”(deep approach)。一定的实践经验,有利于学生对专业技术知识更深入地认识和掌握。在会计实践中发现问题和解决问题,有利于学生业务胜任能力的培养,同时根据企业的具体实际情况,运用自己所学的专业知识对那些不确定因素做出合理的解释,找出其中的原因,确立采取的对策,有利于培养学生的判断和推理的能力。

在实践性教学中,应强调会计教师和实务界人士的合作,将实务经验和当前最新的发展引入课堂。在部分专业课程教学中强调“走出去”和“请进来”的教学模式。如在“成本会计”课程教学中,有意识地安排学生“走出去”,强调理论来源于实践的教学方式,即在开始讲解课本内容之前先创造条件组织学生到企业中实地观摩。实地观摩不仅仅是观摩会计核算工作,还有企业的生产方式、生产过程等。让学生亲自到工厂看一看,到车间走走,使他们能了解产品的生产技术过程,知道产品是经过哪些环节生产出来的;让他们到财务会计科室去学习,在企业会计人员的指导下了解不同的成本计算方法及其应用情况,了解采用不同成本核算方式对加强成本管理的必要性和重要性。在实地观摩之后,再通过课本内容的系统讲解将学生已获取到的实践知识理论化、体系化,让学生在感性认识的基础上真正理解并掌握不同的成本核算方法。如在“财务报表编制与分析”课程教学中,聘请上市公司(或大中型非上市企业)的财务总监或财务经理“走进来”,到课堂上与同学们分享他们编制与分析财务报表的经历与经验。

4.构建目标驱动型(objective driven)课程体系

建立科学、完善的课程体系是培养会计人才的重要保证。会计教育以能力培养为目标,而改革目前的会计课程体系是必要的前提。会计教育的结果要满足社会对会计人员不断扩大的能力需求,美国职业会计师团体对会计人员能力做过调查,提出会计人员应具备七大类 27 项能力,七大类为:沟通能力,信息技术及运用能力,决策能力,会计、审计与税收知识,企业与环境知识,职业道德,领导能力,其中只有第四类是会计知识。在这 27 项中,只有 4 项与会计知识的要求直接相关。在对会计专家的调查中,他们发现,在研究生培养计划中,主要要求学生学习的五项最重要的能力中,只有两项是会计知识项;在本科生培养计划中,主要要求学生学习的最重要的五项能力中,没有一项是会计知识项。本书前面的研究也表明,会计知识在会计人员应具备的能力中所占比重并不大。我国会计人才的能力结构也已发生了巨大变化,会计课程的设置应提倡以能力为基础而不是以知识为基础，因为知识和会计专业本身变化也十分迅速。注重各种能力培养是朝目标驱动型课程改革的主要原因。目标驱动型课程的改革包括课程体系的总体设置及个别课程的改革。

以目标为导向的课程体系，强调在会计教育中对会计人才能力的培养。课程体系和课程的目标由能够促进学生一系列能力发展的目标构成。目标驱动型课程体系的目标在课程总体目标下包括三个层次：基础课程目标、商业课程目标、会计课程目标。

课程总体目标描述了学生需要掌握的课程的基本性质，并指明学生需要掌握的各种技能和掌握这些技能的原因。课程总体目标是一个基础，是为确定课程体系中各组成要素、个别课程的学习目标服务的。课程总体目标主要包括以下两项：

(1)拓展宽口径的商业知识。这一目标说明了学生应掌握一个包括商业知识在内的知识体系，这些知识都是与会计工作相关的。

(2)培养一个成功的会计师需要的各种能力。课程总体目标关注各项基本能力的培养，包括那些通过研究表明在会计职业获得成功所需的各种基本能力。

基础类课程主要包括哲学类、文学艺术类、自然科学类、历史类、法学类、军事与体育类课程，通过这类课程的学习：让学生了解历史，了解当今世界，站在全球的视角看问题；培养学生的调查、抽象思维与判断分析能力；培养人际关系技术和交流技术；提高写作水平，增强表达能力；积累自然科学知识、法学知识等。通过这些学科的学习，为学生奠定艺术、科学和人文的基础。

商业课程关注相关的组织和企业知识。主要强调营销学、理财学、经济学和管理学等学科的学习，并将它们融会贯通。商业课程目标层次的一系列课程应考虑将在基础目标中列出的能力效果融入到课程和教学中，如在市场营销课程中，应注重对基础目标层次课程中学到的判断、分析等各项能力的具体应用。会计课程目标关注会计专业能力的培养。课程目标层次示例如图 6-1 所示。

图 6-1 中所列各层次目标仅仅是一些例子，并非每一课程模块的具体目标①。目标的表述必须利用能够合理衡量的行为动词。比如在企业课程目标

① 每一类课程的详细、具体的目标将在以后的研究中进一步深入探讨。

例子中，用了关键词“解释”、“设计”和“描述”来阐述目标，这些词都非常具体、明确，完全可以据此进行考核、评估。如用诸如“欣赏”或“意识到”这样的词来规定一个目标就太模糊了，无法进行具体考核、评估。

课程总体目标是指导教师制定教学目标的纲要，三个主要组成部分的目标比较具体、明确，并与总体目标相一致。构成课程体系的每个课程的目标则更加详细、明确。课程的开发取决于课程的目标。课程的内容取决于课程体系及课程的目标。借鉴美国、加拿大等国的职业团体和大学会计教育对通识课程、企业管理知识课程、会计知识课程的教学时间分配情况，综合考虑我国的实际情况，建议对基础课程、商业课程、会计课程的时间分配如下：基础课程时数占总课时的50％左右、商业课程时数占总课时的25％左右、会计课程时数占总课时的25％左右。

课程目标层次

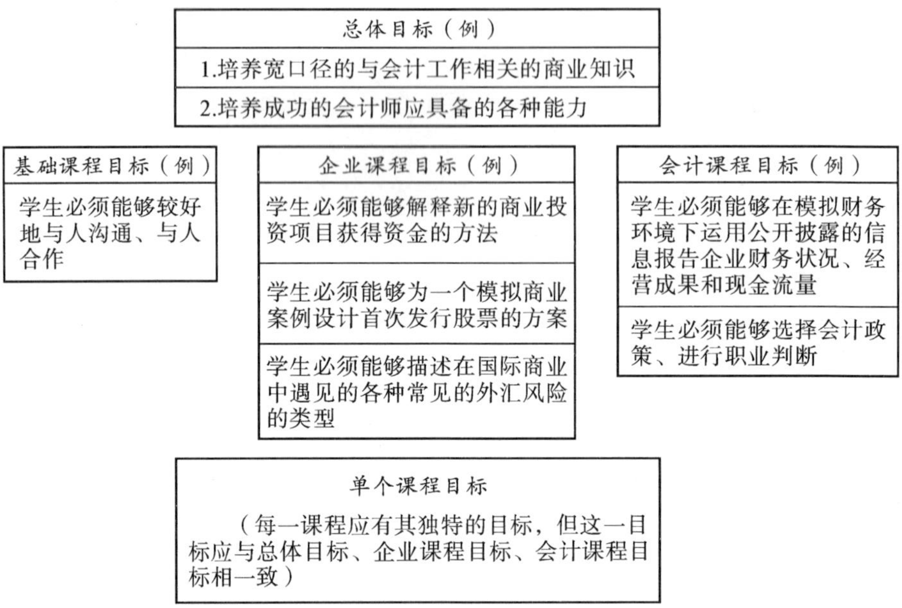

图 6-1

具体到单个课程，也应朝目标驱动型改革。我国传统的会计课程大都是教材驱动型（textbook driven），教师根据某本教材讲授专业课，课程和内容关注的是专业考试和获得正确的答案。我们的教育是记忆性的，而非能力培养型的。传统的中级财务会计课程就是典型的例证。各高校中级财务会计课程的教学内容基本都是会计制度或准则的解释，即“制度＋说明”式。随着具体会计准则的陆续出台，许多学校的中级财务会计教材已越来越厚，学生终日埋头苦记会计制度、准则，忽视了会计准则的动态特征及其背后蕴涵的基本理论。会计教育应针对当前会计人才的需求状况，根据能力培养的总目标，开设目标驱动型课程，每门课程不必拘泥于教材，不必局限于教学大纲的内容，而要明确其教学目标。例如中级财务会计课程，应以对会计准则、会计制度的分析为工具，培养学生对会计政策的理解和把握，要求学生应能恰当选择会计政策、进行职业判断，运用公开披露的信息报告企业财务状况、经营成果和现金流量，培养学生处理和分析会计问题的能力。

目标驱动型课程强调学习的结果，其必须能回答以下问题：(1)内容：学生学完这门课必须知道什么？会解决什么问题？(2)行动：如何使用这些知识？(3)环境：要让学生知道他们在什么样的环境下运用这些知识。(4)考核：如何评价学生的成绩？目标驱动型课程的内容及结构要有一定弹性。任课教师按教学计划进行授课，并对每一授课单元指定阅读书目，并不局限于一本固定的教材，考试时不以一本教材的观点为答案，允许学生在博览群书的基础上以不同的观点为背景进行回答。

5. 加强职业道德教育

近年来，国际资本市场相继爆发的众多舞弊与欺诈案件无一不与会计人员有关，严重影响了会计职业界的声誉，使得会计诚信严重缺失。会计造假行为或因个人利益驱动，或由于会计人员迫于压力而为，但都与会计人员职业道德有关。会计人员缺乏职业道德而带来的会计信息失真给社会造成了巨大的损失。在第十六届世界会计师大会上，针对一系列的公司丑闻所带来的会计“诚信危机”，国内外的会计有识之士提出了很多有益的见解，但大家一致的观点是会计职业道德建设是会计职业的根本问题。总之，当前经济领域出现的这些问题，使会计职业道德教育的重要性日益凸显。可以说，良好的职业道德是会计人员能力正常发挥的保障。本书第四章、第五章的分析表明：职业价值观是各级会计人员最重要的能力。会计教育界有责任帮助会计职业界重新获得公众的信任，唤起会计职业界道德意识的觉醒。但是，从上文招聘信息分析可知，在全球会计诚信严重缺失的大环境下，虽然我国企业界已开始关注会计职业道德问题，但仍未引起普遍重视。

会计高等教育是建立会计职业道德和培养会计职业道德意识的重要环节，正如一些专家所论述，现行会计职业道德的沦丧较大部分是由于职业道德教育的缺失引起的(吴水澎、陈汉文等，2000)。我们应将职业道德教育渗透于能力培养过程之中。提高学生主动探索知识的能力和树立“诚信为本”的职业人格，是他们将来走入社会形成正确职业判断的良好基础。虽说良好的职业道德观及合理的道德判断能力并非一蹴而就的，而是通过情感、行为和认识的相互作用不断得到修正的，是一个人在长期的学习和实践中逐步形成的。但大学生处在人生观和道德观形成的关键时期，接受正确、严格、规范的职业道德教育对学生的道德观的变化、形成起着重要作用。美国学者在职业道德教育方面的许多实证研究证明了课堂职业道德教育的重要性和有效性。在20世纪80年代就有多位学者(例如：Boyd，1981—1982；Cohen and Cornwell，1989；Stead and Miller，1988)[①]对大学开展商业道德教育问题的研究成果表明，在课堂上进行道德训练对学生道德意识及道德推理能力的提高有积极作用。近期有学者对会计学生的职业道德教育问题实证研究表明，通过一个学期的课堂职业道德教育，有效提高了会计专业学生对特殊问题的道德推理能力(moral reasoning)(Christine E Earleygn，Patrick T Kelly，2004)。目前我国职业道德教育在会计教育中经常被忽视或掩盖，虽然本科会计专业在《审计学》中讲到注册会计师的职业道德，但从内容及时间安排上都显得单薄。有些高校已开始关注职业道德教育问题，如北京大学会计学、财务管理学等专业在大学三年级下学期安排了《企业伦理学》必修课。从2003年起，我国会计从业资格考试也增加了职业道德内容。

会计职业道德教育模式是大学会计职业道德教育的关键问题，可以选择整合式或孤立式。整合式即在相关专业课程(如基础会计学、审计学)中结合职业道德教育，孤立式即单独开设会计职业道德教育课程。国际会计师联合会(IFAC，2003)提出：由于职业价值、道德与态度对未来职业会计师的重要

---

① 转引自 McDonald，Gael M，Donleavy，Gabriel D. Objections to the teaching of business ethics. *Journal of Business Ethics*. Dordrecht：Oct 1995. Vol. 14，Iss. 10；pg. 839－853.

性，应当把对这个问题的介绍作为一门单独的学科[①]。鉴于会计行为环境的恶化及会计专业对职业道德要求的特殊性，同时考虑职业道德教育的完整性，会计职业道德应单独开课。并且，会计职业道德课程应作为会计专业学生的必修课程或核心课程。如果作为选修课，则会让人产生这门课程不重要的感觉，或者有许多学生不选，选课的只是对这门课程感兴趣的学生，那么那些缺乏职业道德意识、道德决策能力低下的学生仍然无法接受到道德训练，违背了开课的宗旨，体现不出职业道德教育的重要性、紧迫性。

职业道德课程的教学方法应多元化，要以启发式教育为主，应避免理论说教式的教学方式。加强课堂讨论特别是分组讨论，坚持正反面案例(包括一些道德失范、触犯刑律的反面教材)并重的案例教学方法，充分调动学生的道德想象力，培养其道德分析能力及道德责任感。

6. 拓宽学位

会计人员需要一个宽广的企业背景，从用人单位对会计人员能力的需求看，会计专业知识只是众多能力要求中的一小部分。在上述会计教育目标的指引下，根据会计教育的性质变化和商业世界变化，设置新的学位也是会计教育改革的一种选择。会计同相关学科相结合的学位课程将会有很大的吸引力。一是发展会计/信息系统学位。会计教育需要拓展人们对会计的认识，并把会计看成是更大的企业信息系统的分支或延伸。随着对会计中“信息”观点的拓展，会计教育将作为一个传统会计课程和信息系统课程的混合体不断发展。从“信息”的角度更广地定义会计，会计教育把传统的会计课程和信息系统的课程结合起来是符合逻辑的。在时间分配上，传统会计课程将占用更少的时间，而花更多的时间在信息系统的研究上。二是发展会计/金融学位。把会计当成是信息的提供者，这个观点吸引了那些把会计看成是进行决策和管理的有用工具的管理者们。另一种观点是，会计被看成是金融市场的一个很重要的要素。从金融市场这个角度来看，把会计和金融融合成一个学位是恰当的。这样组合的学位将使学生能充分理解以下知识：财务报告的过程、财务

---

① IFAC 在 2003 颁布的“IES4—Professional Values, Ethics and Attitudes”中提出：“由于职业价值、道德与态度对未来职业会计师的重要性，应当把对这个问题的介绍作为一门单独的学科。只有这样，随着学员在学习过程中掌握更多其他学科的知识，他们才能将各学科的知识融会贯通。”

报告怎样影响金融市场、财务信息怎样被使用和分析以获得更好的投资和决策。

实际上还可有许多种组合的学位，但无论哪一种策略被选择，都体现了宽阔的企业视野的思想，体现了社会对多能力会计人员的需求。

7.加强国际化会计人才培养力度

当前，我国很多高校提出了国际化会计人才培养的目标。在经济全球化的大背景下，社会对国际化会计人才的需求量确实增大了。《会计人才规划》提出“培养造就一批具有国际视野”的会计人才是今后会计人才培养的重要方针。围绕这样的人才培养目标，可以推行本科生国际化培养方针，大力实施与国(境)外高校的合作与交流的纲要，建立并保持与国(境)外高校的长期合作关系。通过组织学生到境外著名高校和企业进行毕业设计、短期交流、暑期实践、海外实习、参观访问以及交换生培养等方式，为学生提供参与国际科研项目的开发与研究的机会，开拓学生的国际化视野，不断推进探索会计人才国际化培养的新途径。同时，国内的高校也可以通过接受海外留学生的方式，通过与国际学生的交流与合作提高我们学生的国际视野。

三、加快发展会计硕士专业学位教育

(一)会计人才队伍建设的重大工程:应用型高级会计学科建设工程

我国社会主义市场经济的发展对高级会计人才的需求与日俱增，但高级会计人才供不应求的矛盾却日益凸显。近年来，虽然会计工作主管部门、高等院校、会计职业组织以及大企业和会计中介机构在高级会计人才培养方面纷纷加大力度，通过高层次职业培训、学历和学位教育、考试及考评等途径在知识更新和职业技能培养方面积极投入，但高层次会计人才的缺口仍然很大。学历和学位反映一支职业队伍的整体水平，而我国具有硕士学位(尤其是会计学硕士学位)的高层次会计人才明显偏少。目前中国急需更多与国际接轨、熟练掌握国际财会界游戏规则的高级人才。

财政部非常重视我国高级会计人才的培养，成立了全国高级会计人才培训工作领导小组，负责指导高级会计人才培训工作的开展，北京、上海、厦门三家国家会计学院负责高级会计人才培训的实施。但是财政部组织的培训的主要对象为具有高级会计师资格或高级会计师资格考评结合考试成绩合格者，培训面不够广[①]。而且集中培训以专题讲座、专题研讨、论坛等方式为主，可能对商业知识、会计理论和技能的系统性培养不够。上海国家会计学院 CFO 研究中心邓传洲博士指出，由于目前 CFO 中担纲的骨干力量很多是上世纪 90 年代前后毕业的，专业大多是会计，知识结构明显不足，在后续教育方面也不看重，造成整体素质并不能胜任 CFO，很多 CFO 甚至对资本结构对企业安全的重要性都缺乏认识[②]。因此，这些高层次会计人才，必须系统掌握会计学、审计学和财务管理的理论和技能，对管理学、经济学、营销等商业知识和理论有一系统的认识，对实务有充分的了解，具有较强的解决实际问题的能力。研究生教育毋庸置疑要承担起这一责任。

我国《会计人才规划》指出，适应经济社会发展对高素质应用型会计人才需求，加大应用型高层次会计人才培养，以会计人才能力框架为导向，促进会计学研究生教育逐步向以应用型专业学位教育为主转变。财政部门应与教育部门密切配合，在积极推进会计学一级学科申报和建设工作的同时，加强全国会计专业学位教育指导委员会工作，不断提高会计专业学位教学质量，推动落实国家会计学院专业学位授予权，稳步扩大会计硕士专业学位的培养规模，促进会计专业学位系列加快发展，实现会计专业学位教育与会计相关职业资格考试"双向挂钩"，进一步强化高层次会计教育的实务导向。

(二)会计研究生教育与社会需求现状

我国目前硕士研究生教育在各高校中仍以培养研究型人才为主，注重提高学生的学识水平和培养学生的学术创新能力。这些会计硕士点在培养目标、课程设置、教材开发、教学方法等方面主要服从于学术型培养目标的要求(曲晓辉，2005)。但随着研究生招生规模的扩大和高等院校对教师学历层次的提高，目前会计硕士主要去向是实务部门。这就使得会计专业研究生的知识结构和能力结构与大多数用人单位的需求差距明显。

有调查(顾明远，2001)表明，不论文理科研究生都把本专业基础知识、历史知识和当代科技知识作为最重要的基础知识；把创新能力、科研能力和表达能力放在最重要的地位。这一调查结果与前文对高级会计人才能力需求的结

---

① 首期高级会计人才培训班已于 2006 年年初举办第一阶段集中培训，参加培训的学员仅 55 人。

② 转引自吴小荣．中国 CFO 的转型之路[J]．会计师，2005，(2)，p14－17。

果相一致。但从我国目前高校会计研究生培养看,我们的课程设置多偏向会计专业理论方面,缺少实务型、多技能型的高级会计人才培养机制。

从社会对高级会计人才的能力需求看,用人单位对高级会计人才的职业知识、职业技能及职业价值观都有较高的要求,其中具备多种职业技能又是高级会计人才区别于其他层次人才的主要特征。会计硕士研究生教育改革应跟上社会需求的步伐,区分应用型教育和研究型教育两个层次。如果有潜力继续深造的可以作为研究型人才培养,让他们考取博士研究生或从事科研工作,否则,应作为高级应用型人才培养。综合考虑师资水平、教学资源等办学软硬件条件,充分发挥各专业学位点办学优势,可以提倡在设有会计博士点的学校,会计硕士研究生教育的培养目标可部分定位于研究型教育,对只有会计硕士点的学校,会计硕士研究生的培养则可定位于应用型教育。应用型教育会计硕士学位点要加强学生的实践能力、综合技能的培养,可适当增加实践性环节学分的要求。

(三)MPAcc 项目的推出

为解决目前学术型研究生的知识结构和能力结构与用人单位的需求存在明显差异的问题,2004 年 4 月 30 日国务院学位委员会批准成立会计硕士专业学位(Master of Professional Accounting ,简称 MPAcc)教育,全国 21 个会计学博士点单位试办,三家国家会计学院联办,2005 年开始招收首届 MPAcc 学员。办好 MPAcc 是适应社会主义市场经济发展对高层次应用型会计人才的迫切需要。MPAcc 学位教育的培养目标是要面向会计职业界,培养具备良好职业道德和法治观念,系统掌握现代会计学、审计学、财务管理以及相关领域的知识和技能,对会计实务有充分的了解,具有很强的解决实际问题能力的高层次、高素质、应用型的会计专业人才。这是全国会计硕士专业学位(MPAcc)教育指导委员会主任委员、原财政部部长助理冯淑萍在“2004 年全国会计硕士专业学位教育指导委员会及试点单位工作会议”上对 MPAcc 培养目标的定位。会计硕士专业学位教育突出实用性,强化知识和技能,培养解决实际问题的能力,适应快速变化的商务环境、具有国际视野和全球意识的会计专门人才。

截至 2009 年 6 月,全国共有 MPAcc 培养单位 28 个,全国各试点培养单位已累计招收 MPAcc 学员 10 662 人。而 2011 年 MPAcc 培养单位(全日制,双证)全国共有 105 个。虽然目前我国会计队伍十分庞大,从业人员至少有

1 200万人，不过高层次会计人才所占比例不到10%。随着我国经济国际化程度的提高，对高水平会计人才的需求也会越来越大。MPAcc教育在高层次会计人才培养中仍然任重道远。

2008年之前，MPAcc学位教育是职业教育，一般是在职学习，学习的目的是为了解决实际工作中的问题，毕业时只有硕士专业学位。MPAcc从国民教育序列大学本科毕业（一般应有学士学位）、从事会计或相关领域实际工作2年以上的在职人员中招收，MPAcc学员是带着问题来学习的，MPAcc在课程的设置上注重的是会计实务和操作能力，通过案例分析、讨论，撰写案例报告，以提高学员的分析问题和解决问题能力。首批21所试点高校虽办学特色各异，但在课程设置上都突出了"国际化＋实务性"。为了突出MPAcc学以致用的培养目标，可以对MPAcc学员采用"双导师"制，除了学校的"专业"导师外，还可聘任一些具有较高会计理论素养与实际管理能力的会计事务部门的专家担任学生的导师。

MPAcc是典型的实务导向的会计硕士研究生教育模式，与传统的会计学术型研究生教育模式是两种学位类型。我国MPAcc教育创办5年来，为改善我国注册会计师、高级会计师等的知识结构与学历结构，实现知识更新，提升职业素养提供了一条有效途径。

(四)MPAcc教育的重新定位

国家教育行政主管部门从世界研究生教育发展趋势和我国研究生教育发展的现实出发，重新定位了硕士层次研究生教育的培养目标。教育部和国务院学位办要求，自2009年起，包括会计硕士(MPAcc)专业学位在内的绝大部分专业学位项目面向应届本科毕业生招生，使硕士研究生培养更加密切地满足我国社会经济发展实际需求。会计硕士专业学位教育肩负着为国家经济建设和社会发展培养高级会计专门人才的重要任务。在2009年6月举行的首届中国会计硕士(MPAcc)专业学位教育发展论坛暨2009年全国MPAcc教育指导委员会年会上，MPAcc教指委主任委员、财政部副部长王军表示，要逐渐将MPAcc硕士研究生教育向以培养应用型人才为主转变，实现我国会计研究生教育结构的历史性转型和战略性调整。因此，转变教育思想观念，进一步明确MPAcc项目在我国高层次专门人才培养体系尤其是高层次的会计专门人才培养体系中的定位，才能推动会计硕士(MPAcc)专业学位更好、更快地发展。

(五)全日制 MPAcc 教育遭遇尴尬

我国 MPAcc 教育在迅速发展的同时也存在一些问题。MPAcc 是流行于美国、澳大利亚等经济发达国家的培养财会类高级人才的学位教育项目。从国外的硕士培养来看,他们比较重视专业学位,大都只需承认学位,比如(也就是类似于)MBA、MPA 等。美国对培养的专业人才比较重视,学术学位占到 40%,实务型的占到了 60%。在中国的 13 个专业学位中,目前占硕士学位总量不到 10%,由此看来的话,专业学位在中国有很大的发展前景。2009 年以前,MPAcc 毕业生只有硕士学位证而无硕士学历毕业证,MPAcc 学员毕业后,只能拿到一纸会计硕士学位证书。然而,社会普遍较看重毕业证书,很多党政机关、企业、事业单位在竞聘、竞岗时,都要求出示毕业证,或毕业证与学位证双证并行。这样一来,MPAcc 学员辛辛苦苦的几年努力有时难以完全得到社会应有的承认。

2009 年起,MPAcc 开始进行"双轨制"培养专业硕士学位人才。教育部决定自 2009 年起,增加全日制专业学位硕士研究生招生,以往只有具备数年工作经验才能报考的会计专业硕士学位(MPAcc),被允许招收应届本科生。但是各高校对这一政策的反应却各不相同。有的高校认为这是好事,"有助于改善我国目前专业性人才短缺的状况",有的高校则持不同的观点,认为"MPAcc 本来就是面向有工作经验的群体,而且 MPAcc 教学模式根本不适合应届本科生",不打算招生。即使持赞同意见的高校在招生人数的选择上也各不相同。

各高校对招收全日制专业学位硕士研究生态度不同的根本原因在于教学模式的考量。以前招生时要求考生在会计或相关行业工作 2 年或 2 年以上,现在招进了没有工作经验的应届生,现行的教学模式肯定要变化。如何针对应届生,建立良好的教学模式,是个长期的话题,需要不断地探讨和摸索。

除此之外,高成本也是各高校考虑的另一因素。各高校 MPAcc 全日制学制基本都是 2 年,部分学校 2.5 年或 3 年,学费为 8 000~15 000 元/年,比学术型研究生成本要高。由于教育部并没有给专业硕士以资金支持,很多学校规定全日制专业学位硕士生为计划外自筹经费类别,不纳入研究生培养范畴,在校期间不享受国家普通奖学金,不享受公费医疗待遇,不能申请国家助学贷款和校级助学金等。一些考生也因高额的成本选择放弃 MPAcc。

(六)推行会计专业硕士学位与职业资格学分互认制度

为了我国会计队伍的健康发展,采用会计专业硕士学位和注册会计师执业资格证书相结合的培养战略,是更多更快地培养我国高质量会计人才的重要途径。这不但适应了高速发展的经济建设对人才的要求,也是当前世界各国培养会计人才的发展趋势。早在2003年,MPAcc教指委培养组组长曲晓辉教授就提出:MPAcc培养方案如果能成功,我们还可考虑将我国的CPA考试资格与会计专业硕士学位的课程及学分建立必要的联系(曲晓辉,2003)。

在英联邦国家,专业资格、学分互相认可已是惯例。中国的教育市场已经对外开放,相互认证,相互认可学分或资格必然可以加快人才的培养,降低培养成本,节省学习时间,满足中国现代化对人才的需要。目前,国内一些会计类职称及资格考试之间有给予相互免考部分科目的政策,如ACCA准予某些商业硕士免考9门课程;CPA准予高级会计师免考1门;注册税务师准予高级会计师免考2门等。如MPAcc能为报考CPA、ACCA、高级会计师、中级会计师、注册税务师、国际内审师等考试的部分课程免考,也就是说与以上职称和资格进行挂钩,可以体现并进一步提高MPAcc的社会认可及认知程度。

参加MPAcc考试者,绝大多数已经具有本科学历,按ACCA相关政策,会计本科学历已可以免考ACCA 5门课程,则MPAcc学员就更应该拥有豁免权。MPAcc教育应努力寻求与国内的会计中级职称、高级职称以及CPA、注册税务师等职称和资格考试进行必要的挂钩试点。笔者认为,MPAcc学位获得者至少应可以免试CPA考试《会计》科目,《会计》科目考试所包含的内容,对MPAcc学生来说在《中级财务会计》、《高级财务会计》及《财务报表编制与分析》课程中都学过,且这几门课都是会计专业的核心课程。

我国注册会计师全国统一考试吸引了众多的会计业界人士、会计学子,通过考试也选拔出了大批优秀人才。持有CPA职业资格证书目前已成为会计人员能力的一种体现。我国本科及其以下的会计专业教育背景与国际通行的公共会计师的学分要求存在较大的差异,同时,鉴于我国企业经济业务的复杂化及不确定性程度的加大,为了使具有CPA资格的人士适应高水平的竞争,更好地履行其服务社会的职责,在条件成熟时可以提高我国注册会计师全国统一考试的学分要求,要求参加注册会计师考试的考生应接受过研究生教育。

四、DBA(Doctor of Business Administration)教育的前景

在当今知识更新速度不断加快的时代,企业高级会计人员要想增强自己在新经济中的竞争力,就必须不断深造。目前我国培养高级会计实务及管理人才的最高学位是会计硕士专业学位(MPAcc)(刘玉廷,2005)。企业界人士要想取得更高一级的学位则有一定难度。我国从 1982 年就开始招收会计学博士研究生(Doctor of Philosophy,简称 Ph. D),已经培养出了一大批优秀的会计学理论及实务工作者。以前,我国的会计博士生毕业后主要从事教学与科研工作。长期以来,我国博士研究生培养模式都是学术型的,但近年来,随着我国高等院校会计博士生招生人数增多,博士生毕业后从事实务工作的人数也随之增多。而且,在职攻读博士学位的人数也增多了。但为了保证博士生的培养质量,越来越多的高校已限制在职人员报考博士研究生,这些院校规定不招收异地培养的在职博士生(具有博士生培养条件的高校、科研单位除外)。这些规定使实务工作岗位已有硕士学位的在职会计人员进一步求学的要求受到限制。我国执有会计从业资格证书的会计人员中有硕士以上学历的 3.3 万人中,有博士学历的人很少。面对国际竞争的加剧,一方面他们有着进一步学习的愿望,另一方面他们的求学受到限制。工商管理博士(Doctor of Business Administration ,以下简称 DBA)的出现可适当缓解这一矛盾。

从全球范围看,全球企业环境的大变化使会计教育面临巨大挑战。会计教育必须培养能对技术变化、信息革命、全球竞争、不断变化的政治和社会环境作出反应的各项技能。许多企业的现有管理模式已经过时了,取而代之的应是有创新性的模式。DBA 计划就是在这种情况下产生的。DBA 培养将理论知识教学和实务经验相结合,强调对会计作为一个信息系统的理解,致力于培养学生的宽阔的视野、本领域的精深的专业技能。DBA 是一个职业博士学位,是实践型学位,DBA 的培养强调理论与企业实际的联系,用本专业的理论知识解决企业实际问题。DBA 教育关注学生的战略性思维的培养,以帮助学生在企业中更好地发挥其专业及管理技能。我们以波士顿大学(Boston University)的DBA计划为例①,说明DBA的培养情况。波士顿大学的DBA学生主修的课程主要有会计、信息系统、市场营销、经营和技术管理、组织行为学及战略和政策等六门课程,学生应从这六门中选择四门,以加强所研究方向的理论深度;辅修的课程有四门,这四门课程的学习目的主要是培养学生的实务工作能力、发展多学科技能,确保学生能从宽阔的视野来处理问题;为培养学生的研究能力,DBA学生应选修包括多元量化方法分析在内的四门研究方法课程;学生应参加教学研讨会和选修一门科研方法论课程;同时,DBA学生要发表研究论文、通过资格考试(Qualifying Examination)、完成学位论文。

DBA的培养有别于Ph. D,对Ph. D学生,主要是对他们进行全面、系统的研究训练,而DBA的培养更关注学生的解决实际问题能力。美国的DBA学生有46%是各企业的高层管理人员,主要供职于战略、财务、质量控制、计划管理、人力资源、市场营销部门;20%是常务董事或总经理,如CEO或合伙人;15%是董事或执行董事等。而我国高校现有会计学博士点在培养对象上对实务界人员在职攻读有所限制,而且由于现有学术型的会计学博士知识结构和能力训练在解决实际问题方面的欠缺,所培养的博士生也不能满足实务部门工作的需要。在我国开展DBA教育可以满足我国高级会计人员的专业理论及综合技能提高的需求,同时也是解决目前高等院校招收会计学博士研究生过多且质量堪忧的一个出路。近年来,香港理工大学为大陆DBA的培养做出了一定贡献。香港理工大学从1996年起就开设工商管理博士学位(DBA),从2004年起已与中国人民大学、南开大学等院校合作在内地设立了若干个DBA教学点。香港理工大学的工商管理学博士项目课程的特色是将理论与实际企业管理结合应用,在丰富的企业管理实践的基础上,深造并升华理论高度,进行理论学术研究,并注重与实践经验相结合,把毕业生培养成为通才型高级管理专家。我国可以选择部分会计学博士点单位试办DBA教育,探索DBA教育的发展前景,配合财政部高级会计人才工程,全面启动高级会计人才培养工作,培养符合市场经济要求、专业精深、具有国际化视野和战略思维的高级会计人才。

① 资料来源于 http://management.bu.edu/gpo/dba or contact.

第二节　完善职业准入制度

职业准入制度主要是用来认定和管理会计人员从业资格和执业资格，也是确保企业会计人员的职业能力达到一定水平的重要环节。完善职业准入制度使得会计人员能力框架得以有效实施。第三章已经分析了我国会计职业准入标准与其他国家的差距，相关内容不再赘述。以下就如何完善我国企业会计准入制度谈点看法。

一、修订《会计从业资格管理办法》

会计从业资格是根据《会计法》、《行政许可法》和《会计从业资格管理办法》对从事会计工作的人员实行的市场准入制度，是进入会计职业的"门槛"。从事会计工作必须取得会计从业资格。会计从业资格是指从事会计工作的人员必须具有执业资格，是从事会计工作的"入门证"，也是我国对会计从业人员基本的法定要求。它作为我国特有的一项会计人员准入制度，其法律效力等同于机动车辆驾驶人员必须拥有"驾驶证"。《中华人民共和国会计法》第38条规定："从事会计工作的人员，必须取得会计从业资格证书"，"会计人员从业资格管理办法由国务院财政部门规定"。也就是说，只有拥有财政部门统一颁发的会计从业资格证书，才能从事会计工作。

改革开放以来，会计行业以改革促发展，从业人员队伍逐渐壮大，取得会计从业资格证书的人数已逾千万，成为我国会计人才队伍的主要组成部分。他们利用所具备的专业知识和技能，通过提供关系投资者、债权人、政府和社会公众等利益相关方的会计信息，在引导资源合理配置、维护社会主义市场经济秩序、保护社会公众利益、促进经济社会协调可持续发展等方面发挥着重要的、不可替代的作用。

《会计人才规划》指出："从事会计工作的人员应当具备相应的专业基础知识，通过严格考试取得会计从业资格。"会计从业资格考试已经成为取得会计从业资格的唯一途径。随着经济社会的不断发展，会计行业吸引了越来越多社会人员和大专院校学生投身其中，报考会计从业资格考试的人数逐年上升，达到了全国每年数百万人。

《会计从业资格管理办法》是财政部于 2000 年 5 月 8 日印发并自 2000 年 7 月 1 日起施行的。2005 年 1 月 22 日，财政部以财政部令第 26 号发布修订后的《会计从业资格管理办法》。其间，财政部陆续印发了会计从业资格管理有关政策问题解答，审核批准了各省、自治区、直辖市、计划单列市财政厅（局）、新疆生产建设兵团和中央有关主管单位的《会计从业资格管理办法实施细则》等，逐步形成了较为系统的会计从业资格管理制度。修订后的《会计从业资格管理办法》实现了以下方面的创新：一是转变监管方式，实行会计从业人员跟踪管理。在取消会计从业资格证书年检规定的同时，着力强化对会计从业资格证书的注册登记、离岗备案、调转登记和变更登记制度，着力强化对持证人员从业情况的监督检查。二是调整考试科目，突出对会计法规和会计职业道德的要求。将原来设置的 4 个考试科目调整、合并为 3 个考试科目，即财经法规与会计职业道德、会计基础、初级会计电算化（或珠算五级）。三是规范会计从业资格证书申请、受理、颁发的程序。四是对会计人员继续教育提出具体要求。五是规范会计行政许可委托事项，委托中共中央直属机关事务管理局、国务院机关事务管理局、铁道部、中国人民武装警察部队后勤部和中国人民解放军总后勤部在各自权限内进行会计从业资格管理。

为强化会计从业资格管理，财政部日前正努力推行各种措施：加快建设无纸化考试题库，统一准入门槛；完善配套措施，提升考试管理水平；加强考试环境建设，提高软硬件水平等。在建设会计人员信息化管理平台，实现科学化精细化管理方面也提出了具体的办法。

《会计从业资格管理办法》是我国会计从业资格管理的纲领性文件。该办法实施 5 年来，对加强会计从业资格管理，提高会计人员整体素质发挥了重要作用。但是在执行过程中，随着社会经济、政治环境的变化，也暴露出了一定问题。笔者认为，应在如下几个方面予以考虑修订：

1. 修订会计从业资格的准入要求

(1)限制在校大中专学生的报考

在保持会计从业人员总量规模随经济社会发展适度增长的基础上，需要注重提高会计从业人员整体素质，而严把准入关是关键。目前，参加会计从业资格考试的人数达到了全国每年数百万人。考试人数的急剧增加，令传统意义上的会计从业资格考试组织难度大、投入成本高、运转周期长等弊端日益凸显。目前，会计从业资格考试出现了一种低龄化倾向，大量刚入学的大专院校学生甚至高中生都报名参加会计从业资格考试。这类考生往往是为提高自身竞争力而参加考试，实际并不从事会计工作，客观上也浪费了宝贵的考试和管理资源。笔者建议：除财政部拟采用的限制报考年龄外，可限制在校大中专学生的报考。

(2)抬高免试门槛

财政部提出拟取消免试条款，笔者对此持有不同看法。现行《会计从业资格管理办法》允许具备国家教育行政主管部门认可的中专以上（含中专）会计类专业学历（或学位）的考生自毕业之日起 2 年内（含 2 年），免试会计基础、初级会计电算化（或珠算五级）。但在实际操作中，由于会计管理机构没有足够的精力和能力对各式各样的学历（或学位）证书的真实性和是否属于会计类专业进行甄别，这一政策成了部分实际不符合相关条件考生的“捷径”，影响了会计从业人员队伍的质量；而且，当今社会知识更新日新月异，即使会计类专业学生也可能因为种种原因不能及时掌握最新的财经法规及会计准则等方面的知识。由此看来，财政部应要求有意从事会计职业相关工作的人员均参加会计从业资格考试，取消免试条款。笔者认为，免试的会计基础、初级会计电算化课程是会计从业的最低标准，只要是受过正规会计专业教育的学生都不会忘了这么基本的内容。由于目前具有会计专业办学条件的高校太多，各种学历层次的会计毕业生太多，可适当考虑抬高免试门槛，允许具备国家教育行政主管部门认可的本科以上（含本科）会计类专业学历（或学位）的考生自毕业之日起 2 年内（含 2 年），免试会计基础、初级会计电算化（或珠算五级）。

2. 规范考试方式：定期、定时网络考试

顺应现代化、信息化的潮流，大力推进会计从业资格无纸化考试，提高考试组织管理效率，杜绝舞弊现象，实现统一大纲、统一题库、统一标准。同时，考虑将“考试科目”改为“考试内容”，方便在组织考试时进行跨科目的综合测试，增加考试的难度和实战性。每年定时组织一至两次考试。

二、修订专业技术职务的任职条例

会计是反映性的，随着经济的发展而发展。在第三章已述及，我国《会计专业职务试行条例》是 1986 年颁布的，已经不适应经济发展的需求了。时隔

20 年，今天的经济环境已发生了重大变化，《会计专业职务试行条例》中规定的助理会计师、会计师、高级会计师的任职条件有些已经不合时宜了。

(一)有关考试规定的修订

我国会计专业技术资格考评工作进入了制度化、规范化、程序化的轨道，一大批会计专业技术人才脱颖而出，为我国经济建设作出了积极贡献。在《会计专业职务条例》中，应明确高级会计师与会计师的任职资格的取得要通过财政部组织的统一的会计专业技术资格考试。助理会计师职务的任职资格的取得应否参加相关的会计专业技术资格考试则视申请人员所受教育程度而定，有本科学历的在一年见习期后自动就升为助理会计师。

提高现行参加会计专业技术初级资格考试的会计人员的学历要求，取消高中毕业可以参加考试的规定。我国目前有 1 300 多万的会计人员，从数量上说我们的会计人员并不缺乏，而且近年来，越来越多的高等院校、职业技术学校、中专学校开设了会计专业，培养的学生很多。目前我国大部分从业者仅仅具有低端的能力，而具备高端能力的会计人员相对较少，形成了会计人员总量巨大而高级会计人才严重匮乏的矛盾局面(刘玉廷，2004)。而且，现行的《会计专业技术资格考试暂行规定》与《会计专业职务试行条例》中对学历的要求存在不一致，《会计专业技术资格考试暂行规定》要求报名参加会计专业技术初级资格考试的人员必须具备教育部门认可的高中毕业以上学历，而《会计专业职务试行条例》中对初级会计人员的任职资格也要求具备大学专科或中等专业学校的学历，现在各种学历层次学校培养了很多会计学生，各个高校会计本科招生办学规模也很大，因而笔者认为应抬高考试门槛。

同时，我们应改革各级职称考试的内容，将考试的重点从知识转移到能力。相关内容在第三章中已作分析，不再赘述。

(二)有关任职基本条件规定的修订

我们应对专业职务的任职基本条件加以修订，尤其是高级会计师的任职基本条件。对于高级会计师，仅要求其“具有较高的政策水平和丰富的财务会计工作经验，能担负一个地区、一个部门或一个系统的财务会计管理工作”①

① 1986 年颁布的《会计专业职务试行条例》中的规定。

是不够的。当前,很多省市出台了有关高级会计师评审条件的规定[①],各地基本都对参评人员的任职学历、理论水平、能力、业绩成果等基本条件有所要求。规定虽然各异,但普遍存在以下问题:(1)学历要求偏低。大部分省市只要求具备专科以上学历(只是对不具备本科学历的会计人员采取相对较长的工作年限的规定),有的省份,如吉林,甚至允许只有中专学历的人员参与高级会计师的评审。(2)专业理论水平要求偏低。大部分的评审条件中都对高级会计师的理论水平有所要求,但主要强调高级会计师能较系统地掌握财务会计理论和专业知识,忽视高级会计人才应具备广阔的商业视野的前提。(3)对工作经历和能力的要求主要集中在财务会计方面。大部分的评审条例要求高级会计师应具有丰富的财务会计工作经验和财务会计工作能力。(4)大部分的评审条例对高级会计师业绩成果的要求集中于财务会计方面的业绩。

总之,各省、市及各企业系统在高级会计师任职基本条件或能力要求中过于强调财务职能、过于强调财务业绩成果。高级会计职能已经发生了变化,任职资格中除明确高级会计师在编制和执行预算、进行成本管理和经济核算、实施会计监督和控制、配备和管理会计人员等传统财务工作中的职权外,还应调整或增加高级会计师在企业价值管理、风险管理、信息管理、人力资源管理等方面的任职要求。由于高级会计人员在战略管理中占据重要地位,而且应具备较强的会计及相关理论功底,对高级会计师的学历要求至少应为本科以上。在各省市的高级会计师评审条件中,基本都对高级会计师的科研能力有一定要求,但要求高低不一。科研能力是衡量其会计及相关理论水平的重要指标,也是进一步提高自身专业水平的重要标志。我们在评审条例中应注明公开发表的论文及专著的数量、发表的刊物的级别等。随着会计国际化程度的加强,还应要求高级会计人员具备一定的外语能力。各项评审条例中基本都要求高级会计师应具备一定外语能力,在 1986 年的《会计专业职务试行条例》中也规定高级会计师应"较熟练地掌握一门外语"。笔者认为对外语能力的要求不能只强调参评人员是否通过职称考试,还可适当使用其他评价方法,如国家电力公司系统就要求申报高级会计师者,须具备在 2 小时内比较准确地翻译本专业外文资料 5 000 字符的能力。

---

① 笔者分析了海南、江苏、广东、福建、沈阳、湖北、吉林、四川、河南、浙江、江西、河北等省、上海市、苏州市、南京市及国家电力系统等有关高级会计师评审条件的规定。

财政部应修订现行的《会计专业职务试行条例》，按照国际惯例，从教育、经验、考试等方面对各级会计专业职务的任职条件作出规定。各省市可以在财政部统一的职务评定规范下根据当地的特点，进行适当调整。同时，会计专业职务的任职基本条件应是动态的，应不断加以修改，以跟上经济发展、社会变革的步伐。

三、制订正高级会计师的评定条例

我国目前会计人员技术等级仍为 1986 年 4 月《会计专业职务试行条例》确定的职务等级，即高级会计师、会计师、助理会计师、会计员。其中，高级会计师为高级职务，会计师为中级职务，助理会计师、会计员为初级职务。由于高级会计师在评审条件上只相当于相关系列专业技术资格的副高级，因而高级会计师实质上仍是副高级专业技术资格，与我国经济社会发展对高端会计人才需求、会计事业本身的蓬勃发展以及中国会计国际地位的稳步提升不相协调，迫切需要以建立正高级会计专业技术资格为主要内容，改革和完善现行会计职称体系。与其他相关系列专业技术资格相比，我国的会计专业技术资格体系并不完整。这一方面在一定程度上制约了高级会计人员工作的积极性和发展空间，另一方面也影响了我国高端会计人才的建设和发展。为体现这一要求，《会计人才规划》明确指出："着力改革现行会计专业技术资格制度，增设正高级会计专业技术资格，形成初级、中级、高级（含副高级和正高级）等层次清晰、相互衔接、体系完整、逐级递进的会计专业技术资格体系。"

作为我国会计专业技术资格中的最高资格，正高级会计师资格其实并不是一个新名词。早在 2007 年，财政部领导就已提出了建立我国正高级会计师资格制度的构想。截至目前，正高级会计资格评价的试点工作已在广东、浙江、辽宁、河北、湖北、内蒙古等省区成功开展。辽宁、广东、河北等省在全国率先制定了正高级会计师资格申报评审办法，并已运作试行，为理论界和实务工作者探讨建立全国统一的正高级会计师资格评价制度，提供了可资借鉴的经验和启示。目前，财政部正在会同有关部门认真总结地方试点经验，积极研究建立全国性正高级会计师资格制度。

正高级会计专业技术资格，是会计专业技术资格中最高技术等级，拥有正高级会计专业技术资格的人员，应当具有相当于大型企业集团或特大型企业总会计师、财务总监等企业高级管理人员的能力和水平，能够从财务的视角全面介入企业的经营管理决策。从目前情况看，在研究建立正高级会计师评价制度时，应着重解决好以下几个问题：

1. 科学制定评价标准，推行答辩与评审相结合的评价制度。

2. 科学界定正高级会计师资格参评范围。

根据财政部对正高级会计专业技术资格的要求，拟参评正高级会计师的人员必须是具备高级会计师资格或注册会计师资格的在职在岗会计人员。

3. 学历、资历要求。

可分不同的年龄段考虑对学历与资历的要求。年龄 45 岁以下的，要求必须有会计硕士（含经济、统计、审计等相近专业）及以上学历；年龄 45 岁以上的，要求必须有大学本科毕业以上会计专业（含经济、统计、审计等相近专业）学历。从事会计专业工作，取得高级会计师资格 5 年以上。

不具备规定的学历、资历条件在担任高级会计师工作期间业绩特别突出，符合破格条件人员，可以破格参加考评的规定。

4. 业绩成果。

担任高级会计师以来，工作业绩突出，取得显著经济效益和社会效益。成果要附证明。

5. 发表论文或著作要求。

会计职称制度改革是一项复杂的系统工程，正高级会计师资格评价制度应形成以理论基础、业务能力、专业素质、道德品质、创造性思维为核心内容的考评体系。

四、推行注册管理会计师考试与注册制度

随着中国市场经济的逐步发展，高级会计人员、高级财务管理人员的作用越来越受到重视，中国急需培养一批具有国际眼光的管理会计师。第三章已提到，我们可以考虑通过资格认证等形式提高企业高级会计人才的能力。我们可以在总会计师研究会的基础上加以改进，形成类似注册管理会计师协会这样的机构，推行注册管理会计师制度。在美国，CMA 认证的目的在于培育管理会计人员和财务管理人员的知识广度，使其能预测商业的需求及参与策略决策制定。管理会计师可以是企业的财务总监、总会计师、财务副总裁、预

算分析师、成本分析师及一般会计师。

在我国，可成立注册管理会计师协会(或仍由中国总会计师协会)负责组织注册管理会计师考试，考试每年组织一次，可以设置四门考试科目：一是经济、财务和管理，二是财务会计和报告，三是管理报告分析和行为，四是决策分析和信息系统。每科考试可分为客观题和主观题，客观题可占25%，主观题可占75%。单科成绩合格可以单独计算，考试成绩可以连续5年有效。

注册管理会计师的资格认定必须要有教育、经验与考试的要求：(1)必须具有大学本科学历，取得学士学位；(2)通过注册管理会计师考试；(3)具有两年以上在财务会计或管理会计领域(或岗位)上的实际工作经验；(4)必须具备良好的职业道德，并遵守会计职业道德规范。

第三节　加强和规范后续教育

会计环境的不断变化，新技术的不断出现，都对会计后续教育提出新要求。会计人员后续教育与提高会计人员能力有着必然的联系，对于在职人员来说，后续教育是必不可少的。而培训作为教育和实践经验的补充，更偏向于注重实效，一般在工作地点或者类似的地方进行。总之，学习和发展的各种形式的使用程度，随着个体所处阶段的不同而不同。例如，教育更多地运用于职业会计师职业发展的早期阶段而非后期阶段，其他时间的学习和发展的方式更倾向于实践经验和培训。[①]

一、后续教育的方式

会计后续教育主要有政府主导的、企业主导的和社会自发的三种类型。政府主导的后续教育，如财政厅、局及其他部委组织的培训、职称考试等；企业主导的会计后续教育主要是一些大中型企业为提高员工素质而举办的培训、知识竞赛等；社会自发的会计后续教育在目前并不多见，在这种情况下，会计

---

① IFAC(2009). Framework for International Education Standards for Professional Accountant。

人员要否参加会计后续教育完全是自行决定的，而且是非系统的、缺乏标准的及没有纪律约束的。

我国目前会计人员后续教育主要由政府主导。国家人事部印发的《2003年—2005年全国专业技术人员继续教育规划纲要》中指出：“以能力建设为重点，在不断拓展知识面，学习新技能的同时，注重培养专业技术人员的学习能力、实践能力、创新能力和跨文化交流能力。”根据我国《会计人员继续教育规定》（征求意见稿），我国高级会计人员与中级会计人员接受继续教育的时间每2年不少于40小时，初级会计人员接受继续教育的时间每2年累计不少于48小时。

企业主导的后续教育主要是大中型企业自行组织的，我国目前有一些大中型企业、国有企业等较注重企业员工的培养，会定期、不定期地开展会计人员后续教育，他们主要通过请进来或走出去的方式加强员工的后续教育。这些企业进行后续教育的形式主要有：(1)请高等院校的著名专家、学者到企业授课、讲座；(2)将企业会计人员送到国家会计学院、其他院校或组织主办的培训班学习；(3)与高等院校联合举办或委托高等院校举办各种学位班，提高本企业会计人员的学力。比如福建省电力有限公司就经常举办各级会计人员的培训班，与厦门大学、南京大学等院校联合培养硕士研究生。我们应大力推广企业主导型后续教育方式，以适时提高各级会计人员的能力。

二、以分层次能力框架为指导，制定会计人员继续教育指南

会计人员继续教育的目的是对会计人员知识与技能进行更新、补充、拓展和提高，完善其知识结构，提高其业务能力、职业道德水平和创新能力。长期以来，会计后续教育的内容仅仅局限于刚刚颁布的新准则、新补充规定和新制度，很少甚至没有考虑随着市场经济的发展，会计人员对会计相关知识的需要和培养处理新经济业务和特殊经济业务能力的需要。

在后续教育过程中，我们要按照各级会计人员能力框架的要求，设计培训课程体系及内容。对中、高级会计人员，我们应强调以案例教学法作为培训的主要方法，致力于高级会计人员的各项技能的提高，同时辅之以新的会计专业知识、相关知识的培训。对中级会计人员，在强调案例教学以提高各项技能的

同时，要加强对会计及相关知识的培训，新政策、新法规的培训。对初级会计人员，后续教育的内容主要是新政策、新法规及会计专业知识。

终身教育是当今社会发展的必然趋势，加强会计人员后续教育是会计人员能力提高的一个重要途径。但为避免后续教育流于形式，应健全后续教育的考核制度，保障后续教育的有序进行，达到开展后续教育的目的。

三、鼓励从业人员持续参加在职教育

改革开放30多年来，通过不断完善会计学历教育体系，积极开展会计人员继续教育和能力评价等工作，我国会计人员整体素质显著提高，受过高等教育的会计人才比重逐渐增大。但不容忽视的是，我国会计人才素质整体水平仍然偏低，大专及以下学历的人员占较大比重，成为制约经济社会发展的瓶颈。同时会计人才结构也不尽合理，以会计专业技术资格为例，截至2009年年底，高级为9.4万人，中级为127万人，初级为256万人，高、中、初级比例为2.5∶32.5∶65。我国呈现出初级人才供过于求，中级人才相对不足，高级人才严重紧缺的不合理结构。针对这一现状，《会计人才规划》提出了“会计人才素质大幅提高，结构进一步优化”的要求。要通过调整知识结构、政策引导、资金扶持等方式，提高行业准入门槛，鼓励从业人员持续参加在职教育等手段，实现《会计人才规划》中提出的“会计人员中受过高等教育的比例达到80%”的要求。我们可以通过扩大MPAcc的招生规模，鼓励从业人员持续参加在职教育，培养出大批既有学历又有学位的高水平、应用型人才。

实施会计人员能力框架，提高会计人员能力，是开展会计人员能力框架研究的重要目的。教育是形成能力的重要途径，是提升能力的必由之路。但当前的会计教育已经不能适应经济发展对会计人员提出的新的要求，因此，以能力为导向改革高等会计教育已成为会计人员能力框架有效实施的重要途径。严格的职业准入制度，是会计人员增量转为存量的重要前提，也是确保会计人员能力达到一定水平的重要环节。会计环境的不断变化，使得后续教育的重要性更加凸显，加强和规范后续教育，也是会计人员能力提高的一个重要途径。除此之外，健全监管体系也是实施会计人员能力框架的途径之一。会计人员能力框架的有效实施，提高会计人员的能力，要靠政府、职业组织、企业与学校相互配合，共同努力。

结论与讨论

随着资本和信息在国际范围内流量的增加和流速的加快，以及国际技术与经济合作的深入发展和竞争在全球范围内的日益加剧，国家经济实力和竞争优势的创造、保持和发展越来越需要以人的知识与能力作为支撑。人力资源的能力建设正在引起国际社会的广泛关注，我国政府也十分重视人力资源的能力建设问题，多次强调把人才的能力建设作为实施强国战略的基本要求。会计行业是以人为本的知识密集型行业，会计人员的整体能力关系到资本市场的有序运作和国民经济的健康发展。企业会计人员能力的高低对企业核心竞争力有着重要影响。中国作为一个不断壮大的经济体，会计人员在经济中的作用日渐重要。建立适应我国国情的各级会计人员能力框架，对增强我国企业的国际竞争力至关重要。因此，在我国研究和实施会计人员能力框架意义重大。

一、主要结论及贡献

本书对会计人员能力框架问题展开研究，形成以下主要观点与结论：

(一)能力框架的理论基础和研究背景

本研究借鉴了人力资源管理领域较为成熟的胜任能力理论，探讨会计人员能力框架的构建问题。人力资源管理领域对胜任能力模型建立的基本程序、建立方法以及胜任能力模型内容的研究，对本书开展我国会计人员能力框架问题的研究均有较大的启示作用。

会计具有明显的专业技术特性和独立的职业背景，是经济、社会运行中一支不可或缺的专业技术人员队伍。会计在我国社会主义市场经济的发展中扮演着愈来愈重要的角色。会计必须适应环境、随环境变化而变化。本书分析了会计人员能力框架研究的经济环境、信息技术和教育支持等背景因素。

(二)会计职业准入标准国际比较

会计是一个专业性极强的职业,不但有统一的执业标准,而且有严格的行业准入规则。严格的职业准入标准是会计人员承担社会责任的保障,也是会计人员恰当发挥作用的前提。本书通过对各国企业会计人员的职业准入标准、各国公共会计师资格认定标准进行比较,发现现阶段我国会计职业的准入条件在对学历、经验以及由此决定的专业知识和技能的要求等方面与发达国家有一定差距。本书的研究为我国会计人员能力调查问卷的设计和会计人员能力框架的构建奠定了基础。

(三)我国会计人员能力现状分析

实务界对会计人员能力的需求是会计人员能力框架构建应考虑的重要因素。本书采用量化研究方法,分析我国会计人员的能力框架现状。本书首先通过对国内外用人单位招聘意向的比较分析,了解实务界对企业会计人员能力的现实与发展的需求。在此基础上,结合第三章研究结果,设计出高、中、初级会计人员能力调查问卷。对收回问卷进行实证分析,从而推定中国各层次会计人员的能力要素。

实证结果表明,各能力要素对各级会计人员有显著性差异,总体而言,对高层次会计人员各项能力的要求程度比低层次会计人员高。职业价值观已成为各级会计人员的最重要能力;越是高级的会计人员对职业技能的要求越高,对高级和中级会计人员而言,职业技能的重要性程度要大于职业知识;低级会计人员主要应具备会计、财务及相关知识和信息技术知识等实务操作所必需的知识。

(四)分级会计人员能力框架的构建

各级会计人员在经济发展中承担的责任不同,发挥的作用也不同,应具备的能力也不同。本研究融合采用能力要素法和功能分析法搭建出分级会计人员能力框架。在对各能力要素进行定性分析的同时,结合对我国各层次会计人员的工作任务与角色的研究,构建出我国高、中、初级会计人员的能力框架。职业知识、职业技能和职业价值观三者辩证统一,成为各级会计人员能力框架的基本架构。职业价值观是职业知识和职业技能的灵魂,是能力框架得以稳固的保障。职业知识是会计人员能力框架的基础。职业技能是职业知识的实践和升华,是各级会计人员能力差异的最主要表现。越高层次会计人员应具备的职业知识、职业技能越多。

(五)会计人员能力的评价体系及评价指标体系的设计

会计人员能力框架的研究为建立科学的会计人员能力评价体系奠定了基础,我们应建立知识、技能和职业价值观并重的评价体系,对三者分别采用不同的评价方法。对各项能力的评价可采用的方法主要有:学历、笔试、口试、工作记录、项目报告、模拟现场、直接观察、间接观察、自我评价、高层管理人员评价、他人评价(包括同事评价与下属评价)等。各种评价方法各有利弊,我们可综合使用多种方法,建立合理的评价体系。建立评价指标体系,是会计人员能力评价工作的基础和核心。本书利用 AHP 法对会计人员能力特征内容进行分析,分别建立了高、中、初级会计人员能力评价指标体系,每一指标体系均设计了三级评价指标,对会计人员的总体能力进行评价。

(六)我国会计人员能力框架实施途径的探讨

我国会计人员能力框架实施的主要途径包括:(1)改革与完善学历教育。本书以分层次的会计人员能力框架作为不同层次的会计教育的理论指导框架,提出了我国各层次会计教育由知识型向能力型转变的新思路。从认知心理学的知识观出发,研究会计教育传授知识、并促进知识向能力转化的问题。本书提出了本科教育应以培养中级会计人员所需的能力为目标,建立目标驱动型课程体系,拓宽本科会计学位,发展诸如会计/信息系统、会计/金融等模式的学位;提出了加强 MPAcc 教育,发展 DBA 教育,以培养适应市场经济发展的高级会计人才。(2)完善职业准入制度。本书提出应修订我国会计专业职务评定条例及各级职称考试内容,建议推行注册管理会计师考试与注册制度。(3)加强和规范后续教育。本书提出推广企业主导的后续教育方式,以适时提高各级会计人员的能力;提出按照各级会计人员能力框架的要求,设计各级培训课程体系及内容。

二、本书的主要缺陷

由于受笔者能力、时间等方面因素的限制,本书还存在以下主要缺陷:(1)本书在现状调查过程中,由于时间紧迫等原因未能进行访谈。如能通过访谈,不但可以获得第一手资料,而且还能形成调查问卷设计的基础;(2)本书没能对中国会计教育的现状进行大样本实证研究，以增强关于会计教育改革的论述的说服力；(3)本书对会计人员能力评价指标体系中各指标权重的确定如果能广泛征求专家意见，通过专家评分法给出判断矩阵，则对会计人员能力的评价会更加客观；(4)对目标导向课程体系的研究只提出了简单的思路，对每一类课程的详细、具体的目标没有进行深入探讨。本书的不足之处，也是笔者今后继续努力的方向。

为了客观确定会计人员能力的内容并及时调整各种资格考试内容及准入标准，会计人员能力调查研究应周期性地开展，以确保会计人员的能力随着环境的变化、经济的发展而发展。

附录：我国会计人员能力框架问卷调查表

说　明

1.本问卷旨在了解社会对各层次会计人员应具备能力的要求，请根据您个人真实想法填写问卷。

2.本问卷所指高级、中级和初级会计人员主要是按会计专业技术资格进行分类。高级会计人员主要是指高级会计师及大中型企业的总会计师(CFO)和财会负责人；中级会计人员主要是指会计师以及大中型企业主办会计等；初级会计人员主要是指助理会计师、会计员及一般会计人员等。

3.本问卷共5页。

基本信息

请选择一项，在□内打√。

1.您所在的行业：

□农、林、牧、渔业　　□制造业

□采掘业(含石油、煤矿)　　□建筑业

□交通运输、仓储业　　□信息技术业

□批发和零售贸易　　□电力、煤气及水的生产和供应业

□金融、保险业　　□房地产业

□传播与文化产业　　□综合类

□社会服务业　　□其他行业

2. 贵公司销售收入介于(金额：人民币元)：

□5 亿元以下　□5 亿至 10 亿　□10 亿至 50 亿　□50 亿以上

3. 贵公司的性质为：

□国有企业　□股份制企业　□民营企业　□外商投资企业

其他____________________

会计人员能力调查

一、多选题：请选择一项或多项，在□内打√，如果还有其他答案，请填在“其他”栏。

1. 您认为高级会计人员的主要工作应包括：

(1)财务报告 □　(2)财务战略 □
(3)投资管理 □　(4)现金流量管理 □
(5)税收筹划 □　(6)成本控制与预算管理 □
(7)风险管理 □　(8)内部控制 □
(9)供应链管理 □　(10)业绩评价 □
(11)决策支持 □　(12)融资管理 □
(13)参与人力资源管理 □　(14)其他____________________

2. 您认为中级会计人员的主要工作应包括：

(1)财务报告 □　(2)财务战略 □
(3)投资管理 □　(4)现金流量管理 □
(5)税收筹划 □　(6)成本控制与预算管理 □
(7)风险管理 □　(8)内部控制 □
(9)供应链管理 □　(10)业绩评价 □
(11)决策支持 □　(12)融资管理 □
(13)参与人力资源管理 □　(14)其他____________________

3. 您认为初级会计人员的主要工作应包括：

(1)财务报告 □　(2)财务战略 □
(3)投资管理 □　(4)现金流量管理 □
(5)税收筹划 □　(6)成本控制与预算管理 □
(7)风险管理 □　(8)内部控制 □

(9)供应链管理 ☐　　(10)业绩评价 ☐

(11)决策支持 ☐　　(12)融资管理 ☐

(13)参与人力资源管理 ☐　　(14)其他________________

二、评级: 请对每个选项进行评级。每个项目重要性程度分级为:

0—不需要,1—不确定,2—不重要,3—比较重要,4—重要,5—很重要

请您分别对高级、中级、初级会计人员应具备该项能力的重要性程度进行评级,将所选级别填入对应的横线上。如果您认为各级会计人员还应具备其他能力,请填在"其他"项内。

例:

项目	高级会计人员	中级会计人员	初级会计人员
协调能力	5	3	2

如果您认为协调能力对高级会计人员很重要,就在"高级会计人员"栏目下方对应横线上填"5",如果您认为协调能力对中级会计人员比较重要,则在"中级会计人员"栏目下方对应横线上填"3",如果您认为协调能力对初级会计人员不重要,则在"初级会计人员"栏目下方对应横线上填"2"。

项目	高级会计人员	中级会计人员	初级会计人员
职业知识			
(一)一般知识			
(1)人文知识	______	______	______
(2)自然科学知识	______	______	______
(3)艺术知识	______	______	______
(4)外语	______	______	______
(二)组织行为和经营管理知识			
(5)经济学	______	______	______
(6)数量方法和统计学	______	______	______
(7)组织行为学	______	______	______
(8)金融市场	______	______	______
(9)管理学	______	______	______
(10)战略管理	______	______	______
(11)营销学	______	______	______
(12)企业与环境	______	______	______

项目	高级会计人员	中级会计人员	初级会计人员
(13)风险管理	______	______	______
(三)信息技术知识			
(14)企业信息系统	______	______	______
(15)信息环境下的内部控制	______	______	______
(16)电子商务知识	______	______	______
(17)财务和管理软件的应用知识	______	______	______
(四)会计、财务及相关知识			
(18)财务会计与报告	______	______	______
(19)成本管理会计	______	______	______
(20)税收	______	______	______
(21)法律	______	______	______
(22)审计与鉴证	______	______	______
(23)财务管理	______	______	______
职业技能			
(24)沟通及协调能力	______	______	______
(25)团队合作能力	______	______	______
(26)人际交往能力	______	______	______
(27)应对压力及合理安排时间能力	______	______	______
(28)系统分析能力	______	______	______
(29)逻辑性和批判性思维能力	______	______	______
(30)决策能力	______	______	______
(31)解决问题的能力	______	______	______
(32)人才培养能力	______	______	______
(33)国际竞争能力	______	______	______
(34)管理和监督能力	______	______	______

职业价值观

(35)遵循法律、法规 ______ ______ ______

(36)正直 ______ ______ ______

(37)客观 ______ ______ ______

(38)关注公众利益和社会责任 ______ ______ ______

(39)终身学习的责任 ______ ______ ______

(40)政策水平 ______ ______ ______

(41)其他 ______ ______ ______

问卷到此结束,谢谢您的参与!

参考文献

中文部分

[1](美)艾尔·巴比著,邱泽奇译.社会研究方法(上)[M].北京:华夏出版社,2000.
[2](美)艾尔·巴比著,邱泽奇译.社会研究方法(下)[M].北京:华夏出版社,2000.
[3](美)舒尔茨(T. W. Schultz)著,曹延亭译.教育的经济价值[M].长春:吉林人民出版社,1982.
[4](美)舒尔茨著,吴珠华等译.论人力资本投资[M],北京:北京经济学院出版社,1990.
[5]OECD:以知识为基础的经济,机械工业出版社,1997.
[6]Stathis Gould Martin Fahy 文,尉敏编译.财务的未来[J].新理财,2005,(6):44—45.
[7]W.史蒂夫·阿尔伯切特.会计教育发展的对策[J].会计研究,1998,(9):14—17.
[8]包青.从经济全球化看我国的会计教育[J].财会研究,2002,(7):24—26.
[9]布莱恩·贝克、马克·休斯理德、迪夫·乌里奇著,郑晓明译.人力资源计分卡[M].北京:机械工业出版社,2003.
[10]财政部会计司.深化会计职称制度改革完善会计人才评价体系,《会计行业中长期人才发展规划》,2010
[11]财政部会计司.《会计行业中长期人才发展规划》系列解读之一:科学绘就会计行业人才发展的宏伟蓝图,2010
[12]财政部会计司.《会计行业中长期人才发展规划》系列解读之二:大力推进会计领军人才培养工程,2010

[13]财政部会计司.《会计行业中长期人才发展规划》系列解读之三:进一步强化总会计师地位和职能,2010

[14]财政部会计司.《会计行业中长期人才发展规划》系列解读之五:培养造就具有国际认可度的注册会计师,2010

[15]财政部会计司.《会计行业中长期人才发展规划》系列解读之七:发挥会计学会职能作用推动会计行业人才发展,2010

[16]财政部会计司.《会计行业中长期人才发展规划》系列解读之六:深化会计职称制度改革完善会计人才评价体系,2010

[17]财政部、人事部.《会计专业技术资格考试暂行规定》及其实施办法[S],2000.

[18]财政部、人事部.关于调整会计专业技术资格考试科目及相关问题的通知[S],2004.

[19]财政部.关于印发《会计从业资格管理办法(征求意见稿)》的通知[S],2004.

[20]财政部.关于印发《会计从业资格管理办法》的通知[S],2000.

[21]财政部.会计人员继续教育暂行规定[S],1998.

[22]财政部.会计专业技术资格考试有关政策[S],1992.

[23]财政部会计准则委员会秘书处译,联合国贸易与发展会议发布.职业会计师资格要求和国际指南[M].北京:中国财政经济出版社,2001.

[24]财政部会计准则委员会秘书处译.职业会计师资格要求国际指南[M].北京:中国财政经济出版社,2001.

[25]陈玮.21世纪我国本科会计培养目标研究[J].兰州商学院学报,1999,(4):73—76.

[26]陈小悦、刘霄仑.构建注册会计师职业能力框架的目的与方法[J].中国注册会计师,2004,(3):21—24.

[27]成放晴.关于建立正高级会计专业技术资格有关问题探讨——兼谈深圳地区创建正高级会计专业技术资格的尝试[J].会计研究,2005,(5):83—85.

[28]邓传洲、赵春光、郑德渊.职业会计师能力框架研究[J].会计研究,2004,(6):31—35.

[29]杜胜利.CFO管理前沿[M].北京:中信出版社,2003.

[30]杜兴强.加入 WTO 后对我国会计教育改革的思考[J].四川会计,2002,(3):51—52.

[31]高伟、张各兴.注册会计师后续教育需求问卷调查分析[J].中国注册会计师,2004,(3):59—60.

[32]葛兵.会计教学应实现学科本位向能力本位转变[J].广西会计,1999,(2).

[33]顾明远.试论 21 世纪研究生的知识结构和能力结构[J].学位与研究生教育,1998,(3):10—14.

[34]郭强华、邱芸.实话实说:会计教育——全国十四所重点大学会计教学现状评估及改革方向的调查报告[N].中国财经报,2001-6-14.

[35]国际人力资源管理研究中心(IHRI)编委会.人力资源经理胜任素质模型[M].机械工业出版社,2005.

[36]国务院.总会计师条例[S],1990.

[37]国务院.《国家中长期人才规划纲要(2010—2020 年)》,2010.

[38]韩庆祥.能力本位[M].北京:中国发展出版社,1999.

[39]黄晓榕.未来会计人才需求及会计教育目标探讨[J].财经理论与实践,2002,(S2).

[40]教育部.2003—2007 年教育振兴行动计划[N].光明日报,2004-3-31.

[41]荆新、胡铁安.激励、识别与职业能力框架——兼谈我国高级会计师考评结合制度[J].会计研究,2005,(5):78—82.

[42]雷蒙德・A.诺伊、约翰・霍伦拜克、帕特雷克・莱特著,刘昕译.人力资源管理:赢得竞争优势[M].北京:中国人民大学出版社,2001.

[43]李曼华、秦海敏、张韶华、孙向东.社会对会计专业人才需求状况的分析与展望[J].郑州工业高等专科学校学报,2000,(9):62—65.

[44]李明辉.论会计专业本科生能力的培养[J].南京审计学院学报,2004,(2):90—94.

[45]李心合.论会计教育目标[J].会计研究,1998,(3):1—6.

[46]李忠民著.人力资本——一个理论框架及其对中国一些问题的解释[M].北京:经济科学出版社,1999.

[47]里查德・E.弗拉赫扬.美国会计教育改革与会计教育委员会[J].会计研究,1997,(9).

[48]廖泉文.人力资源管理[M].上海:同济大学出版社,1991.

[49]林昊.试论我国会计教育目标改革[J].会计研究,1998,(5):44－46.

[50]林聚任、刘玉安.社会科学研究方法[M].山东:山东人民出版社,2004.

[51]林志军、熊筱燕、刘明.中国会计教育中知识及技能要素的发展[J].会计研究,2004,(10):72－81.

[52]刘长翠.21世纪会计学专业方向课程体系建设展望[J].会计研究,1998,(12):45－46.

[53]刘国武、陈少华、贾银芳.会计教学中批判性思维教学法运用策略分析[J].会计研究,2005(12):31－35.

[54]刘永泽,孙光国.我国会计教育及会计教育研究的现状与对策[J].会计研究,2004,(2):75－81.

[55]刘永泽、耿伟.试论加入WTO我国高等会计教育理念的更新[J].会计之友,2003,(6):4－6.

[56]刘永泽、张先治、万寿义、孙坤、周晓苏整理,张先治执笔.关于会计学博士研究生培养问题的讨论——全国会计学研究生导师联谊会综述[J].会计研究,2002,(6):57－59.

[57]刘勇.如何构建会计人员能力框架[J].财会通讯(综合版),2004,(11):70－7.

[58]刘玉廷.办好会计硕士专业学位教育　开创我国高级会计人才培养新局面[J].财务与会计,2005,(5):11－12.

[59]刘玉廷.对我国高级会计人才职业能力与评价机制的探[J].会计研究,2004,(6):27－30.

[60]娄尔行、张为国.高等院校会计专业研究生教学改革的设想[J].会计研究,1996,(2):29－32.

[61]陆兵、高大平.大力推进会计教育　培养合格会计人才　促进经济发展[J].会计研究,1996,(2):33－35.

[62]陆根尧著.经济增长中的人力资本效应[M].北京:中国计划出版社,2004.

[63]陆为民、韩文秀、刘萍萍.基于层次分析法与模糊评价的公务员绩效评估[J].天津大学学报(社会科学版),2005,7(3):192－195.

[64]陆宜清、杨松华.层次分析法在高校教师素质评价中的应用[J].中国林业

教育,2005,(3):15—17.

[65]罗韵轩.WTO与中国会计教育改革[J].经济师,2003(4):185—186.

[66]马胜凯,李志强.21世纪大学生应具备的知识结构与能力素质[J].沈阳电力高等专科学校学报,2003(7):73—75.

[67]迈克尔·戴尔蒙德.新形势下的会计教育、研究和实务[J].会计研究,2005(12):26—30.

[68]南京大学会计系题组.中国会计作用:现状与判断——来自企业家阶层的报告[J].会计研究,2000(11):37—48.

[69]聂萍、张天西.会计博士生培养与会计理论研究[J].会计研究,2004,(4):75—81.

[70]彭红芳、黄莺等译.卓越会计师[M].北京:中国水利水电出版社,2004.

[71]彭剑锋、饶征著.基于能力的人力资源管理[M].北京:中国人民大学出版社,2003.

[72]彭剑锋、张望军、朱兴东、罗军著.职位分析技术与方法[M].北京:中国人民大学出版社,2004.

[73]彭坤明.知识经济与教育[M].南京:南京师范大学出版社,1998.

[74]普华永道财务及成本管理团队著,邓传洲、韦华宁、张艳译.CFO:公司未来的设计师[M].北京:中国财政经济出版社,2003.

[75]乔兴旺、王志平.我国会计能力本位职业教育探析[J].财会月刊,1999,(11):29—30.

[76]秦荣生.21世纪会计人员专业知识和业务能力的需求分析[J].财会通讯,2003,(10):12—15.

[77]秦荣生.面向21世纪会计后续教育问题研究(财政部重点课题系列丛书)[M],经济科学出版社,2002.

[78]曲晓辉、陈建煌.关于我国会计准则建设问题的问卷调查及分析会计研究[J].1998,(9):18—22.

[79]曲晓辉.美国专业会计硕士教育情况及启示[J].学位与研究生教育,2003,(1).

[80]曲晓辉.面向职业化要求:我国会计教育改革新取向——会计硕士专业学位(MPAcc)定位、过程管理与质量控制[J].财务与会计,2005,(1):8—10.

[81]山东财政学院、山东经济学院.中西会计比较研究[J].会计研究,1996,(6):9—14.

[82]上海国家会计学院.成为胜任的CFO——中国CFO能力框架(征求意见稿),2004.

[83]石本仁.公司治理中的会计角色.会计研究,2002.(4),24—32

[84]石本仁.21世纪知识经济的发展与中国会计教育的转向[J].会计研究,2000,(9):63—64.

[85]宋承先主编.西方经济学名著提要[M].南昌:江西人民出版社,2001.

[86]孙铮、王志伟.加入WTO后中国会计高等教育面临的挑战与前景[J].会计研究,2002,(6):33—35.

[87]王光远、陈汉文、林志毅.会计教育目标之我见——试析通才与专才之争[J].会计研究,1999,(9):45—50.

[88]王海民、郑佩荣.对我国会计硕士专业学位教育几个问题的思考[J].会计研究,2005,(7):69—72.

[89]王继承、时勘、李超平.企业高层管理者胜任特征评价的研究[J].心理学报,2002,(3):193—199.

[90]王继承著.谁能胜任——胜任模型及使用[M].北京:中国财政经济出版社,2004.

[91]季晓东.入世后我国高等会计教育的改革路径[J].四川会计,2003,(4):48—50.

[92]王开田.现代会计角色论——从企业的性质看会计地位与扮演的角色[J].会计研究,198,(2):

[93]王开田、季晓东.入世后我国高等会计教育的改革路径[J].四川会计,2003,(4):48—50.

[94]王秀丽、徐枞巍、张昭俊.共同治理逻辑下的人力资本会计研究[J].会计研究,2005,(8):72—76.

[95]王勇.基于能力的人力资源管理理论研究——知识工作者有效工作能力的研究评价与发展[D].浙江:浙江大学博士学位论文,2003.

[96]吴革、张越.美国高等会计教育目标的改革及借鉴[J].中国工业财会,2003,(8):46—48.

[97]吴孟捷.职业营销经理胜任特征模型研究[J].重庆大学学报(社会科学

版),2004,(1):126—129.

[98]吴水澎、陈汉文、谢德仁.中国会计理论研究.中国财政经济出版社,2000.

[99]希德克·雷德等著,郑德渊、李正等译.CFO公司财富的引擎[M].中国财政经济出版社,2004.

[100]席酉民.中国工商管理类专业教学改革与发展战略研究之一[M].高等教育出版社,2002.

[101]项俊平.MPAcc教育:中国实务型高级会计人才的摇篮[J].财会通讯(综合版),2004(8):4—7.

[102]小弗雷德里克·C.米利泰罗、迈克尔·D.施沃伯格博士著,戴炼译.优势能力——CFO需要的引领能力[M].北京:中国人民大学出版社,2004.

[103]肖鸣政.职业资格考评的理论与方法——现代人力资源管理的核心技术[M].北京:中国人民大学出版社,1999.

[104]徐笑君.基于组织资本的人力资源管理:理论和实证研究(全文)[D].浙江:浙江大学博士学位论文,2000.

[105]许永斌.知识经济与中国高等会计教育改革[J].会计研究,1999,(1):21—24.

[106]阎达五、王化成.面向二十一世纪会计学类系列课程及其教学内容改革的研究[J].会计研究,1998,(9):8—13.

[107]杨丹、陈旭东、逯东、叶建明.中国会计改革30年———经济和会计互动的中国路径[J].会计研究,2009,(1):43—47

[108]杨金钟.中国会计本科教育改革问题研究[D].厦门:厦门大学博士学位论文,2000.

[109]杨有红.二十一世纪的会计和会计教育[J].会计研究,2000,(8):46—50.

[110]于增彪、赵晓东.美国会计教育改革及对我国的启示[J].现代会计与审计,2004,(6):17—24.

[111]袁广达.入世后中国高等会计教育的改革[J].会计研究,2003,(3):53—55.

[112]张爱民、陈人杰.美国注册会计师考试的新趋势及其对会计教育的影响[J].中国注册会计师,2000,(9):56—58.

[113]张继勋.论我国会计人才培养中的素质教育[J].南开管理评论,2000,(3):78—80.

[114]张俊瑞、刘东霖.我国人才市场对财经类人才需求状况的调查分析[J].会计研究,2005,(9):75—79.

[115]张淑华、夏敏等.企业管理者人际沟通能力结构研究[J].心理科学,2004,27(2):480—482.

[116]张为国、陈信元.全面开展博士生教学改革　造就跨世纪会计学术带头人[J].会计研究,1999,(5):20—27.

[117]张维迎.企业的企业家——契约理论.[M].上海:上海人民出版社,1995.

[118]张文贤.人力资源会计研究[M].北京:中国财政经济出版社,2002.

[119]张学志,陈功玉.AHP与Delphi法相结合确定供应商评价指标权重[J].物流技术,2005(9):71—74.

[120]张云亭著.顶级财务总监——战略、资源、理财与控制[M].上海:上海财经大学出版社,2001.

[121]张忠和、向洪.人才资本[M].北京:中国时代经济出版社,2002.

[122]章志光.心理学[M].北京:人民教育出版社,1984.

[123]赵秀云.网络环境下会计人员职业能力教育框架的构建[J].四川会计,2002,(3):53—54.

[124]中共中央办公厅、国务院办公厅.2002.2002—2005年全国人才队伍建设规划纲要[S].http://www.edu.cn.

[125]中国注册会计师协会.中国注册会计师职业后续教育基本准则[S],1996.

[126]中国总会计师协会.中国总会计师现状调查报告[R].中华财会网.http://www.e521.com,2004.09.15.

[127]中注协考察团.欧盟、意大利和法国关于注册会计师胜任能力的要求[J].中国注册会计师,2007,(4):82—86

[128]中央职称改革工作领导小组.会计专业职务试行条例[S],1986.

[129]仲理峰、时勘.家族企业高层管理者胜任特征模型的评价研究[N].心理学报,2004,(1):110—115.

[130]周齐武、钟西飞、吴安妮.中国会计教育与研究之现况——海外中国会计

教授之见解与建议[J]. 会计研究,1997,(11):34—40.

[131]周其武、杜荣瑞、王斌、肖泽忠. 中国管理会计教育现状分析[J]. 会计研究,2005,(7):65—68.

[132]朱峻峰. 财务人员,为角色转换准备好自己[J]. 新理财,2005,(9):42—43.

[133]竺素娥. 加入 WTO 财会人员必备的专业能力[J]. 广西会计,2002,(1):35—36.

英文部分

[134]AAA. 1989. Perspectives on Education: Capabilities for Success in the Accounting Profession. New York. http://aaahq. org/.

[135]AAA. 1990. Position Statement Number One: Objectives of Education for Accountants. http://aaahq. org/.

[136]AAA. 1992. Position Statement Number Two: The First Course in Accounting. http://aaahq. org/.

[137]AAA. 1986. Future Accounting Education: Preparing for the Expanding Profession. http://aaahq. org/.

[138]AAA. 1986. Perspectives on Education: Capabilities for Success in the Accounting Profession. http://aaahq. org/.

[139]AAA. 1990. Issues Statement Number 1: AECC Urges Priority for Teaching in Higher Education . http://aaahq. org/.

[140]AAA. 1990. Issues Statement Number 2: AECC Urges Decoupling of Academic Studies and Professional Accounting Examination Preparation. http://aaahq. org/.

[141]AAA. 1990. Objectives of Education for Accounting: Position Statement No. 1. *Issues in Accounting Education* (Fall):307—312.

[142]AAA. 1992. Issues Statement Number 3: The Importance of Two-Year Colleges for Accounting Education. http://aaahq. org/.

[143]AAA. 1993. Issues Statement Number 4: Improving the Early Employment Experience of Accountants. http://aaahq. org/.

[144]AAA. 1993. Issues Statement Number 5: Evaluating and Rewarding Ef-

fective Teaching. http://aaahq. org/.

[145]AAA. 1994. Assessment for the New Curriculum:A Guide for Professional Accounting Programs. http://aaahq. org/.

[146]AAA. 1995. Issues Statement Number 6:Transfer of Academic Credit for the First Course in Accounting Between Two-Year and Four-Year Colleges . http://aaahq. org/.

[147]AAA. 1998. The Accounting Education Change Commission Grant Experience:A Summary. http://aaahq. org/.

[148]ACCA. 1998. Functional Map:Competency Frameworks & Membership Competence. http://www. accaglobal. com. /

[149]ACCA. 2000. A comparison of international benchmarks on professional education. http://www. accaglobal. com. /

[150]AECC and AAA. Position and Issues Statements of the Accounting Education Change Commission. Accounting Education Series, Volume No. 13.

[151]Ahmad, N. S. , and Gao, S. S. 2004. Changes, problems and challenges of accounting education in Libya. *Accounting Education* 13(3):365—390.

[152]AICPA. 1998. American Institute of CPAs, The CPA Vision Project: 2011 and Beyond . http://www. aicpa. org.

[153]AICPA. 1999. Competencies For the Future. http://www. aicpa. org.

[154] AICPA. 1994. AICPA/NASBA Guide Implementing 150-Hour Requirement. http://www. aicpa. org.

[155]AICPA. 1999. American Institute of CPAs, The Profession's Current Competencies . http://www. aicpa. org.

[156]AICPA. 1999. Core Competence Framework for Entry into Accounting Profession. New York. http://www. aicpa. org.

[157]Albrecht, W. S. , and Sack, R. J. 2002. Accounting Education:Charting the Course through a Perilous Future . http://aaahq. org/pubs/AESv16/toc. htm.

[158]Allen, W. 1999. The future of accounting education. *Pacific Account-*

ing Review 11(2):1—7.

[159]Antonacopoulou,E. ,and FizGerald,L. 1996. Reframing competency in management development. *Human Resource Management Journal* 16 (1):28—29.

[160]Australian Society of CPAs and Institute of Chartered Accountants in Australia. 1999. Compete-ncy Standards for Registered Company Auditors(draft). http://www. paaustralia. com. au.

[161]Baldwin,B. A. ,and Ingram,R. w. 1991. Rethinking the objectives and content of elementary accounting. *Journal of Accounting Education* 9:1—14.

[162]Bloom,R. ,and Debessay,A. 1984. Educating professional accountants for the twenty-first century:A point of view. *Journal of Bussiness Education* 1:159—162.

[163]Bolt-Lee,C. ,and Foster,S. D. 2003. The Core Competency Framework:a new element in the continuing call for accounting education change in the United States. *Accounting Education* 12(1):33—47 .

[164]Borzi ,M. G. ,and Mills,T. H. 2001. Communication apprehension in upper level accounting students: An assessment of skill development. *Journal of Education for Business* 76(4):193—198.

[165]Boyd,D. T. ,Boyd,S. C. ,and Boyd,W. L. 2000. Changes in Accounting Education: Improving Principles Content for Better Understanding. *Journal of Education for Business* 10(01):

[166]Burgoyne,J. G. 1993. The competence movement: issues,stakeholders and prospects. *Personnel Review* 22(6):6—13.

[167]Chan,M. W. L. ,& Rotenbery,W. 1999. Accounting,accounting education,and economic reform in the People's Republic of China. *International Studies of Management & Organization* 29(33):7—53.

[168]Chang,C. J. ,and Hwang ,N. R. 2003. Accounting education,firm training and information technology:a research note. *Accounting Education* 12(4):441—450.

[169]Chartered Accountants of New Zealand,Admission Requirements to

the College of Associate Chartered Accountants,1999.

[170]CICA. 2004. The CA Competency Map. Toronto. http:www. cica. ca.

[171]CICA. CA Professional Education Guidelines for Specified Programs. http:www. cica. ca.

[172]CICA. 2004. The CA Candidates' Competency Map:Understanding the Professional Competencies of CAs Experience Requirements of Professional Accountants. http:www. cica. ca.

[173]Duff,A. 2004. The role of cognitive learning styles in accounting education:developing learning competencies . *Journal of Accounting Education* 22:29—52.

[174]Elias,R. Z. 1999. An examination of nontraditional accounting students communication apprehension and ambiguity tolerance. *Journal of Education for Business* 75(1),38—41.

[175]Flaherty ,R. E. 1998. The Accounting Education Change Commission Grant Experience:A Summary. http://www. aaahp. org.

[176]Francis,M. C. ,Mulder,T. C. ,and Stark,J. S. 1995. Intentional Learning:A Process for Learning to Learn in the Accounting Curriculum. http://www. aaahp. org.

[177]Grace,D. M. ,and Gilsdorf,J. W. 2004. Classroom strategies for improving students oral communication skills. *Journal of Accounting Education* 22:165—172.

[178]Hager,P. ,Gonczi,A. and Oliver,L. Competency-Based Approaches to Professional Education. 1990. Sydney, Australia: http://www/aare/edu. au/confpap. htm.

[179]Haldar,F. L. 1999. Accounting skills/competencies for non-accounting business majors:A comparison of perceived needs by business managers in central Ohio colleges and universities(Dissertation of the Ohio State University).

[180]Holstrum,G. ,and Lloyd,J. J. 1998. The internet and distance learning in accounting education:a hypertext-linked exploration of the topic. International Federation of Accountants (working paper), 11. http://

www. ifac. org.

[181]IAESB. 2010. Handbook of International Education Pronouncements. http://www. ifac. org

[182]IFAC . 2002. IEP 1-Recognition of Pre-Certification Education Providers By IFAC Member Bodies. http://www. ifac. org.

[183]IFAC . 2004. IEP 3-Assessment Methods. http://www. ifac. org.

[184]IFAC. 1996. IEG9. Prequalification Education, Assessment of Professional Competence and Experience Requirements of Professional Accountants. http://www. ifac. org.

[185]IFAC. 1996. Implementing IEG11-Information Technology in the Accounting Curriculum. http://www. ifac. org.

[186]IFAC. 1998. Competence-Based Approaches to the Preparation of Professional Accountants. http://www. ifac. org.

[187]IFAC. 1998. IEG 2-Continuing Professional Education. http://www. ifac. org.

[188]IFAC. 2000. Quality Issues for Internet and Distributed Learning in Accounting Education. http://www. ifac. org.

[189]IFAC. 2000. Assistance projects in accountancy education and development. http://www. ifac. org.

[190]IFAC. 2001. Accommodation of Candidates with Disabilities. http://www. ifac. org.

[191]IFAC. 2001. Competence-Based Approaches to the Preparation and-Work of Professional Accountants. http://www. ifac. org.

[192]IFAC. 2002. Competency Profiles For Management Accounting Practice and Practitioners. http://www. ifac. org.

[193]IFAC. 2002. EDC, Continuing Professional Education and Development (Exposure Draft). http://www. ifac. org.

[194]IFAC. 2002. Study 12-Competency Profiles for Management Accounting Practice and Practitioners. http://www. ifac. org.

[195]IFAC. 2003. Framework For International Education Statements. http://www. ifac. org.

[196]IFAC. 2003. IEG11-Information Technology for Professional Accountants. http://www. ifac. org.

[197]IFAC. 2003. IEP2-Towards Competent Professional Accountants. http://www. ifac. org.

[198]IFAC. 2003. IES1-Entry Requirements to a Program of Professional Accounting Education. http://www. ifac. org.

[199]IFAC. 2003. IES2-Content of Professional Accounting Education Programs. http://www. ifac. org.

[200]IFAC. 2003. IES3-Professional Skills. http://www. ifac. org.

[201]IFAC. 2003. IES4-Professional Values, Ethics and Attitudes. http://www. ifac. org.

[202]IFAC. 2003. IES5-Practical Experience Requirements. http://www. ifac. org.

[203]IFAC. 2003. IES6-Assessment of Professional Capabilities and Competence. http://www. ifac. org.

[204]IFAC. 2004. IES7-Continuing Professional Development: A Program of Lifelong Learning and Continuing Development of Professional Competence. http://www. ifac. org.

[205]IFAC. 2005. IES8-Competence Requirements for Audit Professionals (Exposure Drafts). http://www. ifac. org.

[206]IFAC. 2009. Framework for International Education Standards for Professional Accountants. http://www. ifac. org

[207]IIA. 2000. Competency Framework for Internal Auditing. Attamonte Springs. Florida. http://www. theiia. org.

[208]IIA. 1998. The Competency Framework for Internal Auditing(CFIA). http://www. theiia. org.

[209]IMA. 1995. What Corporate America Wants in Entry-Level Accountants. http://www. imanet. org.

[210]IMA. 1999. Counting More, Counting Less: transformations in the Management Accounting Profession, the 1999 Practice Analysis of Management Accounting. http://www. imanet. org.

[211]Jordan,C. E. ,and Clark,S. J. 1995. Two-year college accounting faculty:Their opinions about the first course in accounting. *Journal of Education for Bussiness* 11/12:68—71.

[212]Lin,Z. J. ,Xiong,X. Y. ,and Liu ,M. 2005. Knowledge base and skill development in accounting education:Evidence from China. *Journal of Accounting Education* 23:149—169.

[213]Mary,B. C. ,and Mark,A. D. 2003. Assessing knowledge structure in accounting education: an application of Pathfinder Associative Networks. *Journal of Accounting Education* 21:185—195.

[214]May,G.. S. ,Windal,F. W. ,and Sylvestre. J. 1995. The need for change in accounting education: An educator survey. *Journal of Accounting Education*13(1):21—43.

[215]Mian,S. 2001. On the choice and replacement of chief financial officers. *Journal of Financial Economics* 60:143—175.

[216]Min,H. K. 1987. The scope and objectives of professional accounting education:Trends and Perspectives. *Journal of Education for Bussiness*12:104—109.

[217]Paisey,C. ,and Paisey,N. J. 2004. An analysis of accounting education research in Accounting Education: an international journal — 1992—2001. *Accounting Education* 13(1):69—99.

[218]Parker,L. D. 2001. Back To The Future:The Broadening Accounting Trajectory. *British Accounting Review* 33:421—453.

[219]Prinsloo,F. E. 2002. A Competency Framework For Newly Qualified Chartered Accountants. http://www. saica. co. za/

[220]Ravenscroft,S. ,and Williams,P. F. 2004. Considering accounting education in the USA post-Enron. *Accounting Education* 13(Supplement 1):7—23.

[221]Rebele,J. E. ,Apostolou ,B. ,Buckless ,F. A. ,Hassell,J. M. ,and Paquette,L. R. 1998 . Accounting education literature review(1991—1997),part I:curriculum and instructional approaches. *Journal of Accounting Education* 33(4):1—51.

[222] Rebele, J. E. , Apostolou , B. , Buckless , F. A. , Hassell, J. M. , and Paquette, L. R. 1998 . Accounting education literature review (1991—1997), partII: curriculum and instructional approaches. *Journal of Accounting Education* 33(4):179—245.

[223] Reinstein, A. , and Houston, M. 2004. Using the securities and exchange commission's "plain English" guidelines to improve accounting students' writing skills. *Journal of Accounting Education* 22(1):53—67.

[224] Rezaee, Z. , Szendi, J. Z. , and Elmore, R. C. 1997. International Accounting Education: Insights from Academicians and Practitioners. *The International Journal of Accounting* 32(1):99—117.

[225] Simons, K. , Higgins, M. , and Lowe, D. 1995. A profile of communication apprehension in accounting majors: implications for teaching and curriculum revision . *Journal of Accounting Education* 13(2):159—176.

[226] Stammerjohan, W. W. , and Hall, S. C. 2002. Evaluation of doctoral programs in accounting: an examination of placement. *Journal of Accoounting Education* 20(1):1—27.

[227] Tempone, I. and Martin, E. 2003. Iteration between theory and practice as a pathway to developing generic skills in accounting. *Accounting Education* (September) 12(3):227—244.

[228] Thomas, J. F. , and William. D. N. 2004. Characteristics of Master's in Accounting Degree Programs. *Issues in Accounting Education* (Sarasota) 5:165—189.

[229] Tosi, H. L. , Misangyic, V. F. , Fanelli, A. , Waldmane, D. A. , and Yammarinof, F. J. 2004. CEO charisma, compensation, and firm performance. *The Leadership Quarterly* 15:405—420.

[230] Walsh, M. (ACCA). 2000. A Comparison of International Benchmarks on Professional Education. 2000. Working Group Meeting of the The South Eastern European Partnership on Accountancy Development, 5—6 June.

[231]Watson, S. F., Apostolou, B., Hassell, J. M., and Webber, S. A. 2003. Accounting education literature review (2000—2002). *Journal of Accounting Education* 21:267—325.

[232]Whitney, E. B. 1992. An accounting program for today. *Business Education Forum* 4:27—28.

[233]Wilson, T. E., and Baldwin, E. F. 1995. The W accounting education change commission and accounting principles courses: A survey of accounting programs. *Journal of Education for Bussiness* 1/2:157—159.

后 记

终于到了写后记的时候了！第一次接触会计人员的能力框架问题，源于导师曲晓辉教授的财政部重点课题。当时正值我国《2002—2005 年全国人才队伍建设规划纲要》出台，党中央、国务院提出实施人才强国战略。财政部开始了我国会计人员的能力建设问题研究，恩师承担了会计专业技术资格能力框架研究的任务。承蒙恩师厚爱，有幸成为课题组主要成员。这些年，一直不曾间断对会计人才能力问题的关注。今年，随着《国家中长期人才发展规划纲要(2010—2020 年)》和《会计行业中长期人才发展规划(2010—2020 年)》的颁布，加强会计人才能力建设，培养和造就庞大的高素质会计人才队伍，更成了适应国家经济社会发展、提升企业国际竞争力、进一步推进会计改革事业的战略需要。“人才”二字时时在眼前晃动，终于下定决心要对不同级次会计人员能力框架进行系统完善。

最为难忘的是恩师的支持、帮助和鼓励。虽然离开母校多年，但恩师严谨求实的治学态度、敏锐的学术洞察力和博大精深的知识仍深深感染着我，并时时鞭策我在会计专业领域不断进取。本书是在我的博士论文基础上修改而成的，如果说本书还有所值得肯定之处，这都要归功于恩师。从构思、写作、修改到定稿，无不凝结着恩师的心血和关爱。毕业离校后，恩师仍常常给予支持和勉励。在本书定稿之后，又不吝笔墨，欣然为本书作序，更令我深为感动。师恩浩荡，无以回报！

在本书的写作和修改过程中得到了众多师长、同学和亲朋的大力支持与帮助。陈少华教授当年的引荐，让我得以有机会走进厦门大学这一依山面海、风光旖旎的会计学术圣地。在论文答辩会上，陈少华教授、王光远教授、傅元略教授、王华教授、彭韶斌教授、李明辉教授、杜兴强教授对论文提出了很有价值的修改建议。厦门国家会计学院蔡剑辉博士、上海国家会计学院谢荣副院长、郑朝晖老师在问卷调查中提供了友好的帮助。美国伊利诺大学陈立奇教授为论文的写作提供了宝贵资料，在此谨致诚挚的谢意！

本书能够列入厦门大学出版社“经管学术文库”顺利出版，要特别感谢厦门大学出版社陈丽贞老师的鼎力相助！感谢厦门大学出版社的工作人员默默地为本书出版做出的所有努力！

感谢福州大学管理学院和会计系领导和同事们多年来对我工作和生活的关心和帮助！

感谢我的母亲！感谢我的爱人！感谢懂事、可爱的女儿叶蓁！感谢你们多年来对我的宽容、理解和支持！

许萍

2010.10 于福州

图书在版编目(CIP)数据

会计人员能力框架问题研究/许萍著．—厦门：厦门大学出版社，2010.12

(经管学术文库)

ISBN 978-7-5615-3782-4

Ⅰ.①会… Ⅱ.①许… Ⅲ.①会计人员-能力-研究-中国 Ⅳ.①F233

中国版本图书馆 CIP 数据核字(2010)第 255498 号

厦门大学出版社出版发行

(地址：厦门市软件园二期望海路 39 号 邮编：361008)

http://www.xmupress.com

xmup @ public.xm.fj.cn

厦门集大印刷厂印刷

(地址：厦门市集美石鼓路 9 号 邮编：361021)

2010 年 12 月第 1 版 2010 年 12 月第 1 次印刷

开本：787×960 1/16 印张：18.75 插页：1

字数：318 千字 印数：1～1 000 册

定价：40.00 元